Relations internationales

2. Questions mondiales

Du même auteur

La France dans le monde
Hachette, « Les fondamentaux », 1994

Les Grands Concepts
de la politique internationale
Hachette, « Les fondamentaux », 1995

Introduction à la géopolitique
Seuil, « Points Essais », 2e éd. revue et mise à jour, 2005

La Mondialisation
PUF, « Que sais-je ? », n° 1687, 6e éd. mise à jour, 2005

L'Ordre mondial
Armand Colin, « U », 3e éd., 2003

Les Institutions européennes
Armand Colin, « Cursus », 7e éd., 2005

Repentance et Réconciliation
Presses de Sciences Po
« Bibliothèque du citoyen », 1999

Dictionnaire de géopolitique
Armand Colin, 2002

La Gouvernance
PUF, « Que sais-je ? », n° 3676, 2e éd., 2006

Comprendre la Constitution européenne
Éditions d'Organisation, 2004

Constitution européenne
Voter en connaissance de cause
Éditions d'organisation, 2005

Où va l'Europe ?
Eyrolles, 2006

Droits d'ingérence
Presses de Sciences Po, 2006

Philippe Moreau Defarges

Relations internationales

2. Questions mondiales

Septième édition
mise à jour

Éditions du Seuil

OUVRAGE PUBLIÉ SOUS LA DIRECTION
ÉDITORIALE DE JACQUES GÉNÉREUX

ISBN 978-2-7578-0404-9, tome 2, 7e édition

(ISBN 2-02-015382-3, tome 2, 1re publication, 1993 ;
2e édition, 1994 ;
ISBN éd. complète 2-02-019448-1 ;
ISBN 2-02-032219-6, tome 2, 3e édition, 1997 ;
ISBN 2-02-040430-3, tome 2, 4e édition, 2000 ;
ISBN 2-02-056494-3, tome 2, 5e édition, 2002 ;
ISBN 2-02-067612-5, tome 2, 6e édition, 2004)

1
Le monde depuis 1945

1945. La Seconde Guerre mondiale s'achève.

– Elle consacre la *défaite de l'Europe*. Des Grandes Découvertes aux deux conflits mondiaux, l'Europe, notamment par la colonisation, crée et dirige un système planétaire. Elle constitue le cœur des circuits mondiaux, même pour l'Amérique isolationniste (doctrine de Monroe, 1823). Or l'Europe ne cesse de se déchirer. En 1945, l'Allemagne nazie est défaite par la Grande Alliance, dominée par les États-Unis et l'Union soviétique ; le Royaume-Uni, la « grande puissance » européenne qui s'est battue contre le Reich hitlérien de 1939 à 1945, n'est que le troisième pilier, très affaibli, de la coalition. L'Europe reste le centre des relations internationales, non parce que ses États décident de la paix ou de la guerre mondiales, mais parce qu'elle est partagée entre les armées des deux vainqueurs essentiels. L'équilibre européen est mort, remplacé par un face-à-face américano-soviétique.

– La défaite de l'Europe (ou son incapacité à résoudre par elle-même ses antagonismes) implique la fin des empires coloniaux. Ceux-ci ont été périodiquement ébranlés par des révoltes. Mais l'Européen demeurait le plus fort. Or, en Asie du Sud-Est, les victoires du Japon – nation « jaune » – en 1942 confirment que le Blanc n'est pas invincible (comme l'a annoncé la guerre russo-japonaise, en 1904-1905).

– Du point de vue idéologique, la période 1917-1945 oppose trois conceptions : le libéralisme (France, Grande-Bretagne, États-Unis) ; le marxisme-léninisme (Union soviétique) ; et les fascismes (Italie, Allemagne…). À la veille de la guerre, la démocratie parlementaire est perçue comme un régime décadent ; l'Allemagne de Hitler et l'Union soviétique de Staline incarnent l'avenir, l'Europe étant, semble-t-il, condamnée à choisir entre l'une ou l'autre. Mais les fascismes sont éliminés par la guerre, et l'affrontement se déroule désormais entre libéralisme et communisme.

Les relations internationales depuis 1945 s'organisent à partir de ce paysage (défaite et partage de l'Europe, émancipation du monde non occidental, lutte planétaire entre libéralisme et communisme). Les années postérieures à 1945 s'articulent autour de quatre fils directeurs, distincts, autonomes et néanmoins liés.

– *L'antagonisme Est-Ouest.* À la fin des années 1940, le « conflit du siècle » entre le libéralisme et le communisme dresse l'un contre l'autre deux champions – les États-Unis, l'Union soviétique –, chacun se constituant et dirigeant un camp. L'enjeu est la planète. Pendant environ quarante ans, cette lutte imprègne l'ensemble des rapports interétatiques. En 1989-1991, cette partie s'achève. Le camp socialiste disparaît (effondrement des régimes d'Europe de l'Est, en 1989) ; l'Union soviétique – son chef – se convertit, elle aussi, aux valeurs de l'adversaire occidental, pluralisme, libre entreprise, marché, puis est à son tour liquidée en décembre 1991 ; ne subsistent que des forteresses, souvent disloquées par le ralliement aux pratiques capitalistes (Chine, Vietnam, Corée du Nord, Cuba).

La période 1945-1989 trouve donc une unité dans ce face-à-face Est-Ouest. Celui-ci, durant ces décennies, est peu à peu perçu comme une structure permanente du système international. Or ce n'est qu'une parenthèse, qui apparaît comme telle avec les bouleversements de 1989.

– *Les métamorphoses de la puissance.* Le système Est-Ouest repose sur la bipolarité États-Unis - Union soviétique. Tel est au moins le principe ; la réalité a toujours été plus complexe (par exemple, au moment de la détente, dans les années 1972-1979, s'esquisse une formule triangulaire États-Unis - Union soviétique - Chine). Depuis la fin des années 1940, la tendance multipolaire – c'est-à-dire la multiplication des pôles de puissance – s'inscrit dans des processus très divers : la fin des empires coloniaux, l'émancipation du Sud ; la reconstruction et la croissance du Japon et de l'Europe occidentale ; l'industrialisation des pays du tiers monde... Ces phénomènes de multipolarité ne constituent en rien des processus continus, cohérents. Le jeu de la puissance, essentiellement euro-américain au XIXe siècle et dans la première moitié du XXe, se mondialise. Inde, Chine, Égypte, Iran, Brésil, ces pays, parmi d'autres, se lancent, avec des moyens très différents et des résultats très variables, dans cette course pour la puissance. En outre, celle-ci se transforme. Dans un monde ayant la guerre pour horizon, la puissance ultime, la vraie puissance est celle des armes. Depuis 1945, notamment du fait de l'arme nucléaire – rendant très incertain tout calcul stratégique –, les rivalités, au moins entre pays du Nord (États-Unis, Union soviétique, Europe, Japon), se font compétitions – compétition idéologique entre l'Est et l'Ouest, des années 1950 aux années 1980 ; compétition technico-économique entre les États-Unis, le Japon, l'Europe occidentale et aussi les pays dits émergents... ; ce qui, ici, est déterminant, c'est le dynamisme économique. D'où la coexistence de plusieurs hiérarchies de puissance, soit se complétant, soit se contredisant, les unes politico-militaires, les autres économico-financières.

– *L'explosion des interdépendances :* multiplication des échanges de toutes sortes, du commerce au tourisme, des investissements aux informations ; globalisation de la concurrence, tendant à faire de la terre un seul marché ; accroissement des communications, formation de réseaux mondiaux ; prise de conscience de problèmes planétaires (environnement) ; etc. Il existe bien un système économique et financier mondial, dont l'une des plus frappantes matérialisations réside dans l'interconnexion des Bourses. Ces évolutions élargissent l'autonomie de certains acteurs – grandes entreprises condamnées à raisonner à l'échelle de plusieurs marchés, individus – et à l'inverse soulignent les contraintes entravant les États (porosité des frontières, efficacité affaiblie ou abandon des instruments de contrôle – police, monnaie… –, omniprésence de l'environnement international sanctionnant notamment les erreurs économiques). Désormais, les moyens d'information retransmettent en direct (ou presque) tous les événements (même les répressions, que les dictatures laissent « généreusement » filmer) ; la télévision, loin de constituer un outil neutre, « objectif », est un enjeu que chacun (journalistes, gouvernants, terroristes…) cherche à manipuler. Bref, la terre se change en une immense scène de théâtre ; le spectacle se déroule vingt-quatre heures sur vingt-quatre ; l'humanité est à la fois acteur et public.

– Les États-Unis, nouvelle Rome ?

Avec l'effondrement de l'Union soviétique et au-delà l'échec des modèles socialistes, les États-Unis s'imposent comme une puissance à part, rassemblant entre leurs mains tous les atouts : créativité technologique, vigueur économique, rayonnement culturel et enfin capacités militaires exceptionnelles. Les États-Unis sont bien seuls et uniques dans leur catégorie. Pour la première fois, dans l'histoire du monde, un État dominerait toute la planète (Rome ne régnait que sur la Méditerranée). Les États-Unis s'imposent donc comme le grand gardien de l'ordre mondial.

En même temps que d'interrogations ! La terre entière n'est en rien un empire américain. De nombreux peuples (Chine, Inde…) revendiquent le droit à leur puissance et ne se reconnaissent en aucune manière subordonnés à l'Amérique. De plus la mondialisation, en faisant de la planète un espace d'intense circulation, de comparaison permanente, produit des dangers nouveaux : comme l'illustrent les attentats du 11 septembre 2001, et, depuis 2003, l'enlisement des États-Unis en Iraq, des individus, des groupes, des bandes peuvent mobiliser des ressources considérables, des moyens redoutables de destruction, et frapper n'importe quand n'importe où au nom de n'importe quelle cause.

Tels sont les grands traits du paysage international depuis 1945. Cinq phases se succèdent : la guerre froide (1945-1953) (**I**) ; la coexistence pacifique (1953-1968) (**II**) ; la détente (1969-1979) (**III**) ; l'agonie de l'ordre Est-Ouest (1979-1989) (**IV**) ; les États-Unis tout puissants ? (1990-2003) (**V**).

*
* *

I. LA GUERRE FROIDE (1945-1953)

Les années 1945-1955 – l'après-guerre – se caractérisent par un étrange contraste. D'un côté, les États-Unis jettent les fondements d'un ordre se voulant mondial ; cet ordre n'inclut alors que l'Occident (Amérique du Nord, Europe occidentale, Japon). Cette période marque le début des Trente Glorieuses, de trois décennies d'une croissance économique régulière pour le monde occidental. De l'autre côté, les peuples, à peine sortis des combats, attendent la Troisième Guerre mondiale, la bataille décisive entre les États-Unis capitalistes et l'Union soviétique communiste ; en juin 1950, l'éclatement de la guerre de Corée est perçu comme le premier acte d'une conflagration universelle. Mais celle-ci n'aura pas lieu.

La période se caractérise par trois traits majeurs : l'esquisse, à demi avortée, d'un ordre universel (**A**) ; la guerre froide en Europe (**B**) ; l'émancipation de l'Asie, prise, elle aussi, dans l'antagonisme libéralisme-communisme (**C**).

A. Vers un ordre universel ?

Les États-Unis sont bien le premier vainqueur de la Seconde Guerre mondiale. Ils ont massivement aidé le Royaume-Uni, l'Union soviétique et la Chine. Leur territoire n'a pas été touché par les combats. Arsenal des Alliés, ils ont développé leur force industrielle. À la fin des années 1940, le produit national américain représente environ la moitié du produit mondial.

Les États-Unis sont donc appelés à définir le nouvel ordre mondial : « L'Amérique est la seule grande puissance qui puisse maintenir la paix dans le monde » (Franklin D. Roosevelt [1]). Celui-ci n'a pas oublié l'échec de l'idéalisme wilsonien, en 1918-1919, et l'impuissance de la Société des Nations. Il veut un ordre global (les années 1930 ayant rappelé que prospérité économique et stabilité politique sont indissociables). Ce système reposera sur plusieurs organisations, d'abord les Nations unies (conférence de San Francisco, avril-juin 1945), mais aussi le Fonds monétaire international (conférence de Bretton Woods, juillet 1944), enfin une institution commerciale (projet avorté d'Organisation internationale du commerce, remplacé par l'Accord général sur les tarifs douaniers et le commerce – GATT –, entré en vigueur en 1948).

Il s'agit d'instaurer un ordre multilatéral, liant les États de la planète par des disciplines communes, fondées sur la démocratie libérale, l'ouverture des frontières, la fixité des taux de change, la convertibilité des monnaies.

En même temps, Roosevelt sait que la paix suppose la préservation d'un consensus entre les vainqueurs. Il pense rallier Staline à sa vision. Le cœur du dispositif sera le Conseil de sécurité des Nations unies, chargé du maintien de la paix. La mise en œuvre de cette responsabilité requiert l'accord des cinq membres permanents du Conseil (États-Unis, Union soviétique, Royaume-Uni, Chine et France), chacun d'eux disposant – comme l'a réclamé et obtenu, à Yalta, l'Union soviétique – d'un droit de veto pour toutes les décisions autres que de procédure.

Telle est la conception rooseveltienne : une forme de démocratie mondiale, surveillée, gouvernée par un collège de grandes puissances, les États-Unis étant le garant et l'arbitre ultimes.

Les organisations prévues (ONU, FMI, GATT) sont mises en place. Mais, la guerre froide se développant, les divergences américano-soviétiques interdisent l'avènement de l'ordre dont elles constituent les instruments.

- Au sein de l'ONU, États-Unis et Union soviétique s'opposent très vite. L'URSS utilise son droit de veto de

---

1. Franklin D. Roosevelt à son fils, dans André Fontaine, *Histoire de la guerre froide*, t. I, *De la révolution d'Octobre à la guerre de Corée*, Paris, Fayard, 1965 ; rééd., Paris, Éd. du Seuil, coll. « Points Histoire », 1983, p. 261.

manière systématique. Les États-Unis, à partir de 1950, bloquent tout débat sur l'entrée dans l'Organisation de la Chine communiste (qui prendrait le siège de membre permanent, conservé par la Chine nationaliste de Tchang Kaï-chek – Formose, Taiwan).

• L'Union soviétique ne ratifie pas les accords de Bretton Woods, créant le Fonds monétaire international, et ne participe pas au GATT. Pour elle, ces règles et ces mécanismes servent l'hégémonie américaine. L'URSS, avec les démocraties populaires d'Europe de l'Est, édifie son propre système économique, ayant pour principe la planification, la gestion centralisée des échanges (COMECON, 1949).

L'ordre rêvé par Roosevelt ne voit pas le jour. Pourtant, certains de ses éléments existent : une organisation mondiale (ONU) ; un espace économique et monétaire associant seulement les États occidentaux, mais ouvert à tout État adhérant à la liberté des échanges.

B. La guerre froide en Europe

À Yalta (4-11 février 1945), réunissant Roosevelt, Staline et Churchill, l'esprit de la Grande Alliance contre l'Allemagne nazie survit (les combats n'étant pas terminés) : l'Europe libérée doit être démocratique. À Potsdam (17 juillet - 2 août 1945), la méfiance s'est installée entre les vainqueurs ; Truman, qui a succédé à Roosevelt (mort le 12 avril 1945), annonce à Staline que les États-Unis disposent d'une arme d'une puissance de destruction inhabituelle (la bombe atomique).

La fêlure entre les Alliés se produit, dès 1945, à propos du gouvernement de la Pologne, Staline imposant sa solution. Puis vient la rupture à cause de l'Allemagne. Celle-ci doit être administrée collectivement par les commandants militaires alliés. Mais, progressivement, se réalise la coupure entre les zones occidentales (américaine, britannique, française) d'occupation et la zone soviétique. Pour Moscou, l'Allemagne doit payer ; pour Washington, l'Allemagne doit retrouver une autonomie économique. D'où la réforme monétaire dans la zone américano-britannique (21 juin 1948). L'Union soviétique réplique par une mesure analogue dans sa zone et déclenche le blocus des voies terrestres d'accès à Berlin-Ouest. C'est la première crise de Berlin (juin 1948 - mai 1949).

La division de l'Allemagne s'insère dans celle de l'Europe. Le 12 mars 1947, le président Truman définit la politique de *containment*, d'endiguement du communisme. Le 5 juin 1947, c'est le lancement du plan Marshall d'aide à la reconstruction de l'Europe. Le discours s'adresse à l'ensemble du continent ; pour les responsables américains, il est acquis que seuls les pays ouest-européens diront oui à la proposition américaine. La Tchécoslovaquie, intéressée, se fait rappeler à l'ordre par Moscou et obéit. Du 21 au 25 février 1948, c'est le coup de Prague, consacrant la mainmise communiste sur ce pays.

En 1949, la division se normalise, s'installe. L'Alliance atlantique, soudant les États-Unis et l'Europe occidentale contre la menace soviétique, est signée le 4 avril ; le bloc de l'Est a lui aussi pris forme (contrôle du pouvoir par les partis communistes dans les pays est-européens). La loi fondamentale de la République fédérale d'Allemagne est votée (8 mai). La riposte soviétique ne tarde pas : une constitution pour l'Allemagne de l'Est est adoptée le 30 mai.

L'éclatement de la guerre de Corée, en juin 1950, exaspère la crainte d'une attaque soviétique contre l'Europe occidentale. L'Alliance atlantique est renforcée par la constitution d'un commandement militaire intégré. Surtout, non sans vifs débats (affaire du projet de Communauté européenne de défense, 1952-1954), l'Allemagne de l'Ouest est dotée d'une armée et rejoint l'Alliance atlantique en mai 1955. C'est là l'un des motifs de la formation, par l'Union soviétique, d'une structure militaire commune aux États socialistes européens (Pacte de Varsovie, 14 mai 1955).

Le 5 mars 1953, Staline meurt. C'est la fin d'une époque, celle d'un communisme devenu une quasi-religion et organisé comme une Église. Après le temps du tyran s'annonce celui de l'appareil, de la nomenklatura.

C. L'Asie entre émancipation et guerre froide

Le partage de l'Europe est d'abord déterminé par l'avancée des armées, franco-anglo-américaines à l'Ouest, soviétique à l'Est. En Asie, le paysage est encore plus bouleversé. Les combats se terminent quatre mois après ceux de l'Europe.

Les États-Unis, tirant la leçon des tensions en Europe, décident d'assumer seuls le contrôle du vaincu, le Japon, l'Union soviétique n'étant associée que de manière formelle. C'est le proconsulat du général MacArthur (1945-1951), sous lequel le Japon, anéanti, frappé deux fois par la bombe atomique, renaît, reçoit une constitution à l'américaine et adopte les valeurs occidentales.

Dans toute l'Asie, les victoires, l'occupation puis le repli des armées nippones ont privé de toute légitimité les empires coloniaux, dont, en outre, les États-Unis et l'Union soviétique veulent la fin. Cependant, la France reprend pied en Indochine et se trouve bientôt enlisée dans une guerre contre le Vietminh, mouvement d'indépendance unissant nationalisme et communisme.

Le Royaume-Uni, épuisé, appauvri par le formidable effort de la guerre, tranche (en dépit des violentes protestations de Churchill, alors chef de l'opposition) : la perle de l'empire, les Indes, devient indépendante, partagée entre deux États, l'Inde et le Pakistan, le 15 août 1947.

Reste la Chine, ravagée à la fois par l'armée japonaise et aussi par la lutte entre les nationalistes (Kuomintang de Tchang Kaï-chek) et les communistes (Mao Zedong). La guerre étrangère à peine finie, la guerre civile reprend. Mao Zedong l'emporte. L'ensemble de la Chine continentale devient communiste.

Pour Staline, cette victoire est celle de communistes qu'il méprise – « des communistes en margarine » – et ne contrôle pas : la Chine populaire s'est enfantée elle-même ! Mao Zedong reste trois mois à Moscou pour négocier laborieusement avec le grand frère soviétique un traité d'alliance et d'assistance mutuelle, finalement conclu le 14 février 1950. Les États-Unis, eux, voient avec la perte de la Chine (qu'ils ont portée à bout de bras tout au long de la guerre contre le Japon) la marée rouge s'étendant à toute l'Asie.

En juin 1950, éclate la guerre de Corée. Ce pays, à la fin du conflit mondial, se retrouve (comme l'Allemagne) partagé, au niveau du 38e parallèle, entre troupes soviétiques au Nord et troupes américaines au Sud. Toujours comme en Allemagne, deux États se constituent, l'un communiste, l'autre soutenu par les États-Unis. En juin 1950, l'armée nord-coréenne déferle sur la Corée du Sud. Sous le drapeau des Nations unies [1], des forces principalement américaines repoussent l'invasion et remontent en Corée du Nord jusqu'à la frontière de la Chine. Celle-ci, se sentant menacée, envoie des volontaires en masse. Après des combats très durs, le front se stabilise autour du 38e parallèle. Un armistice est signé à Panmunjom, le 27 juillet 1953 : la Corée s'installe dans sa division.

De même, en ce début des années 1950, la guerre française d'Indochine est attirée dans la logique de l'affrontement Est-Ouest. Le Vietminh de Ho Chi Minh est communiste. Les États-Unis assument la charge financière du combat mené par la France. Après la défaite de Dien Bien Phu, les accords de Genève, le 20 juillet 1954, mettent fin (temporairement) à la guerre. Le Vietnam est divisé en deux États ; la France se retire, les États-Unis lui succèdent au Sud-Vietnam.

II. LA COEXISTENCE PACIFIQUE (1953-1968)

Dans ces années 1953-1968, l'ordre mondial s'organise, non sans crises et guerres, autour du jeu Est-Ouest, dominé par les États-Unis et l'Union soviétique, à la fois adversaires et partenaires. L'Europe occidentale sort de la reconstruction et, dans le sillage de l'Amérique, s'installe dans la société de consommation, d'abondance. Le camp socialiste, ébranlé, déchiré par des crises profondes (déstalinisation, rupture sino-soviétique), retrouve sa cohésion, au moins en ce qui concerne l'Union soviétique et l'Europe de l'Est, autour d'un marxisme-léninisme

---

1. L'Union soviétique, protestant contre le maintien de la présence de la Chine nationaliste aux Nations unies, boycotte à cette époque les réunions du Conseil de sécurité. Elle ne peut donc exercer son droit de veto.

momifié, protecteur des avantages des nomenklaturas. Enfin, la décolonisation atteint l'Afrique, le tiers monde prend la parole.

Ces années peuvent être appréhendées sous trois angles : les balbutiements du dialogue Est-Ouest (**A**) ; l'évolution des blocs (**B**) ; enfin, la prise de parole du tiers monde (**C**).

A. Les balbutiements du dialogue Est-Ouest

La mort de Staline entraîne le dégel. D'abord en Union soviétique, où le règne brouillon de Khrouchtchev (1953-1964) secoue, à travers la déstalinisation, le système socialiste. Et aussi dans la politique extérieure (armistice en Corée, accords de Genève sur l'Indochine, traité quadripartite réglant la question autrichienne en mai 1955).

En outre, le paysage stratégique connaît une modification radicale. De 1945 à 1949, les États-Unis sont les seuls détenteurs de l'arme nucléaire. Mais, dès 1945, l'Union soviétique s'est, elle aussi, engagée dans la course. Les États-Unis font exploser la première bombe H – la superbombe – en novembre 1952 ; dès août 1953, l'URSS procède à son tour à un essai. De plus, le lancement dans l'espace par l'URSS du premier satellite artificiel – spoutnik –, le 4 octobre 1957, confirme que, désormais, elle est en mesure de frapper le territoire américain par ses missiles. Pour les États-Unis, le choc est brutal : les océans Atlantique et Pacifique leur assuraient une quasi-invulnérabilité ; cet âge est fini. La coexistence pacifique – formule conçue par Lénine, à l'époque de la « nouvelle politique économique » (1921) et reprise par Khrouchtchev – s'instaure : un affrontement nucléaire entre l'Est et l'Ouest provoquerait des ravages irréversibles pour l'humanité ; ce sont donc la compétition entre les deux systèmes (capitaliste, communiste), la comparaison de leurs performances respectives qui désigneront le meilleur (à cette époque, Khrouchtchev annonce la gratuité prochaine des biens et services essentiels en Union soviétique).

Les règles du jeu américano-soviétique se mettent en place à travers des crises successives. En octobre-novembre 1956, la répression par l'Armée rouge de l'insurrection hongroise ne suscite à l'Ouest que des condamnations de principe : chacun est seul maître dans son camp. De même, en novembre, l'opération franco-anglo-israélienne visant à reprendre le contrôle du canal de Suez – nationalisé le 26 juillet par Nasser – et à renverser ce dernier est stoppée par les pressions fermes et convergentes de Washington et de Moscou. La leçon est claire : la responsabilité de l'ordre mondial appartient aux États-Unis et à l'Union soviétique ; le Royaume-Uni et la France ne vivent plus à l'époque où ils avaient la puissance et donc le droit de pratiquer la diplomatie de la canonnière.

En même temps, États-Unis et Union soviétique s'affrontent. Ainsi, en 1958, Khrouchtchev provoque la seconde crise de Berlin : il réclame pour l'ancienne capitale du Reich le statut de ville libre et demande la signature d'un traité de paix avec les deux Allemagnes – rendant définitive et consacrant la division. Les Occidentaux rejettent les propositions soviétiques. Alors que la première crise de Berlin (1948-1949) a réduit presque à rien les rapports américano-soviétiques, le dialogue se poursuit (le numéro un soviétique fait aux États-Unis un voyage spectaculaire en septembre 1959). La seconde crise de Berlin s'achève, le 13 août 1961, avec la construction du mur, établissant une frontière étanche entre les deux États allemands. Aucun traité de paix n'est conclu, mais le mur, en interdisant l'émigration d'Allemands de l'Est vers l'Ouest, consolide la République démocratique allemande, lui donne un début d'existence propre et même de légitimité.

La crise majeure, la crise-tournant est celle des fusées (octobre 1962). L'Union soviétique procède à l'installation de missiles nucléaires à Cuba, qui a basculé dans le camp communiste (prise du pouvoir par Fidel Castro en 1959), mais qui, par sa position géographique, se trouve dans le proche périmètre de sécurité des États-Unis. Devant la gravité du danger, le président Kennedy envisage toutes les possibilités puis décide la mise en quarantaine de l'île, empêchant l'arrivée des bateaux soviétiques. Après une tension extrême, la crise se dénoue : l'Union soviétique met fin à son opération (les États-Unis confirment, de leur côté, le démantèlement de leurs missiles installés en Turquie, à la frontière soviétique).

De cette crise naissent les fondements de la concertation américano-soviétique. En 1963, afin d'assurer une communication directe, constante entre les deux responsables suprêmes, un télétype rouge relie la Maison-Blanche et le Kremlin. En outre, les États-Unis (suivis par l'allié « spécial », le Royaume-

Uni) et l'Union soviétique mettent sur pied les deux traités de base visant à empêcher la prolifération des armes nucléaires (traité de Moscou interdisant les explosions dans l'atmosphère, 5 août 1963 ; traité de non-prolifération nucléaire, 1er juillet 1968). En faisant de l'atome le premier axe de leur rapprochement, les deux supergrands marquent leur volonté de garder un monopole sur l'instrument le plus puissant de destruction (en juin 1959, l'Union soviétique a mis fin à sa coopération nucléaire – démarrée en octobre 1957 – avec la Chine populaire ; quant aux États-Unis, ils se montrent vite hostiles à la constitution par la France d'une force de frappe indépendante).

B. Les blocs

Le bloc rassemble des États partageant les mêmes valeurs et unis politiquement et militairement sous la direction d'une superpuissance. Les deux blocs (occidental, soviétique) existent, se définissent l'un contre l'autre. Cependant, chacun obéit aussi à une logique spécifique qui tient à ses caractères propres. Schématiquement, le camp atlantique reste une réponse à une menace précise, celle de l'Union soviétique, tandis que le camp socialiste se perçoit comme une forteresse assiégée.

1. Le camp occidental

La guerre froide exigeait et justifiait l'unité monolithique du bloc face à l'ennemi. Avec le relâchement des tensions, les premiers pas du dialogue Est-Ouest, les désirs d'autonomie se réveillent, incarnés, dans les années 1960-1968, par la France gaullienne. De Gaulle, tout en maintenant l'appartenance de la France au camp atlantique, revendique une politique militaire et étrangère propre : édification de la force de dissuasion, retrait de l'organisation militaire intégrée de l'Alliance atlantique (1966), dépassement des blocs en promouvant « l'Europe, de l'Atlantique à l'Oural ». Les États-Unis supportent mal cette contestation.

Par ailleurs, la construction européenne se développe et se consolide. La Communauté à six (France, Allemagne fédérale,

Italie, Benelux), amorcée en 1951 (traité de la Communauté européenne du charbon et de l'acier), naît pleinement avec la création du Marché commun (traité de Rome, 1957).

Les États-Unis soutiennent, encouragent l'unification de l'Europe occidentale. Pour eux, elle doit être l'une des deux composantes d'une communauté euro-américaine, d'« une association [*partnership*] atlantique concrète ». Ainsi, le 4 juillet 1962 à Philadelphie, le président Kennedy formule-t-il la théorie des deux piliers : l'union européenne doit s'inscrire dans un ensemble dirigé par les États-Unis. En particulier, alors que la Communauté économique européenne prend à peine forme, l'Amérique propose et obtient, au sein du GATT, une grande négociation (Kennedy Round, 1964-1967) : elle a pour objectif la constitution d'une zone atlantique de libre-échange, sa conséquence majeure étant de priver la Communauté d'une identité économique spécifique. Finalement, la négociation ne se traduit que par des résultats commerciaux (abaissements de tarifs douaniers), et la Communauté se trouve reconnue comme pôle économique spécifique.

Le camp occidental reste uni, l'autorité américaine peu contestée. Seule la France émet une voix discordante. L'Allemagne fédérale, dont la coopération avec la France se fait plus étroite (traité de l'Élysée, 23 janvier 1963), demeure « le meilleur élève de la classe atlantique », l'allié discipliné de Washington. Pourtant, dans les années 1966-1969, mûrit la politique à l'Est, l'*Ostpolitik*.

2. Le camp socialiste

La mort de Staline marque, pour le camp et le mouvement communistes, la fin de l'unité absolue sous la direction de Moscou. En juin 1953, des émeutes ouvrières éclatent à Berlin-Est ; elles sont durement écrasées.

La cassure est provoquée par la déstalinisation. Lors du XXe congrès du Parti communiste soviétique, le 25 février 1956, Khrouchtchev, dans un rapport secret, dénonce les crimes de Staline. Le choc est terrible ; pour les communistes, commence le temps du doute, de la désillusion. En outre, la déstalinisation, au lieu de susciter un examen en profondeur du passé et du socialisme, tourne court. En Europe de l'Est, en 1956, contre Moscou, l'Octobre polonais conduit au retour au pouvoir de Gomulka, emprisonné par Staline. Mais, en Hongrie, l'avènement d'un gouvernement largement représentatif et national, décidant notamment la sortie de ce pays du Pacte de Varsovie, s'achève par l'intervention des chars soviétiques.

La déstalinisation enclenche le processus de rupture sino-soviétique. En 1950, la Chine de Mao Zedong, détruite, isolée, s'est soumise à Staline. Celui-ci mort et rejeté, la subordination à une Union soviétique révisionniste devient insupportable. En 1959, Moscou rompt la coopération nucléaire entre les deux États. En 1960, les experts soviétiques en Chine sont rappelés. Dans les années 1960, la querelle se déchaîne.

La Chine, allant de convulsion en convulsion (Grand Bond en avant, 1958-1962 ; Révolution culturelle, 1966-1976), se veut le porte-parole d'un marxisme-léninisme authentique, d'un tiers monde en lutte contre le premier monde, c'est-à-dire les États-Unis et l'Union soviétique. Celle-ci cherche en vain à obtenir la condamnation de la Chine par le mouvement communiste international (conférence des 81 partis communistes en 1960, conférence des 75 partis en 1969). En 1969, la rupture, l'antagonisme se normalisent. En mars 1969, des combats éclatent à la frontière des deux pays. L'URSS envisage, semble-t-il, un bombardement nucléaire sur les installations militaires et industrielles chinoises, mais y renonce, les États-Unis faisant clairement savoir leur hostilité radicale à l'encontre d'une telle opération. Le 11 septembre 1969, Zhou Enlai et Kossyguine se rencontrent à l'aéroport de Pékin. Les deux États s'installent dans une hostilité pacifique.

En Europe orientale, intervient également la normalisation. En août 1968, les troupes du Pacte de Varsovie occupent la Tchécoslovaquie, mettant fin au printemps de Prague, tentative de « socialisme à visage humain ». C'est la doctrine Brejnev. La notion de communauté socialiste, liant l'Union soviétique et l'Europe de l'Est, implique que chaque parti communiste, chaque démocratie populaire est responsable devant son peuple mais aussi devant tous les autres pays socialistes. Lorsqu'un État dévie (comme la Tchécoslovaquie en 1968), la Communauté a le droit et même le devoir d'intervenir – notamment par la force – afin de rétablir sa cohésion.

Le camp socialiste, amputé de la Chine populaire, se ressoude autour d'une orthodoxie figée. L'ordre règne à Prague.

D'où un bref temps d'arrêt pour la détente Est-Ouest. Dès 1969, le processus se remet en marche.

C. La prise de parole du tiers monde

La conférence de Bandung (Indonésie, 18-24 avril 1955) marque la prise de parole des peuples de couleur, de l'afro-asiatisme. L'Asie et le Moyen-Orient sont décolonisés, l'Afrique est à son tour entraînée dans ce bouleversement. En septembre 1961, le mouvement des non-alignés, regroupant alors vingt-cinq États, est créé à Belgrade.

Le tiers monde apparaît comme une masse indifférenciée, unie par le nombre, la misère, le traumatisme de la colonisation, la revendication d'indépendance et enfin la lutte contre l'impérialisme. Il s'agit d'abord d'exister, de se faire reconnaître. D'où le poids des symboles : victoire du Vietminh sur l'armée française à Dien Bien Phu (mars-mai 1954) ; nationalisation du canal de Suez par Nasser (26 juillet 1956) ; guerre du Vietnam (1963-1975), opposant la pauvreté, la frugalité (Nord-Vietnam), à l'arrogance, à l'industrie des États-Unis.

Le tiers monde, ou plutôt la partie qui parle, se veut révolutionnaire. En janvier 1966, se réunit, à La Havane, l'Organisation continentale de solidarité des peuples, la « Tricontinentale ». Les *focos* (Che Guevara), les foyers révolutionnaires, les Vietnams doivent se multiplier. En fait, dès la seconde moitié des années 1960, la plupart des porte-parole de cette vision apocalyptique sont balayés.

Afin d'exister, le tiers monde rejette les organisations conçues par l'Occident. Dans le domaine économique, les États du tiers monde se rassemblent au sein du « groupe des 77 » (1963) et obtiennent, en 1964, la réunion de la première Conférence des Nations unies sur le commerce et le développement (CNUCED) ; cette structure se présente comme un anti-GATT, fondé non sur un libre-échange abstrait, favorable aux pays les plus développés, mais sur la prise en considération des inégalités concrètes et leur compensation.

Ce tiers monde, perçu comme un tout, est déjà déchiré par des conflits. Deux des grands protagonistes de Bandung – l'Inde et la Chine – s'affrontent en 1962. Enfin, le tiers monde, en se posant comme non aligné, affirme sa volonté de n'être attaché à aucun des deux blocs. Or, tout de suite, ne serait-ce que du fait de leurs besoins d'aide, ces pays deviennent des pions, mais aussi des acteurs autonomes, dans la partie d'échecs planétaire entre les États-Unis et l'Union soviétique.

Les États-Unis symbolisent l'impérialisme, représentation poussée à l'extrême par leur engagement au Vietnam. L'Union soviétique a deux atouts : patrie du socialisme (modèle qu'adoptent alors la plupart des pays sous-développés) ; adversaire principal de l'Amérique. Le tiers monde est donc l'une des scènes du bras de fer Est-Ouest. Ainsi l'URSS, en armant le Nord-Vietnam, contribue-t-elle de manière décisive à user l'armée américaine…

L'année 1968 reste d'abord comme celle de la contestation, des explosions étudiantes et, au-delà, du début des désillusions du progrès. Du point de vue des relations internationales, deux éléments la dominent : les États-Unis, à la suite de l'offensive vietcong du Têt (janvier-février 1968), prennent conscience qu'ils ne peuvent pas gagner la guerre du Vietnam ; l'Union soviétique, elle, a remis en ordre son camp, ou au moins le cœur de ce camp, le glacis est-européen. Le monde est prêt pour la détente.

III. LA DÉTENTE (1969-1979)

Ce qui caractérise la décennie 1970, c'est sans doute moins la détente – processus diplomatique, interétatique d'administration du *statu quo* – que *la crise*. Elle est déclenchée par le premier choc pétrolier (1973-1974). Le quintuplement du prix des hydrocarbures casse la croissance des pays occidentaux et les contraint à des réajustements, des restructurations. Les Trente Glorieuses (1945-1975) s'achèvent ; s'ouvre une période d'incertitudes. Le chômage massif, que l'État-providence rendait en principe impossible, revient… et ne déclenche aucune révolution.

Le choc pétrolier ne constitue qu'un révélateur. Les années 1970 sont marquées par le changement des règles du jeu monétaire international : le régime des parités fixes laisse la place au flottement des taux de change (accords de la Jamaïque, 9 janvier 1976). La crise est une mutation, passage d'un système industriel à un autre. Au lendemain de la guerre, les pays occidentaux se développent par la consommation et la production de masse ; les secteurs porteurs sont l'automobile, l'électroménager, la pétrochimie (matières plastiques…). À partir des années 1970, s'esquisse un nouvel univers technico-économique, caractérisé par l'électronique, l'informatique et les télécommunications. Dans un tel environnement, ce qui détermine le rang international, ce ne sont ni la possession de matières premières, ni les armements (même nucléaires), ni le nombre des alliés ou des protégés, mais la capacité d'adaptation, d'innovation. Pour rester présent dans cette modernisation, tout État – et notamment les deux supergrands – doit mobiliser toutes ses ressources financières et humaines. Des années 1940 aux années 1970, les puissances de référence sont les États-Unis et l'Union soviétique – les premiers laboratoire du libéralisme, la seconde du socialisme –, ainsi que la Chine, nouvelle nation révolutionnaire. Dans les années 1970, émergent d'autres modèles : le Japon, les Nouveaux Pays Industriels…

Par ailleurs, à l'arrière-plan de la détente, le paysage international subit des glissements. La concertation américano-soviétique vit son âge d'or. Mais, pour les États-Unis, la guerre du Vietnam (1963-1973) se transforme en crise de conscience nationale, celle de « la fin de l'innocence » (Denise Artaud[1]) : l'Amérique n'est pas invincible, son combat peut être douteux. À partir de 1968, le dollar cesse d'être un étalon incontesté ; le 15 août 1971, le président Nixon suspend la convertibilité du dollar en or. En Union soviétique, règne, de 1964 à 1982, Brejnev. À l'intérieur, le socialisme se momifie et se corrompt. À l'extérieur, s'épanouit le rêve impérial : l'URSS accumule des armements, se dote d'une flotte, multiplie les traités d'amitié dans le tiers monde. Cependant, cette décennie 1970 ébauche une autre hiérarchie des puissances. L'Allemagne fédérale, géant économique, sort, avec la politique à l'Est – *Ostpolitik* –, de sa condition de nain politique. Le Japon com-

1. Denise Artaud, *La Fin de l'innocence*, Paris, Armand Colin, 1985.

mence à ne plus être perçu comme un « marchand de transistors » (de Gaulle), mais comme le bâtisseur méthodique d'une force technico-industrielle.

Trois axes organisent les années 1969-1979 : le concert américano-soviétique (**A**) ; l'Europe : l'ordre de la division (**B**) ; la vaine recherche d'un « nouvel ordre économique international » (**C**).

A. Le concert américano-soviétique

Dès 1969, un « intervalle de décence [1] » ayant été respecté à la suite de la répression du printemps de Prague, la détente repart. « La question de la guerre et de la paix ne peut être résolue que si les États-Unis et l'Union soviétique manifestent la volonté et la capacité de placer leurs relations sur une base compatible avec les aspirations de l'humanité » (président Nixon devant l'Assemblée générale des Nations unies, octobre 1970). Les deux supergrands sont à la fois partenaires et adversaires. Ce qui les unit, c'est la sauvegarde d'un ordre mondial. Mais ils n'en poursuivent pas moins leur bras de fer.

Ainsi, en 1972, le président Nixon accomplit sa visite historique en Chine populaire (février) quelques semaines avant son premier sommet à Moscou avec Brejnev (mai). Washington ne saurait se priver d'un atout (la brouille sino-soviétique), faisant redouter à Moscou l'éventualité d'une alliance Washington-Pékin. Le jeu se déroule à deux, chacun mobilisant tout ce qui peut gêner, affaiblir l'autre.

---

1. L'expression « intervalle de décence » est attribuée à Henry Kissinger. Lors des négociations en vue du règlement de la question vietnamienne, au début des années 1970, le conseiller pour la sécurité nationale du président Nixon, conscient de l'inéluctabilité de la victoire du Nord-Vietnam sur le Sud-Vietnam (soutenu par les États-Unis), cherche à obtenir de Hanoi un « intervalle de décence », c'est-à-dire un délai entre le départ des soldats américains du Sud et la fin du régime de Saigon ; ainsi ce dernier ne paraîtra pas abandonné par Washington. L'intervalle de décence dure de janvier 1973 (accords de Paris sur le Vietnam) au printemps 1975 (offensive victorieuse de l'armée nord-vietnamienne jusqu'à Saigon).

– *Dans les années 1969-1974*, sous la présidence Nixon, le mécanisme se rode et même atteint une forme de perfection. Un équilibre stratégique s'est établi entre les deux superpuissances. Selon le concept de destruction mutuelle assurée (Mutual Assured Destruction, MAD), chacun accepte, semble-t-il, la vulnérabilité permanente de son territoire aux missiles intercontinentaux de l'autre. En 1969, s'ouvrent les négociations sur les armements nucléaires intercontinentaux (Strategic Arms Limitation Talks, SALT), c'est-à-dire sur les missiles capables de frapper les sanctuaires américain et soviétique. Le processus vise moins à désarmer ou à stopper la course aux armements qu'à l'encadrer, la discipliner. En mai 1972, à Moscou, lors du premier sommet Nixon-Brejnev, sont signés les accords SALT I : plafonnement, pour cinq ans, du nombre des missiles intercontinentaux ; limitation à deux des sites pouvant être équipés, par chacun des deux supergrands, de missiles antimissiles (Anti-Ballistic Missiles, ABM). La négociation SALT est permanente, les accords ne constituant qu'autant d'étapes vers une gestion plus fine de l'équilibre militaire américano-soviétique.

De même, les États-Unis et l'Union soviétique conviennent d'un code de bonne conduite dans les conflits régionaux. En 1973, lors de la guerre d'Octobre opposant à Israël l'Égypte et la Syrie, la liaison américano-soviétique fonctionne bien.

– *Au cours des années 1974-1979*, le mécanisme tend à se gripper. À la suite du scandale du Watergate, le président Nixon est contraint de démissionner (8 août 1974). Puis, en 1977, Jimmy Carter accède à la présidence des États-Unis, qui insiste sur une approche morale des relations internationales. Pour les dirigeants soviétiques, cet idéalisme ne saurait être que le masque de l'hypocrisie. L'Union soviétique continue de déployer, dans le tiers monde, une politique impériale. Elle saisit toutes les occasions. En particulier, elle se substitue aux États-Unis en Éthiopie, à la suite de la chute du Négus (1974). Elle s'implante dans les anciennes colonies portugaises (Angola, Mozambique). Son soutien permet au Vietnam d'envahir et d'occuper le Cambodge (1978). D'où, à l'Ouest, la conviction que Moscou a pour stratégie de prendre en tenaille la péninsule Arabique et ainsi, par le contrôle du pétrole et de ses routes, d'asphyxier l'Occident.

De leur côté, les États-Unis font, eux aussi, avancer leurs

pions. Ainsi, de 1973 à 1979, ils sont les artisans, les médiateurs de la paix israélo-égyptienne (diplomatie « des petits pas » de Kissinger, en 1973-1975 ; accords de Camp David, le 18 septembre 1978 ; traité de paix, signé à la Maison-Blanche, le 26 mars 1979).

Un sommet Brejnev-Carter se tient à Vienne du 15 au 18 juin 1979. Les accords SALT II sont conclus, confirmant cette nécessité d'une maîtrise concertée des armements afin d'empêcher tout risque de déséquilibre. Quelques mois plus tard, c'est la « guerre fraîche » (Brejnev). L'intervention de l'Armée rouge en Afghanistan (décembre 1979) est perçue comme une rupture du code. Le Sénat des États-Unis gèle la ratification des accords SALT II.

B. L'Europe: l'ordre de la division

La détente a plusieurs dimensions souvent contradictoires. Elle fait des États-Unis et de l'Union soviétique les gardiens, les gérants des équilibres internationaux et, en même temps, elle accroît l'autonomie d'action de puissances « moyennes ». La détente est un processus diplomatique, mais, en amenant l'Ouest et l'Est à élaborer des règles communes, elle trouve un écho dans les sociétés. Enfin, en Europe, la détente à la fois consacre la division et crée des échanges, des institutions, des procédures qui l'aménagent et donc la rendent friable.

1. L'évolution des blocs

À l'Est, c'est l'ère Brejnev. L'Europe orientale s'installe dans un néostalinisme morne. Les dirigeants sont inamovibles. L'Occident parie sur « les armes de la paix » (Samuel Pisar) : le développement des échanges entre l'Est et l'Ouest doit entraîner la convergence des deux systèmes rapprochés, liés par la multiplication des interdépendances. Dans cette perspective, l'Occident prête généreusement aux démocraties populaires, qui se lancent dans des investissements grandioses. Ainsi s'opère un transfert partiel de charges de l'Union soviétique vers l'Ouest.

L'Alliance atlantique choisit la détente. En décembre 1967,

elle adopte le rapport Harmel : 1) « maintenir une puissance militaire et une solidarité politique suffisantes » ; 2) « progresser vers l'établissement de relations plus stables qui permettront de résoudre les problèmes politiques fondamentaux ».

Au sein même du camp occidental, les États-Unis, profondément ébranlés par la guerre du Vietnam, veulent réaffirmer leur autorité sur une Europe qui s'unifie. 1973 est l'année de l'Europe ; une Charte atlantique doit consacrer la hiérarchie des responsabilités, mondiales pour les États-Unis, régionales pour l'Europe. L'affaire s'enlise et se clôt par une déclaration invitant les alliés à « renforcer la pratique de consultations franches » (déclaration d'Ottawa, 19 juin 1974). L'Allemagne fédérale symbolise les ambiguïtés européennes : les États-Unis restent le protecteur indispensable, auquel il n'est pas question de dire non ; mais en même temps, au tournant des années 1960-1970, Bonn, avec l'*Ostpolitik*, la politique à l'Est, cesse de regarder exclusivement vers l'Ouest.

La construction européenne demeure un chantier loin d'être achevé. Lors du premier choc pétrolier (1973-1974), les États membres se divisent, puis se retrouvent unis – à l'exception de la France – sous la direction de l'Amérique (conférence de Washington créant l'Agence internationale de l'énergie, février 1974). En outre, en 1973, la Communauté européenne s'élargit ; elle accueille le Royaume-Uni, l'Irlande et le Danemark. Pour l'Angleterre, qui, depuis des siècles, préfère le grand large, c'est un mariage de nécessité : se tenir hors du Marché commun, c'est s'enfermer dans la marginalité et le déclin. Mais Londres veut une Europe selon ses vœux : une zone de libre-échange, avec une coordination politique souple. C'est le début de longues tractations…

2. Un système paneuropéen

En Allemagne fédérale, avec l'arrivée à la chancellerie du social-démocrate Willy Brandt (1969), l'*Ostpolitik* se concrétise par plusieurs traités, d'abord avec l'Union soviétique (12 août 1970), puis avec la Pologne (7 décembre 1970), la République démocratique allemande (« traité fondamental » du 21 décembre 1972) et la Tchécoslovaquie (11 décembre 1973). « Pour changer le *statu quo*, il faut l'accepter. » La division de l'Europe, celle de l'Allemagne, l'hégémonie soviétique à l'Est sont des faits. Dans ce contexte, l'Allemagne fédérale peut tout de même développer des relations normales avec les États est-européens et surtout faire tout ce qui est possible pour faciliter les contacts entre Allemands de l'Ouest et Allemands de l'Est. Dès que l'Allemagne regarde vers l'Est, les méfiances se réveillent. Les États-Unis et la France observent avec suspicion. Mais au nom de quel argument s'opposer à la démarche de Brandt ?

En outre, le processus s'élargit. Un système de négociations se met en place à l'échelle paneuropéenne.

En 1954, Molotov, ministre des Affaires étrangères d'Union soviétique, propose une conférence paneuropéenne sur la sécurité collective. Il s'agit, pour Moscou, d'obtenir une consécration du *statu quo* européen, des acquis de chacun et notamment des frontières rectifiées en 1945. L'initiative se concrétise dix-neuf ans plus tard : le 3 juillet 1973, s'ouvre à Helsinki la Conférence sur la sécurité et la coopération en Europe ; les participants sont au nombre de trente-cinq : tous les États européens (sauf l'Albanie), plus les États-Unis et le Canada. L'Ouest s'est rallié au projet soviétique, du fait des progrès de la détente (en particulier, accord quadripartite fixant le statut de Berlin, le 2 septembre 1971). De plus, la Conférence évoque des questions de droits de l'homme (réunion des familles, conditions de travail des journalistes...).

En fait, se met en place le processus de la CSCE, dialogue permanent entre les trente-cinq États. La rencontre d'Helsinki s'achève le 1er août 1975, suivie par celles de Belgrade (octobre 1977 - mars 1978), de Madrid (novembre 1980 - septembre 1983), de Vienne (novembre 1986 - janvier 1989). Par cette quasi-institutionnalisation, la CSCE devient l'enceinte d'une négociation multilatérale Est-Ouest en matière de droits de l'homme. Les déclarations adoptées sont des catalogues d'engagements, dépourvus de tout caractère contraignant. Cependant, chacun – et d'abord l'Union soviétique – doit rendre compte aux autres, c'est-à-dire expliquer, justifier sa mise en œuvre des principes arrêtés en commun.

C. À la recherche d'un nouvel ordre économique international

Tout au long des années 1970, le tiers monde continue d'être pris dans le jeu américano-soviétique. L'URSS, portée par l'exaltation impériale, multiplie les traités d'amitié et de coopération. Les États-Unis – qui, tout de même, en 1979, sont l'artisan de la paix israélo-égyptienne – vivent deux échecs tragiques : le Vietnam ; la chute du shah d'Iran (1979) et l'affaire des otages de Téhéran (novembre 1979 - janvier 1981). Le tiers monde est aussi un piège.

En 1973, le tiers monde, ou plus exactement une poignée de ses États, découvre une arme à l'encontre des pays occidentaux : le pétrole. L'Organisation des pays exportateurs de pétrole – OPEP –, créée en 1960 et regroupant treize États du Sud – principalement arabes –, contrôle alors 60 % de la production mondiale. Ainsi elle est en mesure de quintupler le prix du pétrole. Par ailleurs, les pays arabes exportateurs de pétrole décident de réduire leurs livraisons jusqu'au retrait d'Israël des territoires occupés en 1967 (Cisjordanie, Gaza).

Le pétrole fournit le point de départ concret d'un affrontement Nord-Sud. Le Sud, dans la lignée des travaux de la CNUCED, revendique un « nouvel ordre économique international » : souveraineté des États sur leurs ressources naturelles, accords de stabilisation des matières premières et mise sur pied d'un fonds commun chargé de les coordonner, ouverture des marchés des pays riches (préférences généralisées)… Des « négociations globales » doivent être organisées ; portant sur toutes les questions en suspens, elles se dérouleraient au sein d'un forum universel, d'un niveau politique élevé.

De 1973 à 1981, s'enchaînent débats et négociations. Le Sud privilégie l'Assemblée générale des Nations unies, instrument et symbole d'un tiers monde massivement majoritaire, ainsi que la CNUCED. Les États-Unis restent hostiles à toute forme de dialogue d'ensemble, sachant qu'ils occuperont la place de premier accusé, de plus grande puissance impérialiste. La France se veut médiatrice entre riches et pauvres ; elle organise à Paris une Conférence sur la coopération économique internationale (CCEI, décembre 1975 – juin 1977), vite oubliée. Le bloc soviétique se déclare non concerné : lui n'exploite pas le tiers monde !

Les 22-23 octobre 1981, à Cancun (Mexique), se tient un sommet Nord-Sud. Vingt-deux chefs d'État ou de gouvernement (États-Unis, Allemagne fédérale, Japon, France, Chine, Inde…) sont présents (l'Union soviétique est absente).

Cette rencontre devrait donner le coup d'envoi de négociations globales. Il n'en est rien : Cancun n'a aucune suite. Le président Reagan est venu parce qu'il est clair qu'aucune décision ne sera prise.

En cette aube des années 1980, le tiers-mondisme entre en agonie. Les expériences socialistes en Asie et en Afrique, inspirées de l'Union soviétique et de la Chine (industrie lourde, planification centralisée, semi-autarcie…), sont des échecs. La décennie 1980 est celle du marché, de la libre entreprise, de la démocratie, du pluralisme, enfin de la compétition internationale.

IV. L'AGONIE DE L'ORDRE EST-OUEST (1979-1989)

L'unité des années 1979-1989 réside dans l'extraordinaire basculement de perspectives qui s'opère. La période 1979-1984 se caractérise par un retour à la guerre froide (intervention de l'Armée rouge en Afghanistan en décembre 1979, crise des euromissiles de 1979 à 1983, Initiative de défense stratégique du président Reagan en mars 1983). Pour les États-Unis, l'Union soviétique redevient, comme dans les années 1947-1953, l'empire du mal ; l'URSS accumule les armes et se momifie, gouvernée par une succession de vieillards (Brejnev, Andropov, Tchernenko). L'avènement de Mikhaïl Gorbatchev (mars 1985) constitue bien une rupture. Les réformes engagées dans un cadre socialiste, avec, pour axes, la transparence *(glasnost)* et la restructuration *(perestroïka)*, précipitent une crise historique, mettant en cause toutes les structures, toutes les institutions soviétiques jusqu'au pacte national lui-même. En Europe orientale, durant l'automne 1989, les États socialistes, liés à Moscou, s'effondrent. L'ordre communiste disparaît. Des bastions isolés, souvent déstabilisés, subsistent : Chine, Vietnam, Corée du Nord, Cuba. L'antagonisme Est-Ouest s'évanouit.

Sous ces bouleversements, la redistribution de la puissance paraît se préciser. Le Japon, deuxième puissance industrielle, première puissance financière du monde, se confirme alors, pour les États-Unis et l'Europe, comme le concurrent décisif et aussi comme un partenaire inévitable, mais il reste un nain politique, protégé par les États-Unis, veillant à ne pas se mettre en avant, tâtonnant dans la recherche d'une diplomatie propre. Le Japon symbolise le déplacement, l'élargissement de la scène économique mondiale, centrée autour de l'Atlantique des années 1940 aux années 1970 : la région Asie-Pacifique est la zone des plus fortes croissances (Corée du Sud, Taiwan, Hong Kong, Singapour, mais aussi Thaïlande...). La construction européenne se consolide, reconnue comme un pôle par rapport auquel se redéfinissent l'ensemble des économies européennes (Acte unique en 1986, achèvement du grand marché intérieur en 1992).

Ainsi se superposent deux configurations de rapports. Le système Est-Ouest survit : les États-Unis et l'Union soviétique sont toujours les deux supergrands, seuls à disposer d'arsenaux nucléaires pouvant détruire la planète, ainsi que d'une capacité d'influence planétaire. Mais un autre paysage se dessine ; le facteur clé en est la compétition technico-économique.

Les années 1979-1989 commencent par les ultimes soubresauts de l'antagonisme Est-Ouest (1979-1984) (**A**) et s'achèvent par sa décomposition (1985-1989) (**B**). De même, la notion de tiers monde se défait ; restent des espaces (Asie, Moyen-Orient, Afrique, Amérique latine), chacun avec ses enjeux et ses problèmes (**C**).

A. Les ultimes soubresauts de l'antagonisme Est-Ouest

1. Deux colosses raidis

– En 1979, *l'Union soviétique* atteint le point extrême de son ambition impériale.

En avril 1978, a lieu, en Afghanistan, un coup d'État prosoviétique. Très vite, la situation se dégrade : hostilité de la population, luttes entre factions communistes. En décembre 1979, l'Armée rouge est envoyée pour rétablir l'ordre socialiste. Et elle s'enfonce dans un enlisement analogue à celui des soldats américains au Vietnam : combats de guérilla, enfermement dans les villes, désertions, drogue... En outre, l'intervention soviétique est perçue, par l'Occident, comme un viol des règles de la détente.

De plus, l'URSS, son économie, ses moyens scientifiques et techniques apparaissent mobilisés dans un seul but : la puissance militaire. En particulier, dans sa frénésie d'armements, l'Union soviétique déploie à partir de 1977, sur son territoire (tant en Europe qu'en Asie), de nouveaux missiles mobiles, ayant une portée de 5000 kilomètres et équipés de trois têtes nucléaires : les SS-20.

– À l'issue de la présidence Carter (1977-1981), *les États-Unis* se sentent bafoués, humiliés, d'abord par l'affaire des otages de Téhéran. Comme au tournant des années 1950-1960, ils se convainquent qu'existe un déséquilibre stratégique, un *missile gap* à l'avantage de l'Union soviétique : les années quatre-vingt seront caractérisées par une « fenêtre de vulnérabilité », phase au cours de laquelle Moscou pourrait être tenté d'utiliser sa supériorité. En 1981, le président Reagan a pour slogan : *« America is back »* (« L'Amérique est de retour »). Il s'agit de redonner confiance en eux aux États-Unis. D'où un discours typique de l'optimisme américain, s'accompagnant, dans l'action, de prudence : le traumatisme du Vietnam demeure omniprésent, les États-Unis ne doivent à aucun prix être à nouveau pris au piège d'un conflit régional. D'où une stratégie indirecte de soutien (en armes, en argent) aux mouvements s'opposant à l'expansion communiste (Nicaragua, Angola, Afghanistan, Cambodge). D'où un redressement spectaculaire des dépenses de défense entre 1980 et 1986. D'où, enfin, en mars 1983, l'Initiative de défense stratégique (« guerre des étoiles »), visant à protéger le territoire américain par un bouclier spatial, invulnérable aux missiles balistiques, et donc impliquant l'abandon de la « destruction mutuelle assurée » – c'est-à-dire la rupture du consensus américano-soviétique.

2. La tension Est-Ouest

À l'aube des années 1980, la tension Est-Ouest est multiforme. L'Union soviétique fait peur. Pourtant, elle est enlisée.

Ainsi, en Pologne, en août 1980, éclatent des grèves, qui donnent naissance au syndicat indépendant *Solidarnosc* (Solidarité). Le pouvoir compose, cède (signature des accords de Gdansk). L'Union soviétique envisage, semble-t-il, une intervention du Pacte de Varsovie, analogue à celle de 1968 en Tchécoslovaquie. Finalement, une « solution polonaise » est préférée (en particulier, l'Armée rouge se trouve déjà engagée en Afghanistan) : en décembre 1981, c'est la proclamation de l'« état de guerre » par le numéro un polonais, le général Jaruzelski. Les réactions de l'Ouest sont divisées, confuses : les États-Unis veulent des sanctions sévères, l'Europe occidentale traîne les pieds.

La crise majeure survient à propos des euromissiles.

Le déploiement par l'Union soviétique, à partir de 1977, des missiles SS-20 constitue, pour l'Occident, une atteinte à l'équilibre militaire Est-Ouest en Europe (et également en Asie). Déjà, face à l'Alliance atlantique, le Pacte de Varsovie dispose d'une supériorité considérable en matière d'armements classiques. Avec les SS-20, l'URSS acquiert également la suprématie dans le domaine nucléaire. La réponse de l'Ouest est donnée par la « double décision » de l'OTAN, en décembre 1979 ; deux démarches sont combinées, l'une militaire (modernisation des forces occidentales par l'installation, entre 1983 et 1989, de missiles américains – Pershing II, missiles de croisière), l'autre diplomatique et préalable (ouverture de négociations américano-soviétiques en vue de l'« établissement de limitations agréées d'un commun accord »).

De 1979 à 1983, la tension s'exaspère entre l'Est et l'Ouest. À l'Ouest, et d'abord en Allemagne fédérale, déferle une vague pacifiste, rejetant l'implantation des fusées américaines ; le gouvernement ouest-allemand est tiraillé entre son engagement atlantique et la pression des manifestations. L'URSS exploite ces dissensions par des propositions de moratoire – qui ne sauraient affecter les SS-20 déjà en place.

Au cours de l'automne 1983, les conversations américano-soviétiques n'ayant dégagé aucun terrain d'accord, la solidarité atlantique tient bon, le déploiement des Pershing II et des missiles de croisière commence conformément au calendrier adopté par l'OTAN en 1979. Moscou suspend *sine die* sa participation aux négociations avec Washington dans le domaine des armements.

En fait, tout au long de 1984, les fils du dialogue américano-soviétique se renouent. Le 8 décembre 1987, à Washington, lors du sommet Reagan-Gorbatchev, est signé le premier traité de désarmement réel entre les États-Unis et l'Union soviétique : tous les missiles américains et soviétiques d'une portée allant de 500 à 5 500 km – soit, notamment, les SS-20, les Pershing II et les missiles de croisière – sont démantelés. Ainsi se concrétise la double option zéro, incluant missiles intermédiaires à moyenne portée (1 800 - 5 500 km) et à plus courte portée (500 - 1 800 km).

B. La décomposition de l'antagonisme Est-Ouest (1985-1989)

L'avènement au pouvoir, en Union soviétique, de Mikhaïl Gorbatchev est à l'origine d'une cassure historique : la disparition de la patrie du socialisme et au-delà de la construction multiséculaire que fut l'empire des tsars. Dans les années 1985-1989, le jeu international est dominé par l'expérience Gorbatchev et ses conséquences.

– *De 1985 à 1989*, le cadre Est-Ouest demeure.

En Union soviétique, Mikhaïl Gorbatchev lance une politique de réforme, fidèle au socialisme. Il s'agit de faire cesser les excès, les abus de la répression, de bâtir un « État socialiste de droit ».

À l'extérieur, Gorbatchev, tirant la leçon de la crise des euromissiles, de l'isolement qu'a entraîné la peur de l'Union soviétique, cherche à rassurer, en multipliant, dans le domaine du désarmement, les initiatives : en janvier 1986, il lance un plan d'élimination graduelle de toutes les armes nucléaires d'ici à la fin du XXe siècle ; en mars 1987, il reprend l'option zéro du président Reagan (suppression des SS-20, Pershing II et missiles de croisière), ouvrant la voie au traité de Washington, en décembre 1987.

Par ailleurs, Gorbatchev opère, dans le tiers monde, un vaste mouvement de repli, abandonnant les engagements pris sous Brejnev. En février 1989, l'Armée rouge se retire d'Afghanistan. En septembre 1989, l'armée vietnamienne (dont le financement était assumé par Moscou) quitte le Cambodge, où elle était entrée à la fin de 1978. En février 1990, se déroulent des élections libres au Nicaragua, qui, depuis 1979, était gouverné par les sandinistes prosoviétiques. Tout ce processus de contraction conduit à la pleine normalisation des relations entre Moscou et Pékin (sommet Deng Xiaoping - Gorbatchev, 15-18 mai 1989) : les anciens frères ennemis, certes aux prises avec le même défi (faire évoluer, adapter le communisme), ne sont plus que deux États qui doivent coexister.

Reste l'Europe orientale, glacis de l'Union soviétique, compensation des effroyables pertes de la Seconde Guerre mondiale. Jusqu'en 1989, presque rien ne bouge. Les nomenklaturas, les directions de vieillards s'inquiètent de l'effet Gorbatchev et font le gros dos. Seule la Pologne, pauvre, endettée, en quasi-faillite, cherche désespérément une voie de sortie. En novembre 1987, le général Jaruzelski organise même un référendum afin de faire approuver par le peuple des réformes économiques ; les « non » l'emportent. En 1988, la situation se débloque, le dialogue se noue entre le pouvoir et *Solidarnosc* ; alors s'enclenche une transition menant, en 1989, à une démocratie dans un premier temps limitée.

Dans cette période, aux yeux de l'Occident, l'Union soviétique demeure un ennemi. Une interrogation domine : faut-il aider Gorbatchev ? Celui-ci, semble-t-il, a pour ambition de revenir au léninisme, à un socialisme authentique, guéri de la terreur stalinienne et de l'immobilisme brejnévien. Les changements opérés par Gorbatchev signifient-ils la renonciation aux objectifs permanents de l'Union soviétique ?

En Europe, cœur de l'affrontement Est-Ouest, le numéro un soviétique reprend les orientations traditionnelles du Kremlin : préservation de la Communauté socialiste, qui doit suivre Moscou sur la voie des réformes ; maintien d'un potentiel militaire considérable au sein du Pacte de Varsovie ; division de l'Allemagne ; dénucléarisation de l'Europe.

– *Dans la seconde moitié de 1989*, le paysage européen est bouleversé non par les manœuvres diplomatiques mais par l'imprévisible, par une de ces accélérations de l'histoire au cours desquelles les gouvernements sont dépassés, tirés par la vitesse des événements.

Tout commence de manière presque anodine : à partir d'août 1989, des Allemands de l'Est franchissent clandestinement la frontière (débarrassée des barbelés du rideau de fer) entre la Hongrie et l'Autriche pour se réfugier en Allemagne fédérale. Le ruisseau se change vite en torrent. La République démocratique allemande, après avoir protesté, se résigne à laisser partir ceux qui le souhaitent. C'est un raz de marée. Au même moment, les manifestations deviennent régulières en Allemagne de l'Est. Mikhaïl Gorbatchev, venant célébrer le quarantième anniversaire de la RDA, indique aux dirigeants communistes que le recours à la répression et aux armes est exclu. L'État est-allemand s'écroule. Le 9 novembre 1989, la frontière interallemande est ouverte, c'est la fin du Mur. Au cours de ce même mois, la Bulgarie s'engage dans la restructuration et la Tchécoslovaquie entre en démocratie. En décembre, en Roumanie, le régime Ceausescu disparaît dans le sang. En un automne, le bloc socialiste est-européen s'est évanoui. Le système Est-Ouest en Europe a vécu ; les trois piliers sur lesquels il reposait soit s'effondrent, soit perdent leurs assises :

– *La division de l'Allemagne*, symbole du partage de l'Europe, s'achève ; l'union, conduite à un rythme soutenu par le chancelier Kohl, hâtant le calendrier diplomatique, est faite le 3 octobre 1990. L'ordre européen issu de la Seconde Guerre mondiale et de la guerre froide s'est édifié sur une Allemagne coupée en deux, ne disposant pas d'une pleine souveraineté, chacun des deux États allemands étant tenu, surveillé notamment par l'alliance dans laquelle il s'insère. De plus, par leur position à la charnière des blocs, les deux Allemagnes, champ de bataille potentiel, accueillent, chacune sur leur territoire respectif, le fer de lance des dispositifs militaires occidental et soviétique. La révolution de l'automne 1989 appelle la disparition de cette situation.

– *La division de l'Europe*, avec le temps, a pris l'apparence de l'éternité, la partie occidentale se concevant comme l'une des deux composantes, avec les États-Unis, de l'ensemble atlantique, la partie orientale isolée, enfermée dans les rigidités du socialisme. Même si, surtout à partir des années 1970, se multiplient les échanges entre les deux Europes, leur destin n'est pas commun, elles appartiennent à deux blocs hostiles. Ainsi, dans les négociations sur le désarmement (réduction mutuelle et équilibrée des armements en Europe – MBFR – de 1973 à 1989, conférence sur les forces armées conventionnelles en Europe – FACE ou, selon le sigle anglo-américain, CFE – en 1989-1990), la sécurité de l'Europe s'identifie à un équilibre entre les deux alliances. Les bouleversements de 1989 annoncent une autre problématique. L'Europe cesse d'être séparée, elle redevient une. Tout comme l'unification de l'Allemagne consiste en fait en une absorption, une remise en ordre et une prise en charge de l'Allemagne de l'Est par celle de l'Ouest, la fin de la coupure de l'Europe entraîne la réorganisation de l'ensemble de l'Europe autour de ses deux pôles occidentaux : l'Alliance atlantique ; la construction européenne.

En ce qui concerne la dimension militaire, le Pacte de Varsovie disparaît le 1er juillet 1991. L'Europe orientale est perdue pour Moscou. À l'inverse, l'Alliance atlantique demeure ; tout comme l'Allemagne fédérale, l'Allemagne unie en est membre. Mais l'Alliance a été créée en 1949 pour faire face à la menace soviétique ; de plus, depuis 1955, l'Alliance a été l'instrument d'intégration de l'Allemagne fédérale dans la défense occidentale. À l'aube des années 1990, l'URSS, si elle garde un formidable arsenal, apparaît comme un pays en plein chaos, qu'il faut assister.

– *Les États-Unis et l'Union soviétique* étaient les deux protecteurs de l'Europe et les gardiens de la paix sur le continent. Pour l'Union soviétique, la disparition de son empire est-européen pose très vite, en 1991, la question de son unité. La Pologne ou la Tchécoslovaquie retrouvent leur liberté, les pays Baltes se déclarent indépendants, l'Ukraine et la Russie proclament leur souveraineté. L'idéologie marxiste-léniniste conférait sa légitimité non seulement au bloc socialiste mais aussi au pacte national soviétique. Il faut donc négocier un nouveau contrat, métamorphosant l'URSS en une confédération plus ou moins lâche. Quant aux États-Unis, leur présence par l'intermédiaire de leurs troupes en Europe, leur rôle de chef d'alliance sont indissociables de l'antagonisme Est-Ouest. Les liens euro-américains sont eux aussi entraînés dans un processus de renégociation.

Les blocs s'effacent, les nations reviennent sur le devant de la scène. Mais l'Europe ne redevient pas ce qu'elle était jusqu'à la Seconde Guerre mondiale. Elle ne domine plus le système international. Elle n'est qu'une zone prospère à l'ouest et pauvre à l'est, soumise aux turbulences d'une planète elle aussi en mutation.

C. Un Sud fragmenté et enlisé

À l'aube des années 1980, le tiers monde existe-t-il encore ? La décolonisation, qui fut la grande cause unificatrice des années 1950 et 1960, est réalisée, même si des enjeux « néocoloniaux » soudent encore le Sud contre l'Occident (problème palestinien, Afrique du Sud). L'idée d'un « nouvel ordre économique international » s'est heurtée à l'hostilité de la majorité des nations riches. Les chocs pétroliers, qui ont souligné la dépendance des économies développées à l'égard d'une ressource exportée par le Sud, ont également montré les inégalités au sein de ce dernier : la hausse des prix des hydrocarbures frappe surtout les pays les plus pauvres, qui ne disposent d'aucune capacité de riposte.

Le tiers-mondisme a prôné un développement autosuffisant, planifié, socialiste. C'est l'échec. À partir de 1978, la Chine d'après Mao, avec les Quatre Modernisations, rompt avec l'utopie et opte pour une économie prenant en considération les désirs individuels (de propriété, de consommation, d'initiative).

En septembre 1986, se tient, à Harare (Zimbabwe), le dernier sommet des non-alignés brandissant la rhétorique anti-impérialiste. En septembre 1989, la rencontre de Belgrade marque une profonde réorientation vers le réalisme et la modération.

– *Économiquement*, le tiers monde se fragmente :

• *L'Asie* décolle. Dans le sillage du Japon, s'affirment les Quatre Dragons (Corée du Sud, Taiwan, Hong Kong,

Singapour). Ainsi se consolide la zone de la plus forte croissance, à laquelle participent la Chine côtière, la Thaïlande, la Malaisie, l'Indonésie. L'agriculture asiatique accomplit sa révolution verte. Dans cette région, seule l'Indochine (Vietnam, Laos, Cambodge) reste pauvre, prisonnière du carcan communiste.

• *Au Moyen-Orient*, le pétrole a enrichi l'Arabie Saoudite et les émirats. Mais les États arabes et l'Iran semblent bloqués face au défi de la modernité. Aucun n'a vraiment réussi sa percée vers le développement. Entraves de la religion et des mœurs, archaïsme et manque de légitimité des régimes politiques, poids de l'explosion démographique, accumulation des armements au détriment des investissements civils, absence de traditions industrielles, autant de facteurs parmi d'autres pouvant expliquer la stagnation du monde arabe.

• *L'Amérique latine,* retrouvant au cours des années 1980 la démocratie, souffre de l'inflation et de l'endettement.

• Enfin, *l'Afrique au sud du Sahara* s'enfonce dans la pénurie alimentaire et la misère. En 1990, sur les 41 Pays les Moins Avancés (PMA), 28 sont africains.

Ainsi un problème comme celui de la dette frappe de manière très différente ces groupes de pays. En Asie, le remboursement de la dette est supportable du fait de l'augmentation très rapide des recettes d'exportation. L'Amérique latine trouve des palliatifs, des expédients : accords de rééchelonnement avec les banques et le Fonds monétaire international ; création d'un marché secondaire sur lequel sont échangés les titres des créances. L'Afrique, elle, n'a, semble-t-il, qu'une issue : l'annulation des dettes contractées.

– De même, *sur le plan politique*, les configurations locales de forces pèsent plus lourd. Des États du Sud veulent être des puissances au moins régionales : Syrie intervenant au Liban (depuis juin 1976) ; Vietnam chassant les Khmers rouges et occupant le Cambodge (décembre 1978 - septembre 1989) ; Iraq attaquant l'Iran (guerre de septembre 1980 à juillet 1988) ; Inde envoyant une force de paix pour rétablir l'ordre au Sri Lanka (1987-1989).

La plupart de ces opérations s'achèvent dans l'échec ou la confusion ; elles suggèrent seulement le déploiement, dans le tiers monde, de rivalités, de conflits, souvent enracinés dans une histoire ancienne (Iraq-Iran ; Chine - Vietnam...). La plupart des abcès du tiers monde se trouvent pris dans les affrontements mondiaux, entre Washington et Moscou (Afghanistan, Afrique australe, Amérique centrale) ou même entre Moscou et Pékin (Indochine). Le repli opéré par l'Union soviétique, les compromis trouvés entre les deux supergrands soit, parfois, règlent des questions (en particulier, indépendance de la Namibie, 21 mars 1990), soit, le plus souvent, laissent à eux-mêmes les protagonistes locaux (Afghanistan, Éthiopie, Afrique du Sud) : il revient à ces derniers de parvenir à un accord... s'ils le peuvent.

À l'aube des années 1990, les interventions extérieures des États-Unis ne sont plus provoquées par l'affrontement Est-Ouest. D'autres menaces s'imposent : drogue (en décembre 1989 - janvier 1990, opération « Juste Cause » visant à capturer l'homme fort de Panama, le général Noriega) ; montée de puissances portant atteinte à l'ordre établi, ainsi qu'à des intérêts occidentaux essentiels, qualifiées, par Washington, d'États voyous *(Rogue States)* (en 1990, Iraq envahissant et annexant le Koweït, perturbant ainsi l'équilibre d'une zone vitale par sa production de pétrole). Quant à l'Union soviétique, paralysée par ses désordres internes, elle meurt bientôt.

V. LES ÉTATS-UNIS TOUT-PUISSANTS ? (1990-2007)

À l'aube du XXIe siècle, cinq dominantes caractérisent les relations internationales.

A. La puissance des États-Unis

L'URSS disparaît le 25 décembre 1991. Ainsi prend fin un empire de plusieurs siècles, bâti par l'obstination des tsars, se décomposant sous le choc de la révolution d'octobre 1917, reconstruit par la volonté de Lénine puis de Staline. Ce qui constituait une formidable puissance, dominant l'Europe, l'Asie centrale et même l'Extrême-Orient – le *Heartland*, le cœur du monde, selon le géopoliticien britannique Mackinder –, laisse place à une zone de semi-désordre.

La Russie de Boris Eltsine est reconnue comme la puissance succédant à l'URSS. Elle occupe son siège de membre permanent au Conseil de sécurité des Nations unies. Elle regroupe sur son territoire les armes nucléaires stratégiques, interlocuteur privilégié des États-Unis dans ce domaine.

Mais la Russie n'est plus à égalité, si elle l'a jamais été, avec les États-Unis. Elle n'est plus qu'une puissance régionale. Elle garde le plus vaste territoire du monde. Par sa position, elle est en contact avec l'Europe, le Moyen-Orient, l'Asie centrale et l'Extrême-Orient. Si la Russie ne pèse pas lourd dans l'établissement des règles économiques mondiales – aujourd'hui, l'un des critères majeurs de la puissance –, elle conserve une capacité d'empêchement, de perturbation. Les problèmes politiques européens ou asiatiques, les questions militaires ne peuvent pas être réglés sans elle. L'ours russe a encore des griffes.

Face à cette Russie dévaluée mais toujours présente, les États-Unis, à l'aube du XXIe siècle, sont bien la seule puissance d'envergure planétaire. Tout comme l'Angleterre dans la première moitié du XIXe siècle, les États-Unis cumulent un nombre exceptionnel d'atouts : un territoire toujours protégé par deux océans ; un dynamisme économique sans précédent – réduisant à néant le thème du déclin américain, dominant dans les années 1980 ; une vigueur créatrice, qui confirme l'Amérique comme le laboratoire du futur ; des capacités militaires exceptionnelles, auxquelles aucune autre puissance ne peut comparer ses moyens ; un réseau d'alliances ou de partenariats, couvrant le continent américain, la zone Pacifique, l'Europe et le Moyen-Orient ; enfin, l'absence d'ennemi pouvant s'affirmer comme l'égal des États-Unis.

Les États-Unis, grand triomphateur de la guerre froide, s'imposent, par cette victoire même, comme le gendarme du monde. Ici, surgissent trois difficultés de taille.

– Des zones, des États échappent à l'emprise américaine. Soit les États-Unis s'en désintéressent ou s'en méfient : ainsi l'Afrique perçue comme condamnée à la pauvreté et aux luttes ethniques (intervention ratée en Somalie, en 1992-1994). Soit l'hégémonie américaine est clairement rejetée. Le vocabulaire officiel américain dénonce les États voyous (*Rogue States*) : Iraq, Iran, Corée du Nord... Également de grands États n'acceptent pas de se soumettre. C'est, principalement, la Chine, qui vise, en Asie, à être l'égale des États-Unis.

Les attentats du 11 septembre 2001 contre les Twin Towers de New York montrent aux États-Unis, bouleversés, que leur territoire peut être frappé à tout instant par n'importe qui à partir de n'importe quel point de la planète. L'affaire est remarquablement organisée par le réseau Al-Qaida, dirigé par le Saoudien Oussama Ben Laden, et ayant trouvé refuge dans l'Afghanistan des talibans. Pour les États-Unis de George Bush Jr, le terrorisme devient la première des menaces. Mais c'est une menace tout à fait particulière : elle ne s'incarne pas dans un État visible et identifiable, qui est alors l'ennemi ; au contraire le terrorisme est une réalité protéiforme, changeante. Comment combattre cette pieuvre ou plus exactement les multiples pieuvres, que sont les divers mouvements terroristes ?

– Selon la Charte des Nations unies, le gendarme du monde est le Conseil de sécurité, à qui il appartient d'arrêter les mesures nécessaires en cas de menace contre la paix ou d'atteinte au maintien de la paix (chapitre VII). D'un côté, les États-Unis savent que toute action militaire, pour être légitime, doit avoir l'aval du Conseil de sécurité (ainsi, en 1991, pour libérer le Koweït de l'invasion iraquienne ; en 1994, pour mettre fin à la dictature militaire à Haïti ; en 2001, pour faire reconnaître comme acte de légitime défense toute opération contre les auteurs des attentats du 11 septembre – résolution 1368 du 12 septembre 2001). D'un autre côté, les États-Unis, comme toute très grande puissance, n'apprécient pas d'être entravés. À leurs yeux, l'ONU, qui, pourtant, est leur enfant, reste une machine au service des ennemis des États-Unis. En 2002-2003, l'Iraq cristallise ces contradictions. Durant l'automne 2002, les États-Unis obtiennent une résolution unanime du Conseil de sécurité, dénonçant les violations du droit international par l'Iraq de Saddam Hussein (résolution 1441 du 8 novembre 2002). Mais ce texte ne donne pas à Washington ce qu'il veut vraiment : une autorisation de recours à la force pour mettre fin à ces infractions. Au début de 2003, les États-Unis décident, sans mandat onusien, d'attaquer l'Iraq et de renverser Saddam Hussein.

– Et les États-Unis veulent-ils être le gendarme du monde ? En fait, le shérif est plutôt réticent (*The Reluctant Sheriff*, selon la formule de Richard Haas). Chaque engagement extérieur donne lieu à de laborieuses tractations entre le président, gardien des responsabilités mondiales américaines, et le Congrès, prompt à attaquer les grandes « machines » multilatérales (ONU, notamment). Comme toute puissance à son apogée, les États-Unis se considèrent comme le modèle et le guide nécessaire de l'humanité, tout en supportant mal les implications : participation de soldats américains à des opérations de police internationale ; paiement régulier des cotisations aux organisations internationales ; ralliement aux règles universelles de plus en plus nombreuses (les États-Unis renâclant toujours à ratifier les traités limitant leur souveraineté).

Dans cette perspective, les attentats du 11 septembre 2001 marquent-ils un tournant ? Pour l'administration Bush, les États-Unis sont engagés dans une lutte à mort contre le terrorisme, la seule victoire possible étant son élimination totale. Mais n'est-ce pas là une mission sans limites ni fin ? En mars 2003, les États-Unis, avec, cette fois-ci, le soutien quasi unanime du Congrès américain, attaquent l'Iraq de Saddam Hussein au nom de la lutte contre le terrorisme : cet État serait lié à Al-Qaida et détiendrait des quantités importantes d'armes de destruction massive. La victoire militaire est rapidement acquise, mais l'occupation de l'Iraq, sa transformation en État démocratique tournent au cauchemar.

Les États-Unis sont le policier de fait de la planète. Mais les rivalités de puissance appartiennent-elles au passé ? La Russie garde des rêves impériaux dans le Caucase et en Asie. La Chine, pour le moment centrée sur son développement économique, a une revanche à prendre sur les humiliations et exactions de la seconde moitié du XIXᵉ siècle et de la première moitié du XXᵉ. L'Inde réclame, elle aussi, d'être reconnue comme un très grand.

B. L'unification technico-économique de la terre

Les frontières sont toujours là, délimitant les souverainetés; mais toutes sont poreuses, franchies – officiellement ou clandestinement – par les images, les idées, les capitaux, les hommes. Il n'y a plus d'espace préservé, isolé. Dans les années 1980, l'onde de choc démocratique touche l'Amérique latine, l'Asie, l'Europe de l'Est et même frappe l'Afrique au sud du Sahara. Les régimes condamnés par l'opinion publique internationale – aussi vague que soit cette notion – ne peuvent ignorer le risque d'exclusion.

Au tournant des années 1980-1990, l'Afrique du Sud, asphyxiée par les sanctions, s'engage dans le démantèlement de l'apartheid.

Dans le domaine économique, les industries de masse et de pointe (automobile, aéronautique, électronique, télécommunications...), les services sont pris dans une compétition ayant pour marché le monde ou au moins se jouant sur plusieurs espaces (Amérique du Nord, Europe occidentale, Japon, Asie accédant à l'industrialisation, Europe orientale...). Pour l'entreprise, le marché national cesse d'être une zone garantie.

Enfin, l'humanité prend conscience de risques globaux (atome, environnement). Ce qui apparaît en cause, c'est l'avenir même de l'humanité, soit un enjeu au-delà des intérêts nationaux ; toute solution, pour être efficace, exige l'accord de tous les États, ou au moins de leur très grande majorité.

La densité des relations internationales, l'autonomie d'acteurs comme les entreprises, les organisations non gouvernementales ou enfin les individus placent les rapports entre États dans un univers qui échappe à ces derniers. Les lignes de partage entre politique intérieure et politique extérieure, qui ont toujours été mouvantes, se brouillent à nouveau. Les États gardent les instruments, les symboles de la souveraineté (élaboration de la norme, police, monnaie, fiscalité, défense), mais ils ne peuvent plus les mettre en œuvre comme des entités indépendantes, du fait des pressions multiformes de l'environnement international. Par exemple, la législation économique et sociale doit tenir compte des contraintes de la concurrence (ne pas pénaliser les entreprises nationales mais aussi ne pas décourager la venue des entreprises étrangères).

C. Des dynamiques de fragmentation

Les années 1990 s'ouvrent par l'éclatement de trois États : la Yougoslavie, l'Union soviétique, la Tchécoslovaquie.

Si la Yougoslavie et la Tchécoslovaquie sont des constructions récentes, nées au lendemain de la Première Guerre mondiale, l'Union soviétique, succédant à la Russie des tsars, peut revendiquer plusieurs siècles d'existence.

Ces trois éclatements illustrent la profondeur, la permanence des réalités nationales, ethniques. De plus, ces tensions ne sont pas propres à l'Europe ; elles se retrouvent en Asie centrale, au Moyen-Orient, dans le sous-continent indien…

Derrière ces décompositions qui semblent sans fin, chaque sécession en suscitant d'autres, resurgit la question apparue à la fin du XVIIIe siècle : qu'est-ce qu'une nation ?

Une nation n'est pas une entité en soi, c'est un produit de l'histoire. Au XIXe siècle, le fait national en Europe tend à correspondre à la constitution d'espaces unifiés : les « États-nations » (Royaume-Uni, France, Allemagne, Italie, Russie…). Cependant, dès cette époque, tous les peuples que l'histoire a laissés survivre se construisent une histoire visant à les enraciner dans la nuit des temps : Tchèques, Slovènes, Croates…

Aujourd'hui, l'identité nationale, peut-être parce qu'elle est peu à peu usée par la mondialisation, se présente comme un refuge, un point d'ancrage contre l'uniformisation.

De plus, l'immensité, en général perçue comme un atout (États-Unis, Union soviétique, Chine protégés par leur masse), se transforme en handicap : ce qui est vaste est peu mobile, peu maîtrisable. Au contraire, dans un monde qui privilégie le mouvement, la vitesse, les avantages essentiels sont la cohésion, la souplesse, la rapidité d'adaptation. Le Singapour de Lee Kuan Yew s'impose comme le prototype de cette nouvelle nation, bricolée à partir d'éléments divers mais forts (culture chinoise, empreinte britannique), utilisant sa petitesse pour servir de carrefour, d'entrepôt, se faisant dans et par la compétition.

La nation peut être aussi un ultime nœud de solidarités, préservé en dépit de toutes les répressions.

Il n'y aurait donc pas un modèle unique de nation, s'il y en a jamais eu, mais seulement des tentatives multiformes, enchevêtrées d'affirmation d'une identité collective.

D. Des configurations régionales

Le monde des années 1990 semble se réorganiser autour de configurations régionales : l'Europe, le Moyen-Orient, l'Asie industrielle, l'Amérique du Nord, l'Afrique au sud du Sahara... Chacune de ces configurations obéit à une problématique spécifique. Pour l'Europe réunie, il s'agit de bâtir un ordre intégrant l'Europe orientale et peut-être la partie européenne de l'Union soviétique. Le Moyen-Orient se définit par ses conflits autour d'Israël et du Golfe arabo-persique. La percée économique de l'Asie soulève la question de son équilibre politique : rôle et avenir des États-Unis et de la Russie dans cette zone ; position et rôle du Japon ; place de la Chine. L'Amérique du Nord, bousculée par la compétition internationale, réalise un ensemble économique, liant les États-Unis, le Canada, le Mexique, et éventuellement au-delà la totalité du continent. L'Afrique au sud du Sahara est enclavée, isolée dans sa misère, son incapacité à se développer. Par ailleurs, des régions semblent s'installer dans une semi-anarchie : partie Nord de l'Amérique latine (Colombie, Bolivie, Pérou) ; Asie centrale. La priorité est à la construction d'espaces économiques intégrés : achèvement du marché unique au sein de la Communauté européenne (1er janvier 1993) ; lancement de l'Association de libre-échange nord-américaine – ALENA ou, selon le sigle américain, NAFTA – (États-Unis, Canada, Mexique), le 1er janvier 1994 ; démarrage du Mercosur – Argentine, Brésil, Paraguay et Uruguay –, le 1er janvier 1995 ; projet de zone panaméricaine de libre-échange, adopté au sommet de Miami en décembre 1994 ; annonce d'une zone de libre-échange au sein de l'Association des nations d'Asie du Sud-Est (ANASE ou ASEAN) ; enfin, projet d'une zone de libre-échange transpacifique dans le cadre de l'APEC (Coopération économique des pays de l'Asie et du Pacifique). En ce début de XXIe siècle, l'incertitude l'emporte :

la plupart de ces projets régionaux s'enlisent ou ne se matérialisent pas.

Ces ambitions régionales s'inscrivent bien dans la dynamique de la mondialisation. Toute entreprise, toute économie a besoin d'un vaste marché proche, d'abord comme point d'appui vers le reste du monde, ensuite éventuellement comme base de repli.

Mais ces régions sont liées entre elles. Les données géostratégiques, le pétrole font que l'Occident ne peut pas oublier le Moyen-Orient. L'instabilité de l'Amérique latine affecte la sécurité des États-Unis. Dans le domaine économique, la constitution de pôles d'échanges (Europe, Asie industrielle autour du Japon, Amérique du Nord) ne supprime pas les interdépendances entre ces pôles, ainsi que la nécessité de raisonner et d'agir dans un cadre mondial.

Il n'existe plus de hiérarchie claire, établie de la puissance. Le système Est-Ouest reposait sur deux superpuissances, assurant une paix relative, du fait à la fois de l'équilibre stratégique entre elles et de leur capacité à contrôler les situations locales. Les années 1990 s'ouvrent dans la confusion. Les deux nations modèles du point de vue économique (Japon, Allemagne fédérale) ne sont pas et, semble-t-il, ne veulent pas être des puissances militaires. En outre, rien n'est plus précaire qu'un modèle. Le Japon, promis, dans les années 1970, 1980, à devenir la première puissance – au moins économique – du monde, s'enfonce, au cours de la décennie 1990, dans la stagnation pour redémarrer en ce début de XXIe siècle. Les États-Unis, hantés par leur propre déclin au tournant des années 1970, 1980, accomplissent, à partir de la présidence Reagan (1981-1989), une spectaculaire renaissance. Des États de taille modeste disposent, dans certaines conditions, de possibilités de perturbation en 1990, Iraq envahissant et annexant le Koweït; tout au long des années 1990, États qualifiés de voyous (*Rogue States*) par les États-Unis, car rejetant violemment l'ordre mondial établi : Libye, Iraq, Corée du Nord… Il n'y a plus de front mais des facteurs multiples de désordre, qui peuvent être dus aussi bien aux États, à leurs politiques, qu'à des phénomènes devant lesquels les États sont mal armés (mouvements migratoires, trafics de drogue…).

E. La poursuite chaotique de l'organisation de la planète

Au tournant des années 1980-1990, les interventions de l'ONU se multiplient, de la Namibie au Cambodge, de l'ex-Yougoslavie à la Somalie. L'ONU apparaît alors comme l'instrument d'une communauté internationale, guidée par l'impératif d'urgence : porter secours aux peuples frappés par la catastrophe, les aider à se reconstruire. Puis, très vite, c'est le reflux : en 1993, l'opération de Somalie tourne mal, les casques bleus – initialement accueillis en libérateurs – s'enlisant dans un combat maladroit contre certains seigneurs de la guerre ; en Bosnie-Herzégovine, la Force de protection des Nations unies (FORPRONU) devient la cible des belligérants et surtout reçoit du Conseil de sécurité – très divisé – des instructions contradictoires. Les États-Unis, qui n'aiment pas l'ONU – dont ils sont pourtant le père –, dénoncent l'impuissance de l'organisation mondiale.

Cependant ces échecs de l'ONU signifient-ils l'inutilité d'une telle structure ? L'instance de décision, chargée du maintien de la paix, au sein de l'ONU est le Conseil de sécurité ; or cet organe est composé notamment de cinq membres permanents, qui, chacun, ont leurs intérêts et leur vision de l'ordre international (ainsi, en Bosnie-Herzégovine, désaccords multiples non seulement entre les Occidentaux et la Russie mais encore entre les trois Occidentaux – États-Unis, Royaume-Uni et France –). Tant que le monde demeurera organisé autour d'États souverains et inégaux, la garde de l'ordre international restera plus ou moins entre les mains de grandes puissances, qui ne sauraient oublier leurs préoccupations propres.

Cependant le besoin de règles, d'organisations mondiales, loin de diminuer, ne cesse de s'affirmer, comme l'illustrent trois exemples parmi d'autres.

– Le 1er janvier 1995, le remplacement du GATT par l'Organisation mondiale du commerce (OMC). Par rapport au GATT, l'OMC marque une double évolution :

Le passage d'un système occidental à un système mondial d'échanges. De la fin des années 1940 jusqu'au Tokyo

Round (1973-1979), le GATT, même s'il accueille un nombre croissant de pays du tiers monde, demeure une enceinte occidentale, avec trois acteurs clés : les États-Unis, la Communauté européenne et le Japon. L'Uruguay Round (1986-1994) représente bien un saut : 125 participants, soit les deux tiers des États de la planète. L'OMC s'impose comme une organisation authentiquement planétaire : 150 membres en 2007. En 2000, la Chine, après treize ans de négociations laborieuses pour l'obliger à accepter de mettre sa législation en conformité avec les normes mondiales, rejoint l'OMC. En 2007, restent à accueillir, s'ils remplissent les conditions d'admission, des États issus de l'URSS (Russie, Ukraine, Belarus…) et des États du Moyen-Orient (Iran, Iraq, Libye, Yémen…).

L'instauration d'une procédure juridiquement contraignante de règlement des différends. Tout État membre de l'OMC accepte qu'en dernier ressort ses litiges commerciaux soient évoqués devant un Organe de règlement des différends, aux décisions obligatoires. Pour l'État, en général très jaloux de sa souveraineté, c'est renoncer aux mesures unilatérales, accepter une discipline stricte. En 1994, le président Clinton remporte une bataille difficile au Congrès, celui-ci se résignant, non sans précautions (instauration d'un dispositif de surveillance de l'OMC), à dire oui à l'entrée des États-Unis dans l'OMC.

– *La multiplication des sommets informels.* Depuis les années 1990, de vastes rencontres réunissent aussi bien une centaine d'États que des associations privées, et débattent des grands enjeux des sociétés : enfance (septembre 1990) ; environnement et développement (Rio de Janeiro, juin 1992) ; droits de l'homme (Vienne, juin 1993) ; population et développement (Le Caire, septembre 1994) ; crime organisé (Naples, novembre 1994) ; développement social (Copenhague, mars 1995) ; femmes (Pékin, septembre 1995) ; urbanisation (Istanbul, 1996) ; numérique (Genève, 2003). Ces rencontres, même si elles ne produisent guère de conclusions contraignantes, manifestent des besoins de plus en plus larges de confrontation d'expériences, de recherche de solutions à plusieurs niveaux. Ainsi s'ébauchent des formes de conscience planétaire.

En janvier 2001, en réponse et en réaction au forum des hommes d'affaires (Davos, Suisse), se tient, à Porto Alegre (Brésil), le premier Forum social planétaire, visant à promouvoir une « autre mondialisation » avec une plus grande participation de la société civile.

– *La constitution de tribunaux pénaux internationaux.* À l'issue de la Seconde Guerre mondiale, pour la première fois, des responsables allemands et japonais de crimes de masse sont jugés par des tribunaux mis en place par les vainqueurs (procès de Nuremberg et de Tokyo).

Près d'un demi-siècle plus tard, resurgit cette problématique d'une justice criminelle internationale. La fin de l'antagonisme Est-Ouest, la diffusion des droits de l'homme et de la démocratie, la conscience d'une solidarité entre tous les hommes tendent à élargir la notion de maintien de la paix, celle-ci devant impliquer la punition des individus responsables d'actes particulièrement odieux (crimes contre l'humanité). D'où la création, par le Conseil de sécurité, dans le cadre de ses pouvoirs de maintien de la paix, de deux tribunaux pénaux internationaux, le premier pour l'ex-Yougoslavie (résolution 808 du 22 février 1993), le second pour le Rwanda (résolution 955 du 8 novembre 1994). Au-delà de ces deux tribunaux, liés à deux conflits bien précis, le projet d'une Cour pénale internationale (CPI) est adopté le 17 juillet 1998, à Rome, par 120 États.

– La CPI voit le jour le 1er juillet 2002 (ratification du traité par au moins 60 États). Elle ne lie que les États adhérant à son statut (102 en 2006). Plusieurs États de poids ne sont pas membres de la CPI : États-Unis, Russie, Chine, Inde, la plupart des États du Moyen-Orient.

– Désormais, et c'est peut-être le plus important, tout responsable gouvernemental sent peser sur lui le glaive de la justice. En novembre 1998, le général Pinochet, dictateur du Chili de 1973 à 1990, se trouve pris dans une longue procédure visant à le faire juger pour les crimes qu'il aurait ordonnés alors qu'il était au pouvoir. C'est un tournant historique, marquant bien qu'aucun homme (même un chef d'État à la retraite) ne saurait demeurer impuni.

– La mise en œuvre de cette justice dépend des États, de leur bonne volonté et de leur collaboration. Les grands criminels de l'ex-Yougoslavie échappent longtemps à la justice, les États occidentaux n'étant pas déterminés à engager les opérations militaires nécessaires pour les capturer. Toutefois, en avril 2001, les autorités de Belgrade, soucieuses d'obtenir la pleine réintégration de la Yougoslavie (Serbie plus Montenegro) dans la communauté internationale, procèdent à l'arrestation de Slobodan Milosevic. L'ancien tout puissant président de la Yougoslavie est transféré à La Haye pour y être jugé.

Toutes ces évolutions cristallisent la problématique de la gouvernance : comment gérer notre planète de manière cohérente, dans le respect des souverainetés politiques et des diversités culturelles ?

La notion de gouvernance globale est un produit des années 1990. L'enrichissement de l'humanité, la satisfaction des besoins élémentaires (nourriture, chauffage, habillement…), le triomphe des principes démocratiques rendraient possible une nouvelle forme de gouvernement des sociétés : la gouvernance. La gouvernance, au lieu d'agir par des ordres imposés d'en haut, se caractérise par une négociation multiforme et permanente entre tous les acteurs sociaux (individus, groupes, États…), le but étant de gérer l'abondance, de réguler les encombrements de toutes sortes. En même temps, le « vieux monde » de la rareté, de la pauvreté, de la guerre est toujours là. Tant les attentats du 11 septembre 2001 que la guerre d'Iraq en 2003 rappellent le poids des permanences : la mondialisation, si elle multiplie les interdépendances, stimule les comparaisons et exaspère les frustrations ; la force – d'abord militaire – reste le recours ultime des États, toujours inquiets pour leur survie. Dans cette perspective, 2003 marque la fin d'un moment impérial (1991-2003), celui de « l'hyperpuissance » des États-Unis. Toute puissance est incertaine et fragile. Ainsi les États-Unis, du fait, notamment, de leur enlisement en Iraq, se trouvent-ils engagés dans la quête sans fin de nouveaux équilibres pour gérer un ordre mondial toujours en mouvement.

2

L'ordre international

Notions et problématiques

Les relations internationales ne sont pas une science. Discipline carrefour associant la géographie, l'histoire, l'économie, les données culturelles, la politique et même la psychologie, ce domaine tire son unité de son champ d'investigation : les décisions humaines, leurs conséquences plus ou moins prévisibles, leurs interactions. Comment dégager des lois, des liaisons certaines ? Aucune situation n'est identique. Des problèmes similaires suscitent des attitudes très différentes. De plus, les hommes se souviennent ou plutôt croient se souvenir ; leur mémoire leur montrant l'erreur à ne pas commettre, ils en font une autre, ou, croyant agir d'une autre façon, finalement répètent la même maladresse, ou à l'inverse réussissent pour de mauvaises raisons. Toutes les combinaisons sont et restent possibles.

Certes, il existe des maximes évidentes et parfois fausses. Ainsi tout chef est jaloux de son pouvoir ; pourtant, il est des chefs qui le laissent échapper. De même la puissance serait soumise à un cycle inéluctable : naissance, montée, apogée et déclin. Mais des ascensions avortent ou se brisent contre la coalition de ceux qui se sentent menacés (Allemagne de 1871 à 1945). Des puissances renaissent, se métamorphosent : au début du XXe siècle, l'Empire russe, régime épuisé et en même temps engagé dans un vigoureux décollage industriel, s'effondre sous le choc de la Première Guerre mondiale puis se reconstitue en Union soviétique.

L'incertitude essentielle du domaine international vient de ce que s'y côtoient ou s'y rencontrent des durées différentes : temps longs des naissances et des morts, de la société, des mentalités ; rythmes économiques ; enfin, temps chaotiques de la politique, tour à tour se ralentissant, paraissant s'immobiliser ou s'accélérant brutalement. Ainsi les guerres même mondiales font des blessures qui, les années s'écoulant, s'atténuent, s'effacent, absorbées par les tendances profondes de la démographie et de l'économie. La guerre n'agiterait-elle que la surface des choses, affectant à peine les cycles essentiels[1] ?

Selon Raymond Aron, fidèle à l'approche classique des relations internationales, celles-ci restent régies par le jeu des États, totalités s'affrontant à d'autres totalités.

> … il convient de conserver la représentation classique du commerce entre les États, de ne pas jeter par-dessus bord l'opposition entre l'état civil des sujets ou citoyens à l'intérieur des États et l'état de guerre entre les États […]. Peut-être peut-on appeler *société internationale* ou *société mondiale* l'ensemble qui englobe le système interétatique, l'économie mondiale (ou le marché mondial, ou le système économique mondial), les phénomènes transnationaux et supranationaux, l'adjectif *international* s'appliquant à tous les aspects que j'ai distingués. Appelons, par commodité, *société internationale* l'ensemble de toutes ces relations entre États et entre personnes privées qui permettent de rêver à l'unité de l'espèce humaine. Je ne pense pas que la formule *société internationale* ou, de préférence, *mondiale* constitue un véritable concept. Elle désigne sans la décrire une totalité qui inclurait tout à la fois le système interétatique, le système économique, les mouvements transnationaux et les formes diverses d'échanges (de commerce au sens large du XVIIIe siècle) de sociétés civiles à sociétés civiles, les institutions supranationales. Peut-on appeler société cette sorte de totalité qui ne garde presque aucun des traits caractéristiques d'une société, quelle qu'elle soit ? Peut-on parler d'un système international qui inclurait toutes les formes de la vie internationale ? J'en doute[2].

Les États souverains ne sont que des constructions historiques, qui, tout en gardant parfois le même nom – la France,

---

1. Paul Kennedy, *Montée et Déclin des grandes puissances*, 1988 ; trad. fr., Paris, Payot, 1989.

2. Raymond Aron, *Paix et Guerre entre les nations*, Paris, Calmann-Lévy, 1962, présentation de la 8e éd., 1984, p. IV et XIII.

le Royaume-Uni, le Japon... –, sont en perpétuelle transformation. De plus, ces États sont pris dans des flux plus vastes, qui contribuent à les façonner ou à les détruire. Le système international et les États se font et se défont au sein des mouvements de l'histoire.

Les rapports de puissance se cristallisent en fonction de la problématique de l'époque dans laquelle ils se développent. Ainsi, tout au long du XIXe siècle, l'Europe est-elle dominée par le conflit entre légitimité monarchique et légitimité nationale. Bismarck incarne ces tensions, ces contradictions : ce conservateur farouche, ce fidèle serviteur de la monarchie prussienne agit en héros de la cause nationale allemande ; junker prussien, il met son roi à la tête de l'Empire allemand et subordonne la Prusse. Les acteurs de l'histoire ne seraient-ils que des marionnettes dont les intentions, les décisions sont sans cesse détournées, perverties par des forces que ces hommes font semblant d'orienter alors qu'elles n'obéissent qu'à leur propre dynamique ?

Lors de la Première Guerre mondiale, chacun des belligérants est convaincu de se battre pour la civilisation, l'ennemi étant le sauvage, le barbare. Or cette lutte sanglante est due non aux différences entre ces États mais au contraire à leurs similitudes. S'ils s'entre-tuent, c'est parce qu'ils ont le même rêve : être la nation exemplaire de l'Europe. Ainsi, l'appartenance à un même système de références et de valeurs des nations européennes, loin de les unir, contribue à les dresser les unes contre les autres. Certes, ces États sont tout de même séparés par une différence idéologique majeure : les uns sont des démocraties (France, Royaume-Uni, États-Unis), les autres restent des régimes autoritaires ou semi-autoritaires (Allemagne, Autriche-Hongrie, mais aussi Russie – qui, en 1914, est l'alliée des démocraties). Si l'Europe avait été alors tout entière démocratique, aurait-elle évité l'affrontement, serait-elle demeurée fidèle à la négociation et au compromis ? La fièvre nationaliste aurait-elle été neutralisée par le souci de dialogue et de paix, considéré comme consubstantiel à la démocratie ?

L'histoire montre bien qu'une idéologie commune ne fournit pas une garantie absolue de paix. Il y a bien eu des guerres entre des « démocraties » : la guerre de Sécession (1861-1864) ; dans une certaine mesure, la guerre des Boers (1899-1902). En 1914, l'Allemagne impériale a un parlement, et la guerre est engagée avec son accord – comme avec celui des parlements français, britannique… De même, le socialisme marxiste-léniniste s'est voulu l'idéologie de la fraternité et de la paix ; or des États frères ont été au bord de l'affrontement militaire (Union soviétique et Chine en 1969) et même se sont battus entre eux (Chine et Vietnam en 1979).

Les relations internationales ne cessent d'être en mouvement. En elles s'affrontent non seulement les ambitions, les volontés des acteurs mais aussi les débats d'une époque. Chaque acteur est agi, notamment parce que ses démarches sont formulées dans les schémas du temps. Tout acteur – et en particulier l'État-nation – est d'abord l'enfant de son temps ; quand il évoque son passé ou imagine son avenir, il le fait à travers les cadres du présent.

Tout ordre international se construit à la charnière des convictions, des idées de l'époque et des rapports entre les acteurs. Il n'y a pas de puissance en soi, mais adéquation entre des atouts et un environnement. Tout ordre est imparfait, précaire ; ce n'est que l'effort des plus puissants pour fixer et organiser un équilibre (ou un déséquilibre), temporaire, de forces. Cependant, cette notion d'ordre, par ses limites, par sa fragilité, aide à appréhender l'évolution du système international. De plus, le thème de l'ordre mondial constitue l'une des dominantes du discours politique actuel.

D'où une approche en trois étapes :

- d'abord, sur les déterminants majeurs du système interétatique (**I**) ;
- ensuite, sur les conditions de formation et de fonctionnement des ordres internationaux (**II**) ;
- enfin, sur les modes de décomposition de ces ordres (**III**).

*

*   *

I. SYSTÈME ET ORDRE

> *J'appelle système international l'ensemble constitué par des unités politiques qui entretiennent les unes avec les autres des relations régulières et qui sont toutes susceptibles d'être impliquées dans une guerre générale.* Sont membres à part entière d'un système international les unités dont tiennent compte, dans leur calcul des forces, les responsables des principaux États [...]. Un système politique se définit par une organisation, par les relations réciproques des parties, par la coopération des éléments, par des règles de gouvernement... [1].

Cette définition de Raymond Aron fournit un fil directeur pour analyser le système international, à travers trois notions clés : guerre ; État-nation ; organisation.

A. Guerre

1. La vision classique de la guerre

Pour Raymond Aron, exprimant la conception réaliste des relations internationales, ce qui définit d'abord un système international, c'est la possibilité d'une guerre commune entre les acteurs. La guerre est un lien entre les États ; elle est l'épreuve à laquelle doit se soumettre celui qui veut participer au jeu de la puissance ; la guerre, par la victoire, désigne les plus forts et ainsi établit – jusqu'au prochain affrontement – une hiérarchie entre les États, les vainqueurs dictant les règles, les vaincus ne pouvant que s'y soumettre.

Cette représentation caractérise l'Europe du Moyen Âge aux guerres mondiales. La lutte armée transfère la puissance, de l'empire des Habsbourg à l'Angleterre et à la France, de la France à l'Angleterre... Ce qui unit ces rivaux, ce sont l'objet même des antagonismes (faire reconnaître sa suprématie sur le

1. Raymond Aron, *Paix et Guerre..., op. cit.*, p. 103.

continent et, dès le XVIe siècle, le monde) et des valeurs (chrétienté, monarchie). Les acteurs sont bien identifiés : les rois jusqu'à la Révolution française, puis, à partir du XIXe siècle, les États-nations. Le plus souvent, la guerre ne détruit pas les États (sauf, certes, la Pologne à la fin du XVIIIe siècle), mais leur assigne leur rang.

Clausewitz (1780-1831) est le grand penseur de la guerre comme principe structurant d'un système international. La guerre est un pari rationnel ; elle obéit à des buts, chacun des belligérants se livrant à un calcul coûts-avantages. La guerre est une entreprise politique, le militaire ne constituant qu'un instrument. Il s'agit alors de vaincre une armée, et non d'anéantir un peuple. Le vainqueur à la fois marque qu'il est le plus fort et reste raisonnable. L'illustration la plus évidente de la philosophie clausewitzienne demeure la guerre franco-prussienne de 1870-1871 : Bismarck la provoque avec des objectifs précis (unifier l'Allemagne, utiliser la France comme catalyseur) ; la paix de Francfort (10 mai 1871) est sévère pour la France (amputation de l'Alsace-Lorraine ; indemnité de cinq milliards de francs-or), mais ne la détruit pas.

Mais qu'en est-il de la Première Guerre mondiale ? Avant même qu'elle n'éclate, elle échappe à ses protagonistes, qui se résignent devant l'engrenage des mobilisations et des liens d'alliance, et qui, tout au long du conflit, redéfiniront sans cesse leurs buts [1]. La guerre n'est plus une partie d'échecs, mais un enchaînement de décisions et de réactions aveugles. Enfin, la Grande Guerre met en branle des processus révolutionnaires, notamment en Russie en 1917. La guerre, surtout lorsqu'elle dure, suscite des dynamiques dont les hommes sont les agents aveugles.

La Seconde Guerre mondiale confirme qu'un antagonisme peut être soumis à plusieurs logiques. Certes, il y a d'abord et toujours la lutte entre des États pour des motifs de puissance, de suprématie (Allemagne et Japon voulant se constituer des espaces vitaux, assurant l'autosuffisance ; Royaume-Uni et États-Unis n'acceptant pas ces processus de fermeture, d'exclusion en Europe et en Asie). Mais l'idéologie perturbe les loyautés individuelles, le combat pour ou contre le commu-

---

1. Georges-Henri Soutou, *L'Or et le Sang, les buts de guerre économiques de la Première Guerre mondiale*, Paris, Fayard, 1989.

nisme, incarné dans l'Union soviétique, apparaissant à certains comme fondamental et conditionnant leurs attitudes nationales.

Par ailleurs, pour Clausewitz (même s'il analyse la « petite guerre [1] », la guérilla), la guerre se fait entre des armées, sur des champs de bataille. Or la guerre se complique si elle donne lieu à des occupations, imbriquant conflits internationaux et conflits civils, surtout lorsque les pays défaits, envahis gardent un gouvernement légal et même légitime.

Dans le schéma clausewitzien, l'État est une totalité, un acteur rationnel, doté d'une seule volonté.

2. La guerre au XXe siècle

Trois données bouleversent l'approche de la guerre par les hommes au XXe siècle.

a) L'encadrement de la guerre par le droit

– Le pacte Briand-Kellogg de renonciation à la guerre (27 août 1928) symbolise une mutation.

Jusqu'à la Grande Guerre (1914-1918), la guerre est perçue comme inhérente aux sociétés. Le droit de la faire est l'un des attributs majeurs de l'État souverain. Certes, le rêve d'une terre sans affrontement armé est probablement aussi ancien que la guerre elle-même. Au Moyen Âge, l'Église se résigne à l'inéluctabilité des guerres et s'efforce de les codifier (notion de guerre juste ; règles humanitaires de la Trêve de Dieu et de la Paix de Dieu). Au XIXe siècle, des idéologies internationalistes, expressions de la foi dans le progrès, prétendent bâtir un monde de paix : par l'échange, le commerce, pour le libéralisme ; et surtout, pour le socialisme marxiste, par l'avènement d'une société sans classes, d'une humanité réconciliée, libérée des carcans nationaux. Avec la terrible boucherie qu'est la Première Guerre mondiale, naît la « grande illusion » de la « der des ders ».

---

1. Voir Raymond Aron, *Penser la guerre, Clausewitz*, t. I, *L'Âge européen*, Paris, Gallimard, coll. « Bibliothèque des sciences humaines », 1976, p. 162.

Évidemment, la guerre ne disparaît pas. Mais se développe une rhétorique internationale visant à mettre la guerre hors la loi. Déjà, le pacte de la Société des Nations (28 juin 1919) recense les cas de guerre illicite (guerre d'agression, notamment, selon l'article 10). Surtout, la Charte des Nations unies (26 juin 1945) prohibe le recours à la menace ou à l'emploi de la force dans les rapports entre États membres de l'Organisation (article 2, paragraphe 4). La Charte n'autorise l'emploi de la force que dans deux hypothèses :

• *La légitime défense.* Cette notion sert de fondement (article 51) à la plupart des alliances conclues depuis 1945 (notamment le traité de l'Atlantique Nord de 1949 et le Pacte de Varsovie de 1955). Ce droit de légitime défense « ne peut être exercé que si l'État intéressé a été victime d'une agression armée [...]. Ayant reconnu elle-même l'existence de ce droit, la Charte n'en réglemente pas la substance sous tous ses aspects. Par exemple, elle ne comporte pas la règle spécifique – pourtant bien établie en droit international coutumier – selon laquelle la légitime défense ne justifierait que des mesures proportionnées à l'agression armée subie, et nécessaires pour y mettre fin[1] ».

• *Le maintien de la paix* par les organes des Nations unies, et d'abord par le Conseil de sécurité, dans le cadre du chapitre VII de la Charte.

– Cet encadrement du droit de faire la guerre oblige au moins tout État, même le plus cynique, à justifier toute action de force.

• *La légitime défense est évidemment manipulée.* Ainsi elle est invoquée, en août 1968, par la communauté socialiste et par son chef, l'Union soviétique, pour mettre fin à l'expérience de socialisme à visage humain de Prague.

Dès le lendemain des attentats du 11 septembre 2001 (destruction des Twin Towers de New York par des avions détournés par le mouvement terroriste Al-Qaida), les États-Unis obtiennent du Conseil de sécurité le vote à l'unanimité

---

1. Arrêt de la Cour internationale de justice relatif aux *activités militaires et paramilitaires au Nicaragua et contre celui-ci*, 27 juin 1986.

de la résolution 1368. Le texte reconnaît « le droit inhérent à la légitime défense, individuelle et collective » des États-Unis. C'est là un feu vert pour une riposte. Mais jusqu'où ? Dans quelles limites ? Pour les États-Unis, la résolution est un blanc-seing les autorisant à entreprendre toute action à leurs yeux nécessaire.

La notion de lutte légitime se modifie avec les époques. Au lendemain de la Seconde Guerre mondiale, tout combat pour la décolonisation est légitime, s'inscrivant dans le « sens de l'histoire », et surtout bénéficiant du soutien de tous les peuples non européens. Dans cet environnement, la notion de guerre, supposant l'affrontement d'États constitués, s'efface devant celle de conflit armé.

• *De même, le fonctionnement des Nations unies dépend du jeu politique*. En 1990, à la suite de l'invasion du Koweït par l'Iraq, le Conseil de sécurité adopte plusieurs résolutions.

Mais ce processus n'est possible que parce qu'il y a alors accord unanime des cinq membres permanents du Conseil (États-Unis, Union soviétique, Grande-Bretagne, France et Chine), aucun ne brandissant son droit de veto. Les États-Unis sont l'acteur central, affirmant que la libération du Koweït est la cause du droit ; d'où la préoccupation américaine de faire apparaître l'opération de libération comme incontestable juridiquement : la guerre devient une opération de police de la communauté internationale contre un État délinquant (résolutions 660-667, 669, 670, 674, 677 et surtout 678 du 29 novembre 1990 – autorisation du recours à la force – du Conseil de sécurité). Cette unanimité se reconstitue en septembre 2001 (résolution 1368, reconnaissant le droit de légitime défense des États-Unis face aux attentats des Twin Towers). À l'inverse, en 2003, les États-Unis échouent à obtenir du Conseil de sécurité un mandat les autorisant à renverser le régime de Saddam Hussein (Iraq) par les armes.

La légitimité de la guerre se trouve brouillée. La qualification même de ce qui est une guerre ne va plus de soi. Dans le schéma de Clausewitz, l'issue de la guerre désigne le vainqueur et le vaincu, le fort et le faible. En cette aube du XXIe siècle, l'ambiguïté s'installe : le vainqueur n'est plus sûr d'avoir raison par son seul triomphe ; le vaincu sait que toute défaite peut être provisoire, que toute victoire est porteuse d'illusions et de déclin. Durant l'automne 2001, l'intervention militaire occidentale en Afghanistan illustre ces équivoques. Il s'agit à la fois d'une guerre (destruction par les États-Unis du régime des talibans) et d'une opération de police (élimination du réseau terroriste Al-Qaida). Les États-Unis paraissent obtenir une victoire écrasante, le régime des talibans s'effondrant très vite. Pourtant le cerveau du réseau terroriste (le Saoudien Oussama Ben Laden et la plupart de ses plus proches collaborateurs) se révèle insaisissable. Le combat pourrait être sans fin, l'hydre terroriste s'évanouissant ici pour mieux renaître là-bas.

b) Le nucléaire et, au-delà, les armes de destruction massive

– *Avec l'arme atomique, l'humanité découvre – ou croit – qu'elle est en mesure de s'anéantir.* Avec un tel risque, que subsiste-t-il de la fonction politique de la guerre ? Celle-ci peut-elle encore être, selon la formule de Clausewitz, « la continuation de la politique par d'autres moyens » ?

Les détenteurs de moyens nucléaires sont contraints à la retenue. Entre les États nucléaires, l'équilibre de la terreur, la conscience que le recours à l'atome provoquerait une réplique équivalente imposent une logique de dissuasion : il s'agit d'aller au bord du gouffre sans se laisser entraîner vers la décision fatale (crise des fusées en octobre 1962). De même, face aux États non nucléaires, l'État nucléaire doit se montrer très prudent : le déclenchement du feu atomique constitue un saut dans l'inconnu, la rupture d'un tabou. En 1945, les bombardements d'Hiroshima et de Nagasaki ont lieu dans des conditions tout à fait particulières : l'arme est inconnue, elle est employée pour la première fois ; l'Amérique est pressée de terminer la guerre et surtout craint qu'un débarquement au Japon ne soit terriblement sanglant ; enfin, les bombes d'Hiroshima et de Nagasaki ne sont encore que des superbombes, très puissantes, la révolution stratégique se produisant avec la bombe H (1951) et le couple missile intercontinental - atome (1957).

Depuis 1945, le recours au nucléaire est à plusieurs reprises débattu (États-Unis en Corée – 1950 –, puis en Indochine – 1954 ; Union soviétique contre la Chine, en 1969), mais à chaque fois écarté : utiliser l'atome – alors qu'un intérêt suprême (invasion du territoire national, essentiellement) n'est pas en jeu –, c'est à la fois se mettre au ban des nations civilisées et se retrouver, sur le terrain, avec des problèmes humains considérables. Aucun chef d'État n'a voulu assumer une telle responsabilité.

– *Le nucléaire déplace les conflits*. L'affrontement direct, au centre (Europe), étant impossible, les stratégies indirectes exploitent les tensions périphériques (conflits de décolonisation, antagonismes dans le tiers monde). La compétition se poursuit par d'autres voies : course aux armements stratégiques, l'objectif étant d'acquérir un avantage décisif – par exemple, bouclier antimissiles – ou/et d'épuiser le rival – en 1983, Initiative de défense stratégique du président Reagan, contraignant l'Union soviétique à tenter de suivre, à se lancer, elle aussi, dans un programme coûteux de défense spatiale. Enfin, la guerre classique subsiste tant entre États non nucléaires (par exemple, guerre Iraq-Iran en 1980-1988) qu'entre États nucléaires et États non nucléaires (en 1991, guerre du Koweït ; en 2003, guerre d'Iraq).

– Enfin, *l'arme nucléaire, perçue depuis 1945 comme marquant l'avènement d'une ère radicalement nouvelle, peut-elle se banaliser, devenir une arme comme les autres ?* Deux éléments jouent dans cette direction : la gamme des moyens nucléaires, dont certains (grenades, obus) pourraient intervenir sur le champ de bataille sans provoquer l'apocalypse ; la prolifération, la multiplication des États nucléaires (en mai 1998, essais indiens puis, en réplique, pakistanais). Dans son Avis consultatif du 8 juillet 1996, la Cour internationale de justice (CIJ) conclut : « Au vu de l'état actuel du droit international pris dans son ensemble, [...] la Cour est amenée à constater qu'elle ne saurait conclure de façon définitive à la licéité ou à l'illéicité de l'emploi d'armes nucléaires par un État dans une circonstance extrême de légitime défense dans laquelle sa survie même serait en cause. »

c) Efficacité et légitimité de la guerre

Pour que la guerre remplisse sa fonction (indiquer le fort et le faible, fixer les hiérarchies entre États), trois conditions sont nécessaires : la clarté de la victoire ; la certitude du vainqueur ; la soumission du vaincu.

Depuis 1945, il y a d'abord *les conflits armés liés à la décolonisation* ou dans son prolongement. Ces affrontements sont portés par le vent de l'histoire. Le colonisé retourne contre le colonisateur ses valeurs (liberté, égalité, indépendance). Le colonisateur mène un combat douteux, il n'est pas prêt à reconnaître au colonisé ces droits par lesquels, au moment de la conquête, il a justifié sa mission civilisatrice. Bref, la victoire du colonisé a pour elle l'essentiel : l'esprit du temps.

Les guerres entre États du tiers monde sont, toutes, des affaires sans conclusion claire. En 1962, l'échauffourée entre la Chine et l'Inde, dans l'Himalaya, tourne court. En 1971, l'Inde bat le Pakistan, obtient ainsi la consécration de la sécession du Pakistan oriental (désormais Bangladesh), mais ne devient pas la puissance hégémonique du sous-continent, se disputant bientôt avec celui qu'elle a émancipé, n'empêchant pas le Pakistan de poursuivre sa quête de l'arme nucléaire. De 1979 à 1989, l'armée vietnamienne, qui, tant contre la France (1946-1954) que contre les États-Unis (1964-1973) puis la Chine (1979), s'est imposée comme l'une des plus remarquables de l'histoire, s'enlise au Cambodge devant une résistance divisée mais certes âpre (Khmers rouges). Enfin, la guerre Iraq-Iran (1980-1988) enchaîne les échecs (guerre éclair à l'iraquienne en 1980 ; offensives en masse iraniennes), laissant la victoire (sans gains concrets) à l'Iraq qui a enterré ses forces.

Deux explications, qui peuvent se compléter, sont possibles. Du point de vue militaire, le tiers monde, après Mao Zedong et Giap, n'aurait pas eu de chefs de guerre. De plus, le développement des armements favoriserait la défensive : usure, sauf lors des guerres israélo-arabes de 1967 et encore de 1973 ou de l'offensive nord-vietnamienne du printemps 1975, du grand moyen de mouvement, le char ; inefficacité des bombardements (États-Unis contre le Nord-Vietnam) ; armements sophistiqués pour les guérillas (par exemple, missiles sol-air *Stinger* contre les hélicoptères soviétiques en Afghanistan). Du point de vue politique, toute guerre qui n'est pas de libération paraît être vidée de toute légitimité, le vainqueur potentiel manquant de cette combinaison de certitude et de chance qui fait les grands stratèges, le vaincu probable ne se résignant pas à cette soumission minimale qu'impliquerait l'acceptation de la défaite.

En 1991, la seconde guerre du Golfe, menée contre l'Iraq par la coalition dirigée par les États-Unis pour la libération du Koweït, confirme ces ambiguïtés. La lutte des coalisés est celle du droit, que traduit un ensemble de résolutions du Conseil de sécurité. Leur triomphe est écrasant. Comme au XIXe siècle, entre les puissances européennes et les peuples asiatiques ou africains, l'écart technique dicte la décision : l'armée iraquienne, formée par l'Union soviétique, appartient aux temps de la Seconde ou même de la Première Guerre mondiale, alors que les États-Unis testent leurs armes électroniques. Mais alors quelle victoire ? Le vaincu, Saddam Hussein, garde le pouvoir. L'Iraq isolé, asphyxié, mis sous surveillance, souffre mais renâcle.

La seconde guerre du Golfe est celle du droit. Par conséquent, elle est conduite en fonction du droit, c'est-à-dire de l'accord des membres permanents du Conseil de sécurité et de ses limites. Le mandat du Conseil est strict : la libération du Koweït, rien de plus. Au printemps 2003, les États-Unis, aidés par le Royaume-Uni, envahissent l'Iraq et détruisent le régime de Saddam Hussein. La victoire militaire est obtenue très vite. Le vrai défi est politique : faire d'une occupation une libération. Il ne s'agit plus de conquérir, mais de convertir, en amenant le peuple iraquien à la démocratie. La guerre se métamorphose en ingérence. Mais l'extérieur (États-Unis, Royaume-Uni) peut-il transformer par la force l'intérieur (Iraq) ?

B. État-nation

La part de fiction qu'exige toute analyse pose, en ce qui concerne les relations internationales, l'État-nation comme une entité permanente, maintenant sa spécificité à travers les siècles. Or, derrière la permanence des noms – France, Chine, Russie… –, les réalités collectives se décomposent et se recomposent sans cesse. Les éléments perçus comme permanents, qui, eux aussi, se modifient constamment (territoire, langue, institutions, mythes…), constituent des cadres, des points de repère dont les individus, les groupes renouvellent la substance. Comme chacun, l'État-nation est d'abord le produit de son époque ; il se veut continu, éternel, mais il est pris dans le flux du temps : la France, l'Angleterre, l'Espagne, l'Allemagne, la Russie se pensent et se repensent à travers des présents successifs.

> … le nationalisme est une théorie de la légitimité politique qui exige que les limites ethniques coïncident avec les limites politiques et, en particulier, que les limites ethniques au sein d'un État donné […] ne séparent pas les détenteurs du pouvoir du reste du peuple […].
> 1. Deux hommes sont de même nation si et seulement s'ils partagent la même culture quand la culture à son tour signifie un système d'idées, de signes, d'associations et de modes de comportements et de communication.
> 2. Deux hommes sont de la même nation si et seulement s'ils se *reconnaissent* comme appartenant à la même nation. En d'autres termes, *ce sont les hommes qui font les nations* ; les nations sont des artefacts produits par les convictions, la solidarité et la loyauté des hommes. Une simple catégorie de personnes (disons, par exemple, les occupants d'un territoire, les locuteurs d'une langue donnée) devient une nation si et quand les membres de cette catégorie se reconnaissent, avec fermeté, certains droits et devoirs mutuels, réciproquement, en vertu de leur commune adhésion (Ernst Gellner[1]).

Aujourd'hui, le problème de l'État-nation se trouve reformulé à travers deux évolutions : de l'État comme totalité souveraine à l'État comme point de concentration de réseaux ; des loyautés déclarées exclusives, éternelles, aux loyautés multiples, changeantes.

1. De l'État comme totalité souveraine à l'État comme point de concentration de réseaux

Ernst Gellner examine la nation comme un mode d'organisation sociale, résultant des besoins collectifs à un stade donné de développement technique. Les civilisations rurales, les empires antiques réunissaient de façon très lâche des villages,

1. Ernst Gellner, *Nations et Nationalisme*, 1983 ; trad. fr., Paris, Payot, 1989, p. 12 et 19.

des cités, vivant (à l'exception de quelques grandes villes) en quasi-autarcie, le scribe recensant les productions pour l'impôt, prélèvement pour le financement du pouvoir (essentiellement l'armée). L'État-nation naît avec la révolution industrielle, il a besoin de masses d'hommes partageant une culture de base commune, sachant lire, écrire et compter ; en outre, cet État-nation exige une croyance, que diffusent les fonctionnaires, les institutions, les soldats.

L'État, alors, se conçoit comme une totalité souveraine. Dans le monde libéral du XIXe siècle, impliquant la libre circulation des marchandises, des hommes, de l'argent, l'État est à la fois le législateur, fondateur et gardien du pacte social, et l'entité chargée de la défense, alors que la guerre est toujours à l'horizon. Au XXe siècle, l'État tend à absorber la société, acquérant le monopole de tous les rapports avec l'extérieur. Les utopies totalitaires concrétisent ce mouvement, tandis qu'il demeure une virtualité forte dans les pays de l'État-providence (Europe occidentale).

Aujourd'hui, les sociétés échappent aux États ; les frontières juridiques, politiques des seconds subsistent, gardent toute leur valeur comme fondement d'un ordre stable, mais sont gommées, ignorées par les premières et leurs échanges innombrables. Chacune des grandes fonctions de l'État, au sommet, se trouve attirée, intégrée dans des structures transétatiques, tandis qu'à la base elle est émiettée par des fragmentations multiples (aspirations locales, revendications identitaires).

a) La fonction législatrice

Pour les philosophes du contrat social, qui demeurent les inspirateurs des démocraties occidentales, l'État est le législateur, celui qui fixe les règles légitimes du jeu, cette mission législatrice entraînant celles d'ordre public et de justice.

Aujourd'hui, dans les pays développés (Amérique du Nord, Europe occidentale, Japon), l'État conserve cette fonction. Le libéralisme des années 1980 (expériences Thatcher au Royaume-Uni et Reagan aux États-Unis) s'assigne pour objectif de restaurer cet État régulateur, « concierge de nuit ». En 1989, l'effondrement des régimes communistes en Europe de l'Est met en lumière le besoin d'État non comme guide idéologique mais comme promoteur et garant d'un ordre sûr, reposant sur le droit de propriété et les libertés. L'État est le législateur souverain.

Or deux phénomènes perturbent cette représentation :

• L'État, même souverain, est, dans les faits, contraint d'élaborer sa législation en la comparant à celle des autres États. Par la compétition technico-économique, l'ouverture des frontières, le déploiement international des entreprises, chaque espace juridique étatique se trouve en concurrence avec les autres espaces. La souveraineté est déclassée, relativisée.

• De manière très diverse selon les domaines et selon les États, les droits nationaux se trouvent imbriqués dans des normes supranationales, plus ou moins contraignantes.

– Le terrain privilégié de ces évolutions reste la partie du monde où les échanges de toutes sortes – techniques, économiques, financiers… – sont les plus développés, où les économies et les sociétés sont les plus imbriquées : l'espace États-Unis - Europe occidentale - Japon, auquel tendent à s'agréger les pays en pleine industrialisation (pays d'Asie, Chine, Inde, Russie…). *L'échange appelle des règles, celles-ci fournissant un cadre commun tout en étant manipulées par les États.* Les conflits ne disparaissent pas, mais ils sont disciplinés, impliquant l'acceptation par les acteurs (États, entreprises) des mêmes références, des mêmes procédures.

Ainsi, le GATT (1947), à travers trente-huit ans de négociations quasi permanentes, étend progressivement son domaine : dans les années 1960 (Kennedy Round), il s'agit d'abaisser les droits de douane ; dans les années 1980-1990 (Uruguay Round), les discussions s'élargissent à l'agriculture, aux services, aux marchés publics… Une législation économique internationale, certes imparfaite, prend forme. Tout État inséré dans les échanges internationaux sait que, si aux yeux des autres il apparaît comme un tricheur, il risque de déclencher contre lui des représailles. Dans les années 1970-1980, le Japon illustre cette problématique. Les États-Unis, la Communauté européenne reprochent à ce pays de rester économiquement fermé, de recourir à des protections cachées, fondées sur sa « différence » culturelle. Alors, le Japon prend des mesures d'ouverture de son marché, négocie avec ses principaux partenaires.

– Un autre domaine souligne cette articulation entre l'engagement dans les échanges internationaux et l'obligation de conformer sa législation à certains critères : *les droits de l'homme*.

Qu'il s'agisse de l'Union soviétique de Gorbatchev (1985-1991) ou, aujourd'hui, des ultimes citadelles du socialisme marxiste (Chine, Vietnam, Cuba…), le souci de rester dans la course technico-économique, de ne pas se sous-développer, impose un contact multiforme avec l'extérieur afin de bénéficier d'investissements, d'innovations. Or toute entreprise industrielle, financière…, qui s'internationalise se sait vulnérable ; elle a besoin d'environnements juridico-politiques sûrs. De ce point de vue, la démocratie pluraliste est perçue comme le moins mauvais, le moins instable des régimes : l'État obéit à des règles, la population dispose de canaux légaux pour exprimer son mécontentement. À d'autres époques (par exemple, dans les années 1930 ou 1960-1970), la dictature était regardée comme le régime le plus sûr !

Par ailleurs, en matière de droits de l'homme, depuis la fin de la Seconde Guerre mondiale, se constituent non seulement une rhétorique mais surtout une protection internationale (Déclaration universelle des droits de l'homme, 1948 ; pactes relatifs l'un aux droits économiques, sociaux et culturels, l'autre aux droits civils et politiques, 1966), l'Europe occidentale fournissant un laboratoire privilégié (Convention de sauvegarde des droits de l'homme et des libertés fondamentales, 1950).

Ainsi l'un des domaines clés de l'État libéral, la fixation des rapports entre l'État et l'individu, se trouve inséré dans des dispositifs internationaux. Certes, pour l'établissement des accords initiaux, le consentement de l'État demeure indispensable ; sans lui, il n'y a pas de normes incorporées dans les ordres juridiques nationaux. De même, l'État conserve la force exécutoire, qui assure la mise en œuvre des décisions juridictionnelles, qu'elles viennent de tribunaux nationaux ou internationaux. Toutefois, surtout en Europe, ces mécanismes relatifs aux droits de l'homme, une fois instaurés, acquièrent leur autonomie, leurs décisions s'imposent aux États. Désormais, l'État de droit est celui qui accepte les contrôles internationaux.

b) La fonction de solidarité

L'histoire de l'État et celle de l'impôt sont indissociables. Dans les monarchies européennes de l'âge classique, l'impôt, en finançant les charges de souveraineté et de prestige, étend l'emprise de l'État sur la société et assoit la notion de solidarité nationale (états généraux en France ; développement des pouvoirs du Parlement au Royaume-Uni). Au XIXe siècle, l'État libéral est le gardien de la cohésion sociale, par la police contre les vols et les crimes, par la défense contre les ennemis extérieurs. La mission de solidarité s'amplifie considérablement au XXe siècle : l'impôt se veut un instrument de justice sociale ; les dépenses de transfert, de sécurité sociale confèrent au pouvoir politique une nouvelle légitimité, celle de l'État-providence.

Cette solidarité est prise dans un jeu permanent de pressions et de contre-pressions, opposant aussi bien les catégories sociales (agriculteurs, ouvriers, couches supérieures, cadres…) que les générations, les régions… L'État, par la fiscalité, le budget et la sécurité sociale, doit sans cesse tenter d'équilibrer ces différentes demandes. S'il privilégie trop l'égalité, il décourage l'initiative individuelle. S'il met trop l'accent sur la compétitivité, il favorise les exclusions. L'État est à la fois au-dessus de la société, par sa position d'arbitre, et dans la société, puisqu'il a la responsabilité de traduire en choix politiques les mouvements, les aspirations de la population. D'où des rapports complexes, fragiles : si l'État se coupe de la société, il se vide de sa légitimité ; mais l'État doit corriger, rectifier, ajuster.

La fonction de solidarité se trouve affectée par les deux facteurs majeurs des relations internationales.

- *L'internationalisation contraint les États, dans les sociétés industrialisées, à s'interroger sur leur système de solidarité, son coût, son impact sur les capacités concurrentielles.* D'où la recherche d'un difficile équilibre entre la préservation de l'ensemble national et l'impératif de compétitivité. À un extrême, le pauvre, l'exclu campe aux portes de la nation, selon l'expression employée par Tocqueville analysant la situation du prolétariat au XIXe siècle. À l'autre extrême, l'individu dynamique, inséré dans les circuits internationaux, peut percevoir le devoir de solidarité nationale comme un fardeau inutile et injuste.

• *La fragmentation, l'affirmation de revendications locales ou nationales sont aujourd'hui liées à ces enjeux de solidarité.* L'éclatement de la Yougoslavie, la dissolution de l'Union soviétique, les fissures entre Chine de l'intérieur et Chine maritime, l'établissement entre l'Espagne et sa province de Catalogne de liens souples, l'indépendantisme québécois au Canada illustrent un phénomène de fond : les tensions, les cassures entre zones riches et zones pauvres, ces fêlures ou ces fractures s'articulant le plus souvent sur des nationalismes dits ethniques. Ainsi, les pays Baltes, se considérant « européens », rappelant leur annexion par l'Union soviétique en 1940, ne veulent plus payer pour le Russe attardé. Nombre d'entités de petite taille (par exemple, Hong Kong ou Taiwan face à la Chine) se sentent adaptées au système économique international ; appartenir à un ensemble continental, c'est perdre toute mobilité et devoir distribuer une partie de sa richesse aux autres. Les tentations séparatistes, la mise en cause des États établis s'expliquent bien par l'internationalisation, celle-ci apparaissant, pour de petites communautés humaines – Catalans, Québécois... –, comme une occasion de se soustraire à un pouvoir artificiel et d'accéder à l'indépendance en exploitant les interdépendances. Ainsi se rejoignent l'archaïsme des identités et la modernité des échanges.

2. Des loyautés déclarées exclusives et permanentes aux loyautés multiples et changeantes

La nation est une forme politique qui transcende les différences entre les populations, qu'il s'agisse des différences objectives d'origine sociale, religieuse ou nationale, ou des différences d'identité collective, en les intégrant en une entité organisée par un projet politique commun. Elle crée un espace politique donc juridique, administratif et social, à l'intérieur duquel sont réglés les relations, les rivalités et les conflits entre les individus et les groupes (Dominique Schnapper [1]).

a) Le lien national

La formation des États-nations est indissociable de celle du lien national. Celui-ci n'efface pas les autres liens – familiaux, religieux, locaux... –, mais leur confère un caractère subordonné, secondaire.

L'attribution de la nationalité relève du domaine réservé de l'État. La nationalité donne une identité et une protection. Jusqu'au lendemain de la Seconde Guerre mondiale, l'individu n'a pas d'existence juridique internationale ; sa défense dépend exclusivement de l'État (mécanisme de la protection diplomatique). L'apatride est celui qu'aucun État ne considère comme son ressortissant ; il n'a donc aucun droit, son sort dépend de la bienveillance (ou de la malveillance) des uns ou des autres.

Les États totalitaires poussent cette logique jusque dans ses conséquences ultimes : l'individu appartient à la collectivité, à l'État. À tout moment, l'individu, s'il n'est pas conforme (juifs dans l'Allemagne nazie ; koulaks dans l'Union soviétique stalinienne), peut être chassé de la nation.

Le lien national, l'emportant sur tous les autres, requiert de l'individu qu'il soit prêt au sacrifice suprême : mourir pour la patrie.

En Europe, tout au long du XIXe siècle et dans la première moitié du XXe siècle, l'État-nation s'édifie autour de ce devoir. L'école fournit le premier creuset, où les différences familiales, religieuses doivent disparaître pour que se forge une seule enfance, imprégnée de l'histoire de la nation, de sa grandeur, de ses héros. Le service militaire obligatoire (au moins en Europe continentale) est l'autre moule universel : le jeune homme, séparé de son milieu, devient définitivement français, allemand...

La nation est bien alors le pôle d'une foi laïque, repoussant dans la sphère privée les religions traditionnelles, pouvant

---

1. Dominique Schnapper, *L'Europe des immigrés*, Paris, François Bourin, 1992, p. 17.

demander aux familles le sacrifice de leurs fils. Cette problématique de l'État-nation se retrouve chez les États issus de la décolonisation. Ces États, en général farouchement attachés aux frontières tracées par le colonisateur, puisent dans leur passé pour se donner une légitimité ancrée dans l'histoire. Ainsi, au Moyen-Orient, l'Égyptien Nasser, le Syrien Hafez el-Assad, l'Iraquien Saddam Hussein, le Libyen Kadhafi rêvent chacun de ressusciter une unité arabe mythique.

L'État-nation, unité homogène soudée par un projet commun, est une idée européenne. Or l'Asie, l'Afrique, le Moyen-Orient et même l'Amérique latine (en dépit du naufrage de son passé précolonial) ont des passés, des cultures propres. La domination européenne, du XVIe au XXe siècle, impose à ces continents d'entrer dans les moules du colonisateur. Si le Japon, autour de l'empereur réformateur (ère Meiji, 1868-1912), sauve son indépendance, son identité en se faisant l'élève méthodique de l'Europe, d'autres peuples, d'autres régions s'approprient difficilement l'État-nation. La Chine de 1842-1949 opère sa métamorphose dans les convulsions et les guerres et reconquiert son unité par l'avènement d'un empereur communiste, Mao Zedong.

Dans le monde arabo-musulman, l'État-nation se heurte à la fois à la nostalgie des communautés originelles (l'*Umma* islamique, l'empire arabe des Omeyyades) et aux difficultés de la sécularisation, de la dissociation du religieux et du politique. En Afrique, les États restent des structures artificielles, prises dans les solidarités et les rivalités tribales.

Bref, l'État-nation est désormais une référence universelle, brandissant partout les mêmes symboles (drapeau, armée, monnaie...). Mais les réalités nationales ou, plus largement, communautaires sont multiples, diverses. Le pavillon « nation » couvre des marchandises très hétérogènes. De plus, en ce qui concerne les pays non européens, le modèle importé de l'État-nation, dans lequel ils s'inscrivent, se déforme, alors que s'éloigne la colonisation et que de très vieilles identités (par exemple, les Indiens en Amérique...) trouvent ou retrouvent une capacité d'expression politique. L'État est une entité « dure », fixée par le droit. Les nations sont des réalités mouvantes, souvent modelées par l'État, mais pouvant exister en dehors de lui et même contre lui, tout en rêvant de disposer un jour d'un État qui leur soit propre.

b) Le lien national en mutation

DES LOYAUTÉS INSTRUMENTALISÉES

Dans l'Europe individualiste du XIXe siècle et surtout du XXe siècle, l'État-nation a quelque chose d'holiste : l'individu n'est rien sans identité nationale.

Avec l'explosion des interdépendances et des normes internationales, la perspective s'inverse : pour l'individu, l'État-nation tend à devenir un cadre d'accueil, avec lequel il nouerait un pacte temporaire d'intérêt mutuel. Le thème des XVIIe-XVIIIe siècles du contrat social redevient central. Dans un monde où, en principe, chacun a droit au bonheur et les frontières sont ouvertes (ou poreuses), les individus, les entreprises se croient libres de rechercher sans cesse l'endroit où ils s'épanouiront.

Le lien national n'est plus une fin, c'est un instrument. Tout cela ne va pas sans d'infinies contradictions. L'individu appartient-il à l'État ou l'État à l'individu ? Tous deux sont convaincus d'être souverains, alors que leurs attaches s'enfoncent dans l'épaisseur énigmatique du passé. L'exil, expérience fondamentale de l'homme, illustre la profondeur de l'identité originelle : on ne choisit pas sa nation, on la rêve.

Jamais l'individu n'a été autant en mesure de s'imaginer maître de ses identités, les utilisant au service de son cheminement personnel. D'une part, l'État de droit se sent tiraillé entre le respect de la règle, qui est sa justification, et le maintien d'une permanence. D'autre part, l'individu revendique le droit, et même le devoir, de mettre en question à tout instant tout engagement et souffre de déracinement.

DES ÉTATS MULTINATIONAUX

Toute nation n'est elle-même qu'en se faisant État ; de même tout État, pour durer, doit se ressentir et être reconnu comme nation. Ces relations sont-elles toujours pertinentes ?

Les États établis, consacrés, sont menacés par deux sortes de fissures souvent imbriquées.

– *La contestation de la solidarité économico-sociale.* Selon les théories classiques, le développement économique constitue l'un des vecteurs de l'intégration nationale, unifiant l'espace, dissolvant les particularismes.

Désormais, le développement peut avoir les effets les plus contradictoires. Ce qui était uni dans la pauvreté, sous la direction d'un État fermé, se fêle sous le double choc de la croissance et de l'ouverture des frontières ; nombre de régions ne veulent plus partager avec un ensemble qui, à leurs yeux, les exploite, pensent qu'elles se débrouilleront mieux seules et réclament (et même obtiennent) l'indépendance : États baltes, Slovénie, Croatie… peut-être Écosse, Catalogne…

– *La réinvention des identités ethniques.* Ces tensions économiques se cristallisent autour de réalités très diverses, qui retrouvent leur actualité : par exemple, opposition Europe catholique-Europe orthodoxe-Europe ottomane en Yougoslavie, conflits entre Chine de l'intérieur et Chine maritime, Chine du Nord et Chine du Sud.

Y a-t-il désormais un État sans problèmes communautaires ? Les plus vieux États d'Europe redécouvrent leur hétérogénéité (Espagne – devenue Castille – avec notamment la Catalogne et le Pays basque ; Royaume-Uni et Écosse…). Tout pays apprend ou réapprend qu'il est le fruit de migrations, de populations plus ou moins brassées entre elles ; sous l'intégration nationale, des identités religieuses, ethniques, sociales, marginalisées, entrées en léthargie pendant des décennies ou des siècles, reprennent vigueur et légitimité.

Dans ce monde aux fragmentations enchevêtrées, le Japon s'impose à nouveau comme l'exception, son insularité, sa capacité à se fermer le préservant des invasions. Mais cette différence ne sera-t-elle jamais menacée par le réveil de quelque cassure oubliée ? (par exemple celle des Coréens amenés de force au Japon au temps de la colonisation de la péninsule par l'Empire du soleil levant)

C. Organisation

Le développement de structures bureaucratiques internationales date de la fin du XIXe siècle.

L'échange, le progrès technique, l'industrialisation appellent des normes internationales (par exemple, en ce qui concerne la propriété industrielle ou la propriété artistique). Tout ce qui relève de la communication – poste, télégraphe, chemins de fer… – requiert des règles et une coordination internationales.

Par ailleurs, depuis la fin de la Première Guerre mondiale, la Société des Nations (28 juin 1919) puis surtout l'Organisation des Nations unies (26 juin 1945) se présentent comme les promotrices d'un ordre international rationalisé. L'ONU, si elle reconnaît aux États le droit de légitime défense, confie, dans sa Charte, la responsabilité du maintien de la paix au Conseil de sécurité.

Cette multiplication des organisations internationales – tant universelles que régionales –, ce développement du multilatéralisme entraînent, pour les États, trois conséquences essentielles :

1. L'appartenance à une organisation interétatique contraint les États membres à accepter d'être les éléments d'un tout

Ce tout pose des règles qu'il faut au moins paraître respecter.

– Ainsi, de la fin des années 1940 à celle des années 1980, l'*ONU* reflète surtout les grandes oppositions internationales (quasi-paralysie du Conseil de sécurité, du fait de l'antagonisme Est-Ouest, et du recours au droit de veto de l'Union soviétique ou des États-Unis ; utilisation par le tiers monde, disposant de plus des deux tiers des sièges, de l'Assemblée générale comme tribune planétaire).

Cependant, à la fin des années 1980, la formation d'un consensus international – d'abord avec le changement de la politique extérieure soviétique, sous Mikhaïl Gorbatchev (1985-1991) – matérialise dans une certaine mesure la vision d'une planète unifiée, traitant les crises et les guerres moins comme des conflits que comme des abcès à soigner, les mouvements (par exemple, Khmers rouges) ou les États (par exemple, Iraq de Saddam Hussein) en marge de la règle ne pouvant plus jouer sur les rivalités entre grandes puissances (États-Unis - Union soviétique, Union soviétique - Chine).

L'ONU est essentielle pour déterminer le caractère « légitime » ou « illégitime » d'une cause (ainsi, le 12 septembre 2001, la résolution 1368 du Conseil de sécurité reconnaissant que les États-Unis se trouvent en état de « légitime défense » face au mouvement terroriste ayant détruit les Twin Towers).

– En ce qui concerne le cas – pour le moment unique – de la *Communauté européenne*, et, depuis le traité de Maastricht (1992), de l'*Union européenne*, cette appartenance à un tout modifie radicalement, pour les États membres, les conditions d'exercice de la souveraineté (notion de *souveraineté partagée*). Quant au domaine noble de la diplomatie, il donne lieu à un compromis précaire : la *Politique étrangère et de sécurité commune*, lancée par le traité de Maastricht, demeure régie par la concertation intergouvernementale (pas de transfert de compétence ; établissement des actions communes par consensus).

Mais que signifie l'indépendance diplomatique pour des États dont la politique économique et monétaire est intégrée dans une machinerie complexe, impliquant une négociation permanente entre ces États ? Des domaines réservés, héritages des histoires nationales, subsistent : pour l'Allemagne, question de l'unification, rapports avec l'Europe centrale et orientale ; pour la France, politique maghrébine et africaine…

Les rapports entre États se jouent à plusieurs niveaux distincts mais qui réagissent entre eux : bilatéral, régional, mondial. Toute politique étrangère doit s'efforcer de combiner ces dimensions.

2. Ces structures multilatérales contribuent à élargir l'autonomie des acteurs non étatiques (organisations non gouvernementales, entreprises, individus)

Par leur composition même, les organisations interétatiques restent contrôlées par les États. Cependant, le passage d'une diplomatie de cabinet, bilatérale, confidentielle, à une diplomatie parlementaire, multilatérale, publique, facilite l'expression d'entités diverses : mouvements de libération nationale, associations, multinationales… Les États peuvent manipuler ces entités, mais celles-ci apprennent aussi à exploiter les rivalités entre États. De même, les minorités, les individus mobilisent divers canaux : pétitions, appel aux médias.

Y a-t-il une opinion publique internationale ? Peut-être… Il existe bien des courants multiples : réactions des individus ; interprétations et répercussions par la presse, la radio, la télévision ; prises de position officielles. L'État n'est plus un souverain absolu ; ce n'est que le plus important des acteurs internationaux.

3. Les États utilisent ces structures, mais celles-ci sont en permanence ballottées entre des intérêts contradictoires

Ainsi l'ONU est l'enfant des États-Unis (même si le droit de veto des membres permanents du Conseil de sécurité est exigé surtout, mais pas seulement, par Staline). De 1945 à la guerre de Corée (1950-1953), les États-Unis sont maîtres de l'organisation mondiale, à la condition de ne pas se laisser paralyser par le veto soviétique, éventuellement de le contourner (vote par l'Assemblée générale de la résolution 377 (V) *Union pour le maintien de la paix*, le 3 novembre 1950).

À partir des années 1950, l'ONU échappe aux États-Unis, le nombre des membres triple, puis quadruple, le tiers monde s'approprie l'Organisation. Toutefois, dans le cadre de leur dialogue, les États-Unis et l'Union soviétique peuvent avoir recours au Conseil de sécurité pour faire consacrer une négociation à deux (cessez-le-feu israélo-arabe lors de la guerre d'octobre 1973).

Dans la *crise du Golfe (août 1990 - avril 1991)*, les États-Unis se rendent compte que les résolutions du Conseil de sécurité garantissent la légitimité internationale de l'opération anti-iraquienne ; mais ces textes ne sont pas imposés, ils sont négociés, fixant les bornes de ce qui est autorisé (le retour au *statu quo ante*, rien de plus).

Durant le printemps 1999, la tragédie du Kosovo confirme que, lorsqu'un État ou un groupe d'États est décidé, pour des raisons d'intérêt ou de principe, à agir militairement, il le fait, avec ou sans mandat du Conseil de sécurité (fin 1999, la Russie, ignorant toutes les pressions internationales, déclenche une campagne militaire en Tchétchénie, en dépit de l'« accord de paix historique » du 12 mai 1997, par lequel les deux protagonistes se sont engagés à « abandonner l'usage de la force ou de la menace d'user de la force toutes les questions en dispute »). En même temps, la légitimation onusienne demeure essentielle pour tenter de s'assurer qu'il y a bien un consensus international pour le règlement de tel ou tel conflit (ainsi, en ce qui concerne le Kosovo, la résolution 1244 du 10 juin 1999).

Le 12 septembre 2001, les États-Unis obtiennent la résolution 1368 du Conseil de sécurité, les autorisant à mettre en œuvre les moyens militaires nécessaires pour riposter à l'agression du mouvement terroriste Al-Qaida. Il est certain que, si les États-Unis n'avaient pas obtenu cette résolution, ils auraient tout de même entrepris les actions qu'ils jugeaient indispensables pour détruire Al-Qaida.

En 2002-2003, la crise iraquienne appelle les mêmes conclusions. Les États-Unis, déterminés à abattre le régime de Saddam Hussein, s'efforcent, avec succès, d'obtenir une condamnation totale de ce régime (résolution 1441 du 8 novembre 2002, adoptée à l'unanimité par le Conseil de sécurité). Mais les États-Unis échouent dans leur quête d'un mandat les autorisant à détruire par les armes le régime baasiste. En dépit de cet échec, les États-Unis, considérant que l'Iraq menace leur sécurité, attaquent et occupent ce pays.

Le multilatéralisme, c'est-à-dire l'acceptation par les États d'obligations égales et mutuelles, s'arrête là où commence ce qui, pour ces États, constitue leur intérêt suprême. Pour les États-Unis, il est exclu de renoncer à leur droit de décider librement de la guerre, si, à leurs yeux, le recours à la force armée est nécessaire.

II. FORMATION ET FONCTIONNEMENT DES ORDRES INTERNATIONAUX

Tout ordre international s'articule autour de trois éléments : un cadre de références commun aux acteurs, les amenant à agir dans certaines limites ; une hiérarchie acceptée des puissances, séparant clairement forts et faibles, chacun reconnaissant sa position ou se résignant à l'accepter ; enfin, des mécanismes d'échange, de communication, de concertation, faisant vivre l'ordre et permettant la gestion des tensions et des crises.

Un ordre international est un produit de l'histoire. Cette donnée fondamentale a quatre conséquences :

– *Tout ordre est imparfait.* Il obéit à des principes, mais ceux-ci font l'objet de multiples exceptions. Tout système international est hétérogène, du fait de la diversité des États, et aussi des zones de relations leur échappant plus ou moins. Ainsi, de la fin des années 1940 au 9 novembre 1989, l'Europe est divisée par le rideau de fer et s'organise autour de deux blocs. Entre ceux-ci, subsistent des neutres (Suisse, Autriche, Yougoslavie...), qui à la fois échappent au système Est-Ouest et pourtant contribuent à son équilibre, ne serait-ce qu'en servant de terrains de contact. L'Europe partagée conserve une forme d'unité, chacun des deux camps se définissant par opposition à l'autre, la détente redonnant à certains États (France, Allemagne fédérale) des capacités de manœuvre.

– *Tout ordre est précaire.* Tout ordre peut se définir comme une tentative nécessairement condamnée pour fixer un équilibre de puissances. Le moment le plus heureux pour un ordre est sa naissance ; il est alors porté par le vent de l'histoire. À son apogée, il se pétrifie. Le temps à la fois le consolide mais le vide peu à peu de toute vie. L'érosion d'un ordre obéit à de nombreux facteurs : modifications des hiérarchies de puissance ; déplacement des critères de puissance, l'évolution du paysage international faisant que ce qui était secondaire devient primordial et *vice versa* ; irruption d'éléments ou d'acteurs perturbateurs ; enfin, changements internes, suscitant des contradictions entre un système international conservateur et les valeurs, les aspirations des sociétés.

– *Tout ordre a un envers.* Derrière sa façade, des forces sont en mouvement. Dans l'Europe du XIXe siècle, l'ordre monarchique issu du Congrès de Vienne n'arrête pas l'histoire ; les revendications libérales, nationales, cristallisées par la Révolution française et les guerres napoléoniennes, continuent de germer et de mûrir pour exploser à nouveau dès 1830. De même, de la fin des années 1940 à celle des années 1980, l'ordre Est-Ouest, fondé sur la relation américano-soviétique, change de signification, dans les années 1980, du fait de l'impératif où se trouve tout État – et d'abord les deux superpuissances – de rester dans la course technico-économique. Maîtres du jeu dans le domaine nucléaire, l'Union soviétique surtout mais aussi les États-Unis découvrent leurs retards, leurs vulnérabilités face, notamment, aux vaincus de 1945.

– *Enfin, un ordre international peut être équivoque.* En 1815, les monarchies conservatrices l'emportent, elles fabriquent donc l'ordre de Vienne ; pourtant, comme le sentent fort bien les plus lucides, l'Ancien Régime est en sursis, il ne peut survivre qu'en se convertissant aux valeurs nouvelles (Bismarck le réactionnaire s'appropriant l'unification allemande). En 1918, l'Allemagne est vaincue, elle est ligotée par le traité de Versailles ; cependant, face à la France et au Royaume-Uni épuisés, elle reste un colosse. Une quinzaine d'années plus tard, Hitler fait sauter tous les verrous de Versailles. Le monde post-Est-Ouest combine au moins trois dimensions. Il est démocratique par ses valeurs, son discours, ses organisations (notamment, système onusien). Ce monde est également impérial, avec la centralité hégémonique des États-Unis, consacrés comme policier de la planète. Enfin, ce monde demeure classique, avec ses équilibres et déséquilibres entre puissances, ses jeux complexes entre les États-Unis, la Russie, la Chine et bien d'autres.

A. Un cadre commun de références

Un ordre international implique que les acteurs, consciemment ou inconsciemment, agissent à l'intérieur de certaines limites (l'écroulement d'un ordre se manifestant en général par des comportements de contestation, de rupture par rapport à ces bornes, le ou les perturbateurs tirant leur force de leurs effets de surprise, de scandale).

1. Ordres reposant sur une communauté de valeurs, de coutumes

Il est des ordres dans lesquels les acteurs appartiennent bien au même monde. Cela n'exclut pas les conflits, mais ceux-ci ne dépassent pas certaines limites.

L'un des meilleurs exemples de cette forme d'ordre est fourni par *l'Europe entre la fin de la guerre de Trente Ans (1618-1648) et les guerres révolutionnaires et napoléoniennes (1792-1815)*. Ce moment est exceptionnel. Les conflits ont lieu entre princes toujours pour les mêmes enjeux : des territoires.

Cet ordre repose sur la mise entre parenthèses de l'antagonisme idéologique majeur qui déchire l'Europe au XVIe siècle : la lutte entre protestantismes et catholicisme. L'Europe monarchique se rallie au principe : *cujus regio, ejus religio* (paix d'Augsbourg, 25 septembre 1555). Chaque prince est maître chez lui en matière religieuse. Ce principe est essentiel, en mettant l'Europe à l'abri des guerres de religion, qui ont été totales, mêlant batailles civiles et rivalités princières. Ici, se confirme l'un des traits essentiels d'un ordre international : un consensus relativement clair entre les acteurs sur la ligne de partage entre l'« interne » et l'« international ».

Cet ordre monarchique n'empêche pas que des rois tombent d'accord pour commettre ce qui, en principe, est inadmissible : le dépeçage de l'un des États appartenant au système européen. La Pologne, en trois partages (1772, 1793 et 1795) opérés par la Prusse, l'Autriche et la Russie, est rayée de la carte de l'Europe. L'ordre demeure une loi de la jungle dominée : celui qui étale ses faiblesses ne saurait survivre.

Un ordre international réside autant dans un accord entre les acteurs concernés que dans les limites qu'ils posent à leurs actions, et qui, à leurs yeux, deviennent « naturelles », alors qu'il ne s'agit que de conventions.

Par ailleurs, comme l'illustre l'Europe, il n'y a pas d'ordre sans zones de désordre, les deux étant interdépendants. Dans la période 1871-1914, l'Afrique constitue, pour l'Europe, un terrain où tous les coups sont permis, à la condition qu'ils ne risquent pas de provoquer un conflit en Europe (en 1884-1885, conférence de Berlin, réunie par l'« honnête courtier » Bismarck, afin de fixer les règles du jeu colonial).

2. Ordre international et antagonisme de valeurs

Un ordre international peut lier des États qui, pourtant, sont engagés les uns contre les autres dans un conflit de valeurs.

Tout d'abord, *un conflit de valeurs, central à l'intérieur d'États, n'abolit pas la spécificité du jeu international.* Dans l'Europe des XVIe et XVIIe siècles, la question religieuse entre catholicisme et protestantismes provoque des guerres civiles. Cependant, à l'échelle internationale, ne se constituent pas un camp catholique et un camp protestant ; au contraire, l'empire des Habsbourg et la France des Bourbons, catholiques, se combattent. Communauté de valeurs ne signifie pas communauté d'intérêts.

De la fin des années 1940 à la fin des années 1980, l'antagonisme Est-Ouest oppose, dans une lutte planétaire, le libéralisme et le marxisme-léninisme, l'issue ne pouvant être que la victoire de l'un et donc la défaite de l'autre. Pourtant, *de cet affrontement à mort, naît un ordre, du fait, en particulier, de l'atome.* Les deux grands protagonistes, États-Unis et Union soviétique, découvrent progressivement, des années 1950 (éclatement de la guerre de Corée) à 1962 (crise des fusées, à Cuba), qu'une troisième conflagration mondiale les anéantirait, l'arme nucléaire entraînant des destructions sans comparaison avec les gains rationnels qu'apporterait une victoire.

Washington et Moscou, tout en demeurant des ennemis irréductibles, bâtissent *un ordre nucléaire* : efforts pour mettre au pas, parfois jusqu'à la rupture, leurs alliés voulant acquérir l'arme atomique (dénonciation par Moscou en 1959 de sa coopération nucléaire avec Pékin ; querelle franco-américaine dans les années 1960) ; traité de non-prolifération (1960), visant à créer un consensus mondial interdisant l'élargissement du club des puissances nucléaires ; depuis 1969, dialogue quasi permanent pour gérer la course aux armements nucléaires.

Cet ordre Est-Ouest n'abolit pas l'antagonisme capitalisme libéral - communisme soviétique, mais le déplace, le fragmente et le discipline. La plupart des guerres du tiers monde fournissent autant d'occasions pour les deux supergrands de se servir des adversaires comme des champions de leur cause. En Europe, cœur du système Est-Ouest, la guerre étant impossible car elle serait tout de suite globale, la lutte utilise la diplomatie, les opinions publiques (par exemple, de 1975 à 1990, transformation de la Conférence sur la sécurité et la coopération en Europe – CSCE –, instance de consécration du *statu quo*, en forum des droits de l'homme ; tentative, lors de la crise des euromissiles – 1979-1983 –, de mobilisation des mouvements pacifistes occidentaux par l'Union soviétique pour bloquer le déploiement en Europe occidentale de nouvelles fusées américaines).

Tout comme, en 1815, l'ordre du Congrès de Vienne résulte de la peur commune aux monarques des idées révolutionnaires, l'ordre Est-Ouest est l'enfant d'un risque, celui d'une escalade nucléaire ravageant l'humanité. *Ce qui produit alors un ordre, c'est moins l'adhésion aux mêmes convictions qu'une crainte partagée.*

B. Une hiérarchie de puissances

Tout au long de l'histoire, deux formes d'ordre sont en général distinguées : *l'ordre par l'empire*, dans lequel un centre unique domine diverses composantes ; *l'ordre par l'équilibre*, plusieurs puissances s'opposant ou s'alliant pour qu'aucune ne l'emporte sur les autres et ainsi ne crée un empire.

Jusqu'à aujourd'hui, il n'est pas d'ordre international sans hiérarchie, sans division mouvante entre une minorité d'États dirigeants (grandes puissances) et les autres. Cette hiérarchie est toujours fragile, soumise à deux conditions : la clarté, la stabilité de ses critères ; son acceptation par les acteurs du jeu international.

1. Les critères de la hiérarchie

Depuis l'aube de l'histoire, l'ultime test de la puissance est la guerre. Il n'y a donc pas de grande puissance sans force politico-militaire. L'ordre est fait par les vainqueurs. Cependant, surtout avec la révolution industrielle, la force militaire dépend de moyens techniques, économiques et financiers. Le nombre et le courage des soldats, le talent des généraux, s'ils permettent de gagner des batailles, butent contre ce qui apparaît comme l'atout décisif : la capacité à rassembler et à organiser la plus grande quantité de ressources humaines et industrielles sur la plus longue durée possible.

Le système international se caractérise par des écarts entre facteurs politico-militaires et réalités économiques, entre hiérarchies établies et hiérarchies en gestation. Ces décalages ne sont pas gouvernés par des déterminismes simples, le politico-militaire s'ajustant à l'économique, mais sont pris dans des mouvements complexes.

Ainsi, de 1890 à 1945, l'Allemagne est la première puissance démographique et économique européenne. Elle essaie de ravir à la Grande-Bretagne, frappée, dès la fin du XIXe siècle, par le déclin industriel, sa prééminence en Europe. Mais l'Allemagne est brutale. Alors que l'Angleterre privilégie les démarches indirectes, l'Allemagne ne cache pas sa volonté de domination. De plus, la montée des États-Unis modifie radicalement la donne européenne : Washington (et non Berlin) remplace Londres. L'élément décisif réside dans l'élargissement du jeu mondial, d'abord avec l'entrée de l'Amérique, puis également celle de la Russie.

L'antagonisme Est-Ouest avait pour critère majeur la puissance idéologico-militaire, couronnée par l'atome, menace ultime empêchant l'adversaire-partenaire d'aller trop loin. Avec la disparition de l'ordre Est-Ouest, non par une guerre, mais par l'effondrement du camp socialiste, d'autres critères s'épanouissent sur un terrain qui n'est plus structuré par la relation américano-soviétique. L'essentiel est désormais de s'imposer dans la compétition technico-économique.

Pourtant l'ordre international reste ce qu'il est : un jeu, souvent violent, entre des États souverains et inégaux. Dans les années 1980, l'Allemagne occidentale et le Japon sont un moment les États-modèles, ceux qui, bénéficiant de la protection politico-militaire américaine, mobilisent l'essentiel de leurs ressources pour développer leurs entreprises. Vingt ans plus tard, à l'aube du XXIe siècle, l'Allemagne reste un poids lourd économique mais souffrant de sclérose. Quant au Japon, il est toujours sous la dépendance des États-Unis ; en outre, et surtout, sa machine économique, dont l'efficacité était tant admirée patine tout au long de la décennie 1990. Les États-Unis, promis à un déclin à la britannique dans les années 1970, éclatent de puissance, confirmant qu'il n'y a pas de force sans vigueur économique mais aussi sans capacités militaires. Les États-Unis sont les premiers dans tous les domaines. Mais, comme le savait déjà Rome, la roche Tarpéienne n'est pas loin du Capitole : toute puissance appelle l'excès et vit toujours à l'ombre du désastre (en ces années 2000, Iraq pour les États-Unis)..

D'où deux interrogations de fond : *la notion de hiérarchie de puissances a-t-elle encore un sens ? Plusieurs hiérarchies de puissances – politico-militaires, économiques, culturelles ; globales et locales – peuvent-elles coexister, non sans conflits ?*

2. La légitimité de la hiérarchie

Pour qu'une hiérarchie soit légitime, elle doit être ressentie comme allant de soi, comme « naturelle ». Le fort doit être sûr de sa force et être convaincu que l'exercice de cette force est juste. Le faible doit être persuadé que sa soumission est le fait de Dieu ou de la fatalité.

Ainsi, à l'apogée de la colonisation, les nations européennes se croient investies d'une mission – le fardeau de l'homme blanc. La force se confond avec le droit. Quant aux colonisés, ils s'inclinent devant une supériorité écrasante, celle des canons contre les flèches, d'une administration méthodique contre les liens traditionnels.

– Une hiérarchie peut s'écrouler sous le coup d'ébranlements extérieurs. Au XIXe siècle, l'Empire chinois se disloque sous la poussée des puissances européennes. Les deux guerres mondiales détruisent l'équilibre européen et font, après 1945, de l'Europe une composante du système Est-Ouest.

– Une hiérarchie qu'abat un choc (révolution, guerre, invasion…) se révèle n'être qu'un décor vidé de sa substance.

• *Le puissant est las de ses responsabilités.* Les dirigeants, ou certains d'entre eux, restent attachés à une mission, mais celle-ci devient grimaçante ou dérisoire. Toute entreprise colonisatrice commence par une épopée, puis s'enlise, le colonisateur n'étant plus que le gardien fatigué et crispé d'un monde dépassé.

De plus, le rapport hiérarchique n'est jamais figé. Le puissant peut être manipulé ou se découvrir prisonnier de ses protégés. Lors de la crise de l'été 1914, les faibles (Serbie, Autriche-Hongrie) mènent la partie, la Russie et l'Allemagne tenant chacune à se montrer des alliés redoutables et donc relançant les enchères, au lieu de calmer leurs clients.

• *Le protégé apprend à se servir du protecteur.* Ainsi, dans la communauté socialiste dirigée par l'Union soviétique, celle-ci, pour assurer la stabilité du bloc, consent des compensations économiques (communisme du goulash) aux démocraties populaires est-européennes et se retrouve avec un niveau de vie inférieur à celui de ses satellites. Sous Brejnev (1964-1982), cette communauté n'est plus qu'un syndicat de nomenklaturas, sans autre légitimité que l'Armée rouge. À partir de 1985, Mikhaïl Gorbatchev, à la tête de l'Union soviétique, n'a qu'une issue : détruire le système et donc l'URSS elle-même.

• *Le dominé s'approprie les idées du dominateur.* Ainsi les colonisés retournent contre les colonisateurs les thèmes que ces derniers ont diffusés : liberté, égalité, droit des peuples à disposer d'eux-mêmes. Les rapports de force ne sont jamais strictement matériels ; ils incluent les sentiments qu'éprouve chacun des protagonistes. La certitude d'avoir le vent de l'histoire pour soi peut valoir toutes les armes de la planète.

– Une hiérarchie repose sur un équilibre mouvant. D'où des décalages, des tensions. Ainsi, deux exemples illustrent la complexité de la relation protecteur-protégé.

• *États-Unis - Israël.* Israël est un peu le petit frère des États-Unis ; sans leur appui, l'État hébreu serait asphyxié par l'hostilité du monde arabe. De 1973 à 1979, l'obstination de dirigeants américains (le secrétaire d'État Henry Kissinger, le président Jimmy Carter) pèse lourd dans l'établissement de la paix entre Le Caire et Jérusalem.

Le lien États-Unis - Israël ne se comprend pas sans ce sentiment qu'ont les premiers de devoir garantir la survie de l'État hébreu. Le protégé (ici, Israël) considère non seulement qu'il a le droit de placer son protecteur devant le fait accompli (invasion du Liban en 1982 ; colonies juives en Cisjordanie), mais encore qu'il est trahi si son protecteur noue des contacts avec l'ennemi (l'Organisation pour la libération de la Palestine, OLP). Aussi, lorsqu'en 1991 les États-Unis lancent un processus de paix israélo-palestino-arabe (conférence de Madrid, ouverte le 30 octobre 1991), ils veulent, semble-t-il, transformer leur rapport avec Israël et promouvoir une paix équilibrée entre l'État hébreu et les Arabes. Une quinzaine d'années plus tard, l'affrontement est toujours là. Les États-Unis voudraient bien s'extraire du bourbier proche-oriental mais ils ne veulent, ni ne peuvent rien imposer à Israël. Il y a le poids du « lobby juif » aux États-Unis. Il y a également la conscience confuse des États-Unis que leur seul véritable allié dans la région est Israël, ce dernier ne pouvant survivre sans leur soutien, tout en n'étant jamais sûr que l'Amérique viendra à son secours si, un jour, il se retrouve en perdition.

• *États-Unis - Japon.* Au lendemain de la Seconde Guerre mondiale, les États-Unis fixent le destin du Japon vaincu : ce pays sera pacifiste et commerçant. Les États-Unis sont le protecteur du Japon (traité de sécurité du 19 janvier 1960), et le Japon ne peut que faire sienne cette relation. La formidable réussite économique du Japon abolit-elle sa subordination aux États-Unis ? En fait, il n'en est rien. Les deux États ont besoin l'un de l'autre. Pour les États-Unis, le Japon reste son allié majeur dans la zone Asie-Pacifique ; l'épargne japonaise contribue longtemps à l'équilibre de l'économie américaine (entreprises nippones à la fois concurrençant les entreprises américaines et créant des emplois aux États-Unis ; financement partiel des déficits budgétaires américains par l'épargne japonaise…). Quant au Japon, peut-il oublier l'importance du marché américain dans sa prospérité, sa vulnérabilité, la protection de ses voies d'approvisionnement, notamment en pétrole, par les États-Unis ? De plus, le Japon appartient à une Asie en plein développement, peu disposée à subir une quelconque hégémonie. La puissance fuit le Japon. Il ne peut s'émanciper de la protection américaine, l'Asie demeurant hostile à toute réémergence d'une puissance nippone. Pour les États-Unis, le partenaire décisif en Asie, le seul qui puisse vraiment leur dire « non » est la Chine. Le Japon rejoint la longue cohorte des ratés de la puissance. Ces derniers paraissent à un moment donné réunir les atouts majeurs (France des XVIIe-XVIIIe siècles, Allemagne des années 1871-1941), mais les évolutions du paysage international jouent contre eux (la France prisonnière du continent européen, face à une Angleterre qui s'approprie la mer; l'Allemagne s'affirmant, alors que déjà deux autres colosses (les États-Unis et la Russie) la dépassent; enfin le Japon d'aujourd'hui, coincé entre les États-Unis et la Chine).

Toute relation hiérarchique évolue. La puissance la plus incontestable révèle ses failles. Celui qui est dominé se soumet d'abord, puis ruse, biaise ou même se révolte. En outre, toute relation, tout système hiérarchique s'inscrit dans un paysage social, international qui, lui aussi, change.

3. Le brouillage des hiérarchies

Trois facteurs affectent la notion de hiérarchie internationale.

– *L'enchevêtrement des interdépendances* remplace des rapports unidirectionnels par des rapports multidirectionnels. Toute expression de puissance entraîne des réactions, des contre-mesures, des effets de neutralisation. Ainsi, dans les années 1970, l'Organisation des pays exportateurs de pétrole (OPEP) paraît disposer d'une arme absolue, ce pétrole sans lequel la machine industrielle occidentale est paralysée. Mais le pouvoir pétrolier est précaire : les pays de l'OPEP se divisent; la hausse des prix des hydrocarbures suscite de nouveaux producteurs-exportateurs; les devises obtenues par les ventes de pétrole (pétrodollars) sont recyclées dans les circuits financiers internationaux. Toute puissance repose sur des réseaux, mais ces derniers ne sont pas inertes. De plus, une puissance peut-elle se fonder sur un seul élément (par exemple, le pétrole, l'atome, les circuits intégrés...) ? Toute contrainte déclenche la quête de substitutions, de contournements.

Cet enchevêtrement des interdépendances contribue à la multiplication des négociations permanentes (armements, commerce, monnaie...), les adversaires-partenaires se menaçant de représailles mais devant chercher des compromis.

– *La démocratisation du système international.* Dans les vagues de fond du XXe siècle, indissociables de la diffusion des idées occidentales, figure la poussée égalitaire : égalité des hommes, des races, des civilisations, des États. Un ordre ne saurait être imposé, il doit être consenti. Une hiérarchie doit répondre à des exigences fonctionnelles. Toute puissance doit se justifier. D'où des rapports dialectiques entre des réalités ou des structures hiérarchiques et des références égalitaristes.

Ainsi, l'*Organisation des Nations unies*, avec le Conseil de sécurité et ses cinq membres permanents disposant d'un droit de veto, recrée, à l'échelle universelle, le concert européen : le maintien de la paix revient aux grandes puissances. Cependant, la démocratisation se manifeste d'au moins deux manières : les dix membres non-permanents du Conseil, élus par l'Assemblée générale, et indispensables pour que le Conseil exprime une volonté (l'adoption d'une résolution du chapitre VII – maintien de la paix – requiert neuf voix positives sur quinze, ainsi que l'absence de tout veto par un des membres permanents) ; l'Assemblée générale comprenant tous les États membres de l'Organisation, ébauche de parlement mondial.

Dans un monde démocratique, les hiérarchies ne disparaissent pas ; elles sont précaires, discutables, et subissent des contrôles. De ce point de vue, le concert européen des XVIIe-XVIIIe siècles, celui des années 1871-1914 (faits nationaux, émergences d'opinions publiques) et enfin le dialogue planétaire aujourd'hui appartiennent à trois civilisations différentes. Le concert européen s'inscrit dans un univers aristocratique, où les princes se disputent des territoires, les populations n'étant que des objets. L'Europe de la période 1871-1914 est dominée par l'exaspération des passions nationales, chaque peuple étant convaincu d'être engagé dans une lutte pour sa survie. Le dialogue planétaire est indissociable de la mondialisation, de la formation d'un espace universel d'échanges et de compétition.

– *La tension entre homogénéité et hétérogénéité culturelles.* Toute hiérarchie implique un univers homogène, chaque groupe social occupant le degré d'une pyramide s'élevant de la terre au ciel. Les sociétés démocratiques tendent à opposer ceux qui sont « dedans » et ceux qui sont « dehors » (marginaux, laissés-pour-compte, exclus). La machine égalitaire, si elle brise les hiérarchies, finit également par séparer les ayants droit et les autres.

Deux dynamiques contraires caractérisent le système international. D'une part, l'homogénéisation (ouverture des frontières, explosion des échanges, transparence des sociétés, droits de l'homme…) soit édifierait une hiérarchie planétaire des États et des sociétés, soit, au contraire, accoucherait d'une démocratie mondiale. D'autre part, cette homogénéisation appelle le rejet et l'exclusion : l'utopie universaliste – unir la terre dans un seul et même ensemble de valeurs – n'est pas le monopole de l'Occident.

C. Des réseaux de communication

Au-delà d'un cadre commun de repères et d'une hiérarchisation des acteurs, un ordre international doit fonctionner, empêcher que crises et conflits ne dégénèrent en enchaînements incontrôlables. D'où des systèmes complexes de communications.

1. Des réseaux à plusieurs dimensions

Tout ordre international est une construction en constante évolution, condamnée en permanence à se détériorer.

– La partie apparente de cet ordre est constituée par *les canaux officiels, institutionnels* : relations diplomatiques ; entretiens entre ministres ; rencontres de chefs d'État ou de gouvernement. Ces mécanismes sont régis par des procédures, des rituels très précis : chaque geste, chaque mot engage et représente tout de suite un enjeu. Ainsi, un communiqué recense ce qui a été négocié, son interprétation et son application enclenchant de nouvelles tractations.

Par ailleurs, les institutions internationales (constellation onusienne, organisations régionales…) représentent aujourd'hui des caisses de résonance, des instruments de légitimation. Toute crise provoque des débats dans ces enceintes. Certes, la saisine des instances onusiennes de la question hongroise (1956) puis de l'affaire tchécoslovaque (1968) n'empêche pas les forces de la communauté socialiste d'intervenir à Budapest et à Prague. À l'inverse, en 1990-1991, à la suite de l'invasion du Koweït par l'Iraq, il est essentiel pour Washington, dans son bras de fer avec Bagdad, d'avoir la caution du Conseil de sécurité des Nations unies : ainsi, l'on est le « bon » combattant le « méchant ». Le 12 septembre 2001, dès le lendemain de la destruction des Twin Towers de New-York, les États-Unis veillent à obtenir une résolution du Conseil de sécurité, (n° 1368), reconnaissant leur droit de légitime défense pour frapper les auteurs des attentats.

– La stabilité d'un ordre international, depuis le XIXe siècle, dépend également *des interactions entre gouvernants et opinions*.

Dans l'Europe prénationale, prédémocratique, les peuples subissent ; le jeu se trouve entre les mains des princes. Au XIXe siècle, une combinaison de facteurs (constitution d'opinions publiques, développement des médias, besoin de soutiens populaires) fait des peuples des acteurs et des enjeux. Certains gouvernants façonnent leur peuple (régimes totalitaires, dictatures). Mais un peuple n'est jamais une réalité passive, totalement soumise ; les dictateurs (Staline, Hitler) sont facilement convaincus qu'ils n'ont pas le peuple qu'ils méritent. De plus, des gouvernants se révèlent souvent prisonniers de leur opinion (« je les suis, parce que je suis leur chef »).

L'ordre de la détente, des années 1950 aux années 1980, implique son acceptation par les peuples. Pourtant, cet ordre est détruit au cours de l'automne 1989, en quelques semaines, parce que les peuples de l'Europe de l'Est n'en veulent plus.

Le jeu diplomatique relève d'un cercle restreint (politiques, diplomates, experts). D'où une illusion : les hommes tendent à être appréhendés à travers des entités (les États-Unis, l'Union soviétique, la France...). Dans l'Europe de la première moitié du XIXe siècle, les diplomates restaurent un système évoquant l'Ancien Régime ; cependant, ils retardent à peine le mouvement de fond, remplaçant les rois par les peuples. De même, des années 1950 aux années 1980, la détente, non sans crises, édifie une configuration de forces, dominée par les États-Unis et l'Union soviétique, laissant une autonomie variable aux États européens. De plus, à partir de 1973, la Conférence sur la sécurité et la coopération en Europe – CSCE – (processus d'Helsinki), en évoquant les questions de droits de l'homme (troisième volet ou « corbeille »), intègre les revendications des sociétés, les comités de dissidents de l'Europe de l'Est prenant d'ailleurs appui sur les accords d'Helsinki et demandant à leurs gouvernements de respecter les engagements qu'ils ont eux-mêmes souscrits. Mais de tels dispositifs, dont le rôle est d'apporter une flexibilité au système, peuvent provoquer l'effet contraire : contribuer à la crise du système, en excitant les insatisfactions.

2. Le risque de malentendu

Tout ordre international requiert des échanges, des communications. D'où les risques d'incompréhension, de malentendu. En période normale, de tels phénomènes sont aisément réparés, la moindre parole, le moindre texte donnant lieu à des déchiffrages minutieux. Dans les phases d'instabilité, de tension, chaque mot, chaque phrase se changent en enjeux politiques, l'un des exemples les plus fameux étant, en 1870, l'épisode de la dépêche d'Ems, piège préparé par Bismarck et conduisant Napoléon III à déclarer la guerre à la Prusse.

L'incompréhension vient de ce que chacun, enfermé dans sa propre vision, ne perçoit pas celle de l'autre. Ainsi, en 1977, le président américain Jimmy Carter veut promouvoir une politique morale (désarmement massif, lien entre aide aux pays du tiers monde et respect par ces pays des droits de l'homme) et bute sur des réactions de méfiance : pour l'Union soviétique, ce moralisme ne saurait que dissimuler une manœuvre tortueuse pour l'affaiblir. De même, dans la seconde moitié des années 1970, l'Union soviétique de Brejnev, entraînée dans une dynamique d'accumulation d'armements, déploie des missiles SS-20 menaçant l'Europe et l'Extrême-Orient et provoque, sans l'avoir cherché (semble-t-il), la crise des euromissiles. En ces années 2000, le bras de fer Etats-Unis-Iran confirme les difficultés de tout dialogue: Washington s'interdit de parler avec l'Iran, classé État de l'axe du mal; or l'Iran est une vieille nation, considérant qu'elle doit être pleinement reconnue dans sa souveraineté.

3. Le carambolage de logiques

En 1914, le système diplomatique européen est bien rodé; il a surmonté de multiples crises, en particulier entre l'Allemagne et la France. Au cours de l'été 1914, le système n'empêche pas la guerre, notamment du fait du heurt de deux logiques : celle des politiques, en quête, malgré tout, d'un accord; celle des militaires, tous guidés par les mêmes obsessions : la mobilisation signifie la guerre; l'armée qui mobilisera le plus vite emportera la victoire. Les politiques ne cessent d'être bousculés par les états-majors.

Cet engrenage des mobilisations en 1914 laisse une trace profonde. C'est la peur de l'accident nucléaire, du déclenchement par erreur d'un missile suscitant une riposte, puis une escalade jusqu'à l'anéantissement.

Tout ordre international dépend d'équilibres précaires. Les données diplomatiques s'inscrivent dans un paysage, qu'elles tentent de contrôler, mais qui évolue en fonction de multiples facteurs, techniques, économiques, culturels, sociaux, politiques.

III. DISLOCATION DES ORDRES INTERNATIONAUX

Un ordre international n'est jamais pur. À la même époque, se superposent et parfois s'entremêlent plusieurs ordres, plusieurs virtualités d'ordre.

Un ordre se défait dans des crises, des affrontements. Sous le tumulte des événements, des dynamiques profondes agissent : transformation des techniques, multiplication des interdépendances, rétrécissement des espaces, diffusion de certaines valeurs (par exemple, notion occidentale d'égalité, rongeant les principes hiérarchiques des sociétés non européennes).

À l'échelle des phénomènes géologiques, le passage d'un ordre à un autre (quelques années ou quelques dizaines d'années) apparaît très rapide. Pour un individu, la mort d'un ordre est un processus chaotique, fait d'avancées brutales, de retours en arrière, de stagnations, de restaurations temporaires.

Un ordre international n'est qu'une composante de ces vastes mouvements. Un ordre international s'articule autour de trois éléments : des principes ; un jeu de puissances ; des structures institutionnelles. Ces trois éléments ne constituent pas un bloc. Le remplacement du principe monarchique par le principe national n'abolit pas la question de l'équilibre européen, mais impose de la penser en incluant les aspirations des peuples. Dans les années 1990, la disparition du bloc socialiste en Europe ne supprime pas certaines des organisations conçues en fonction de son existence (Alliance atlantique, Conférence sur la sécurité et la coopération en Europe).

La dislocation des ordres internationaux peut être appréhendée à travers deux relations : tout d'abord entre ordre international et révolution (**A**) ; puis entre ordre international et guerre (**B**).

A. Ordre international et révolution

Le surgissement d'une révolution dans un continent donné implique-t-il le bouleversement de son ordre, et peut-être, audelà de cette zone, de celui du monde ?

1. Toute révolution se veut porteuse d'un nouvel ordre international

Toute révolution est rupture. Elle prétend détruire le Vieux Monde et le remplacer par la réalisation d'une utopie. L'ordre existant, interne et international, doit disparaître, car il est à la fois injuste et menaçant. Une révolution n'est achevée que le jour où ses idées ont conquis l'ensemble de l'humanité. Ce but, s'il est impossible à atteindre, est pourtant central, maintenant une mobilisation permanente des révolutionnaires.

• Ainsi *la Révolution française*, à partir de 1792, s'engage dans une succession de guerres contre l'Europe monarchique. Pour qu'il y ait paix, la France doit s'entourer de républiques sœurs. À l'opposé de l'ordre des princes, cet ordre révolutionnaire doit reposer sur l'adhésion des peuples, auxquels il apporte en principe le bonheur.

• De même, en 1917-1918, *la révolution russe*, aux yeux de Lénine, ne peut être que le premier foyer d'une explosion européenne, dont, selon la vision marxiste, le centre doit être la nation la plus industrialisée d'Europe, l'Allemagne.

• En 1979, en Iran, *la révolution khomeyniste* recherche l'avènement d'un ordre islamiste au Moyen-Orient. D'où le recours au terrorisme, l'utilisation de la minorité chiite au Liban, les manifestations de pèlerins à La Mecque, gardée par l'Arabie Saoudite, doublement ennemie par son alliance avec les États-Unis et par son engagement dans la diffusion du fondamentalisme.

2. Cependant, plusieurs réactions perturbent, brouillent ce lien entre révolution et établissement d'un nouvel ordre international

– D'abord, *des oppositions, des résistances.*
Toute révolution, les premiers triomphes passés, est le plus souvent conduite à passer des compromis avec ce monde hostile qu'elle veut anéantir. Très vite, les révolutionnaires se déchirent, s'entre-tuent. Ceux qui finissent par garder le pouvoir ont besoin de temps et surtout tiennent à ce que la révolution ne leur échappe pas.

Ainsi Napoléon Ier à la fois brise le vieil ordre européen, abat le Saint Empire romain germanique, remodèle les frontières, et pourtant, en se couronnant empereur, en épousant une princesse autrichienne, en créant une noblesse, tente de se donner une légitimité de monarque. Tout révolutionnaire, qu'il s'agisse de Staline, de Mao Zedong, de Khomeyni, rêve d'enraciner son pouvoir dans l'épaisseur de l'éternité.

De même, dans les années 1920, la jeune Union soviétique s'initie aux jeux de l'équilibre européen (traité de Rapallo, en 1922, avec l'autre exclu de l'Europe, l'Allemagne de Weimar) et noue des relations diplomatiques avec les démocraties bourgeoises.

Quant à l'Iran de Khomeyni, il se trouve pris, pendant huit ans, dans le piège d'une guerre déclenchée par l'Iraq. Ce que confirme la guerre Iraq-Iran (1980-1988), c'est qu'une dynamique révolutionnaire n'abolit pas les réalités militaires : les vagues de soldats fanatisés de Khomeyni se brisent sur les forces enterrées et bien armées de Saddam Hussein.

– Ensuite, *des phénomènes d'appropriation.*

Les idées n'appartiennent à personne. À peine lancées, elles sont reprises, réinterprétées, et souvent retournées contre leur auteur.

Ainsi, l'idée de nation, brandie par la Révolution française, fournit à l'Allemagne fragmentée, dominée, le point d'appui philosophique et politique grâce auquel elle se forge une nouvelle conscience d'elle-même, qui s'épanouira dans l'unité, faite contre la France.

À l'inverse, Staline, en se faisant l'homme de la « révolution dans un seul pays », devine peut-être que, si le communisme n'est pas apporté par l'Armée rouge (comme en Europe orientale, dans le sillage de la Seconde Guerre mondiale), il peut devenir une arme contre sa patrie d'origine. Lorsqu'en 1949 la Chine devient communiste, l'idéologie marxiste-léniniste n'est plus le monopole de Moscou.

Quant au fondamentalisme islamique contemporain, il s'incarne pour la première fois dans un État avec la révolution khomeyniste ; il n'est plus seulement un courant d'idées, l'expression de mouvements musulmans, il devient une réalité politique. Le fondamentalisme a alors un instrument, l'État iranien, mais cet État garde ses préoccupations, ses contraintes propres. Par ailleurs, ce fondamentalisme est un enjeu entre les États musulmans, chacun d'eux devant se définir par rapport à lui. D'où des surenchères (en particulier Arabie Saoudite, longtemps grand bailleur d'argent pour le fondamentalisme).

Tout phénomène révolutionnaire est imprévisible. Le fondamentalisme ne cesse à la fois de se décomposer et de se recomposer. Les attentats du 11 septembre 2001 font du Saoudien

Oussama Ben Laden et de son mouvement Al-Qaida les porte-parole d'une rébellion fanatique aux objectifs illimités : abattre les États-Unis, convertir l'humanité à l'Islam. Mais que veut exactement ce type de mouvement ? Demeurer une révolte pure, se nourrissant des destructions qu'elle provoque ? Ou entrer dans une démarche plus réaliste, prendre le contrôle d'un État et ainsi acquérir une respectabilité, le prix à payer étant la renonciation à l'utopie ?

Ce qu'illustrent les phénomènes fondamentalistes, c'est que l'idée même de révolution se transforme. Pour les hommes de 1789 ou de 1917, la révolution est une rupture claire, brutale, enterrant le passé et accouchant d'un nouvel âge parfaitement pur. Or toutes les expériences révolutionnaires montrent que la révolution est un enjeu de pouvoir, un instrument au service de groupes qui finissent toujours par s'entre-déchirer.

Les mouvements terroristes n'échappent pas à cette logique. Mais certains terrorismes sont guidés par des buts « compréhensibles » : par exemple, terroristes de l'ETA revendiquant un État basque indépendant, Palestiniens réclamant également leur État. Le phénomène Al-Qaida semble relever d'une autre démarche, irrationnelle, délirante, évoquant les mégalomanes des bandes dessinées. La mondialisation produirait-elle des effervescences révolutionnaires d'un type inconnu, cherchant non à édifier un monde nouveau mais à plonger les hommes dans une anxiété permanente ?

B. Ordre international et guerre

Toute guerre est vécue comme une rupture tragique. Pourtant, la guerre et la paix sont tout aussi antagoniques que liées.

– *La paix ne signifie pas l'absence de conflits ou leur fin.* Tout accord de paix photographie, à un moment donné, des rapports de force. Tout vainqueur rencontre le même dilemme : soit tenter de rendre impossible toute renaissance du vaincu, soit se réconcilier avec ce dernier. Pour le vaincu, sa défaite est une épreuve à surmonter, donc la plus formidable des incitations au redressement. La paix peut se définir comme une situation dans laquelle les conflits se jouent sans le recours direct à des armes.

– *La guerre est bien un mode de relation entre sociétés, entre États.* Tout affrontement extrême exige de diaboliser l'ennemi, d'en faire un monstre. Mais l'ennemi est souvent un autre très proche. Dans une guerre civile, l'ennemi est cette part de soi-même devenue haïssable, qu'il faut tenter de détruire. En Europe, les guerres impliquant la France et l'Allemagne, de la guerre de Trente Ans aux deux guerres mondiales, constituent autant d'épisodes d'une seule et même lutte, par laquelle les deux peuples se font l'un contre l'autre, l'un avec l'autre, chacun éprouvant pour son ennemi un mélange de haine et de fascination : la clarté, la légèreté, l'élégance françaises contre l'obscurité, la profondeur, la lourdeur allemandes.

– *La guerre et la paix ne sont pas des concepts intemporels.* Chaque époque redéfinit ces termes. Les définitions ne sont jamais neutres et souvent se contredisent. Ainsi, les luttes de décolonisation sont appelées par le colonisateur opérations de maintien de l'ordre et guerres d'indépendance par celui qui s'émancipe. De 1917 au « moment Gorbatchev » (1985-1991), l'Union soviétique est en guerre permanente avec le monde capitaliste ; la coexistence pacifique, imposée par l'atome, n'est que la continuation de la lutte avec le capitalisme par certains moyens.

Du point de vue de l'ordre international, la guerre peut agir comme régulatrice de l'ordre existant ou comme accoucheuse d'un nouvel ordre.

1. La guerre, régulatrice de l'ordre existant

Pour Clausewitz (1780-1831), la guerre est un pari rationnel, dont la fonction est de désigner le plus fort. Le raisonnement clausewitzien repose sur deux postulats : la guerre est le fait d'États, ou au moins d'entités qui demeurent identiques à elles-mêmes tout au long de l'affrontement belliqueux ; ces États, ces entités se combattent à l'intérieur d'un système, qui, en particulier, définit leurs buts de guerre.

Cette vision s'applique à l'Europe, entre la guerre de Trente Ans (1618-1648) et les guerres révolutionnaires et napoléoniennes (1792-1815), puis entre le Congrès de Vienne (1815) et la Première Guerre mondiale (1914-1918). Les guerres se font pour des enjeux territoriaux et s'achèvent par des paix, photographiant le nouvel équilibre de puissances. Ainsi, la guerre franco-prussienne de 1870-1871 consacre l'émergence de l'Allemagne comme acteur clé de la scène européenne.

Dans cette Europe, la guerre est vécue comme une fatalité, frappant périodiquement les peuples, ajustant réalités économiques et culturelles et configurations diplomatiques. La guerre peut-elle encore être cet instrument de régulation ? Comme le rappelle sans cesse le XXe siècle, la guerre demeure omniprésente. Toutefois, plusieurs facteurs perturbent ce rôle de régulation : la guerre doit être justifiée (principe de la légitime défense) ; et surtout la force militaire organisée se heurte à des formes éparpillées de violence (résistances, rébellions, subversions, terrorismes).

La délégitimation de la guerre comme mode d'arbitrage entre les États est-elle l'une des manifestations de la mutation de l'État-nation, qui, de forteresse souveraine et sacrée, se transforme en un simple espace de regroupement humain, imbriqué dans de multiples réseaux ? La compétition économique est-elle appelée à remplacer la guerre dans l'établissement des hiérarchies internationales ? Ainsi se cristalliserait un ordre international plus anarchique, combinant globalisation des rapports, fragmentation de la violence et diversité des acteurs (États, mais aussi organisations, entreprises, individus).

2. La guerre comme accoucheuse d'ordres internationaux

Les guerres sont des processus complexes, contradictoires. Ceux qui sont pris dans de tels affrontements sont des États, des peuples, des sociétés, donc des réalités vivantes ; la lutte les rassemble ou/et les divise. Que de conflits internationaux enchevêtrés dans des guerres civiles, ouvertes ou larvées !

Les deux guerres mondiales fournissent l'une des meilleures illustrations de ce passage douloureux d'un ordre à un autre, le nouvel ordre étant le produit non de volontés, mais de forces « agissant » les hommes.

a) Deux guerres initialement classiques

Les deux guerres mondiales sont, lorsqu'elles commencent, des conflits de régulation.

En 1914, les belligérants sont convaincus que l'affrontement sera court. Son issue désignera la ou les puissances directrices en Europe. Les modifications territoriales consacreront le nouvel équilibre européen (soit une hégémonie allemande, soit la suprématie de l'Entente – Royaume-Uni, France, Russie).

De même, de 1939 à 1941, la dernière (?) guerre européenne rejoue la pièce de 1914. L'Allemagne hitlérienne obtient ce que l'Allemagne wilhelmienne a raté : la domination sur le continent européen. Mais rien n'est réglé : l'Angleterre de Churchill refuse de traiter avec Hitler ; ce dernier sait qu'il ne sera vraiment maître de l'Europe qu'une fois l'Union soviétique vaincue ; enfin, les États-Unis peuvent-ils accepter que l'Europe leur soit fermée ?

b) Les dynamiques de métamorphose

– En ce qui concerne la Première Guerre mondiale, elle implique les gardiens mêmes de l'ordre européen (Allemagne, Autriche-Hongrie, Russie, France et surtout Grande-Bretagne, garante, depuis la fin de la guerre de Cent Ans, de l'équilibre européen). Plus les combats se prolongent, plus les buts de guerre se radicalisent : les millions de soldats massacrés ne doivent pas être morts pour rien. En 1917, la guerre, d'internationale, se fait civile : mutineries sur les fronts ; fêlures dans les unions sacrées ; enfin, révolution en Russie. Les dernières batailles de la Première Guerre mondiale sont relayées par des luttes éclatées, dans le sillage de la naissance de l'Union soviétique : corps francs allemands dans les pays Baltes et en Pologne ; Armée rouge contre armées blanches en Russie ; guerre russo-polonaise.

La fin de la Première Guerre mondiale enterre l'Europe des monarchies. Les peuples, les nations occupent la scène européenne. Déjà d'autres conflits s'annoncent : entre le bolchevisme russe et ce qui n'est pas lui ; entre vainqueurs et vaincus, parce que les premiers (France, Royaume-Uni) sont plus épuisés que les seconds. L'équilibre européen est mort, l'intervention des États-Unis a donné la victoire à l'Entente.

– Quant à la Seconde Guerre mondiale, antagonismes entre États et antagonismes idéologiques ne cessent d'interférer. Les loyautés patriotiques sont brouillées par les convictions partisanes. Deux enjeux se mêlent : quel équilibre pour l'Europe ? Quel avenir idéologique – fascisme, communisme, ou peut-être même démocratie libérale ?

La Seconde Guerre mondiale achève ce que la Première a enclenché. L'Europe, de théâtre central du système international, devient la zone où se font face l'Est et l'Ouest.

– Les guerres des années 1990 (ex-Yougoslavie, Caucase, Asie centrale...), à la fois internationales et civiles, cristallisent ce qui constitue l'un des risques politiques internationaux majeurs du monde post-Est-Ouest : l'explosion du droit des peuples à disposer d'eux-mêmes, chacun réclamant, à l'extrême, son territoire étatique et pouvant donc provoquer une recomposition sans fin des frontières.

*
* *

CONCLUSION. LE MONDE DU XXIe SIÈCLE : VERS QUEL TYPE D'ORDRE INTERNATIONAL?

L'ordre Est-Ouest, dominé par l'arme nucléaire, organisé autour des États-Unis et de l'Union soviétique, s'est effondré du fait non d'une guerre mais de l'incapacité d'une de ses composantes – le monde soviétique – à disposer de structures adaptées à la compétition de la modernisation. Ce monde soviétique, isolé du reste de la planète, s'est fossilisé puis écroulé de l'intérieur.

Alors, quelle est la problématique de l'ordre international en cette aube du XXIe siècle ?

1. *Quelles valeurs ?* À l'issue des bouleversements de 1989-1991, la terre, paraissant renouer avec l'ère libérale du XIXe siècle, s'unifie autour du marché, de la démocratie, de la liberté individuelle. Ainsi, au moment où la planète échappe à l'Occident, celle-ci raisonne désormais, semble-t-il, dans les termes que lui a inculqués cet Occident.

Au-delà de ce décor, chaque société, européenne, américaine, asiatique..., fait face au même dilemme : comment associer, combiner l'impératif de la modernisation technico-économique et la préservation de ses références fondamentales ? Ce conflit entre modernité et identité n'est pas nouveau ; il concerne tous les peuples dont les équilibres traditionnels sont détruits.

Selon la vision de la « fin de l'histoire », inspirée de Hegel, la formidable poussée de la modernité doit balayer, effacer les particularismes. Alors que les régimes d'idéologie marxiste sont brutalement tombés, la prophétie de Marx le philosophe s'accomplirait : la terre devenue une grâce au capitalisme.

Peut-être rien n'est-il joué... Déjà l'Islam revendique un progrès technique n'affectant pas sa croyance, ses traditions. Mais la modernisation se divise-t-elle ? Est-il possible de construire des usines, des autoroutes, d'accueillir l'ordinateur, sans modifier les rapports entre hommes et femmes, parents et enfants, patrons et ouvriers ?

Le conflit entre modernisation et identité peut donner naissance à des formes idéologiques qui ne seraient ni le libéralisme, ni le socialisme : autoritarismes modernistes (par exemple, Singapour), ou, à l'opposé, nostalgismes, tentatives désespérées pour restaurer un âge d'or mythique.

2. *Quelles hiérarchies ?* L'ordre Est-Ouest reposait sur une hiérarchie unique, les deux supergrands détenant chacun les clés de la puissance dans cet ordre (arsenal nucléaire, alliances, capacité de projection planétaire).

À l'aube du XXIe siècle, une puissance domine les autres de manière écrasante : les États-Unis (en 1913, 32 % du produit mondial brut ; en 1938, 31 % ; en 1960, 26 % ; en 2000, 27 %), cumulant toute une série d'avancées (armements, techniques de pointe...). Cette situation appelle deux lectures possibles.

Les États-Unis seraient une nouvelle Rome, régnant sur le monde comme Rome sur la Méditerranée. Mais Rome était protégée par l'immensité et le vide de la terre d'alors ; seule la Perse des Sassanides fut longtemps la seule menace sérieuse pour Rome. La planète aujourd'hui est minuscule, encombrée, surpeuplée. Rome était un empire clos par le limes. Les États-Unis, eux, contrôlent assez bien certaines zones (Europe, Asie-Pacifique) mais que de régions turbulentes et incertaines, du Moyen-Orient à l'Asie centrale, de l'Afrique des grands lacs à l'Amérique andine !

Alors les États-Unis ne seraient-ils pas plutôt l'Angleterre de la première moitié du XIXe siècle ? De 1815 à 1870, l'Angleterre, par sa révolution industrielle et sa maîtrise des océans, est en avance et au-dessus de tous les autres États, produisant la moitié de la richesse mondiale. Mais très vite d'autres puissances entrent dans la course : États-Unis, Allemagne, Japon, Russie... Les ambitions nationales, qui enfièvrent l'Europe, se moquent des manœuvres subtiles de la diplomatie britannique. Avec les deux guerres mondiales, l'Angleterre passe le flambeau aux États-Unis. En cette aube du XXIe siècle, les États-Unis, à leur tour, sont appelés à être secoués tant par les appétits d'autres puissances (Chine, Inde...) que par le développement de violences inconnues (terrorismes du type de celui d'Al-Qaida).

3. *Quels mécanismes de communication ?* Jamais les réseaux de communication n'ont été si divers et si denses. Chaque crise internationale met en branle la presse, les télévisions, les gouvernements, les organisations internationales. La terre réagit bien comme une structure unifiée. De plus, les relations intergouvernementales, traditionnellement sphère autonome (diplomatie de cabinet), sont en interaction avec tout ce qui n'est pas officiel (par exemple, opinions publiques).

D'un côté, il existe bien une société mondiale, dont les acteurs sont finalement très peu nombreux (États, grandes entreprises, organisations non gouvernementales...), la très grande majorité des hommes continuant de vivre à la lisière de ces jeux internationaux. De l'autre côté, les rapports interétatiques (rivalités, alliances, coopérations...) demeurent, fonctionnent selon leur logique propre.

Ces mécanismes de communication n'échappent pas aux manipulations de la puissance. Pendant une grande partie du XXe siècle, les États tendent à constituer des entités contrôlant la totalité des sociétés. Depuis la fin de la Seconde Guerre mondiale, les rapports internationaux non étatiques s'étendent, refoulent le domaine des États, obéissent à des dynamiques propres. Ainsi le monde s'unifie et se fragmente dans le même mouvement ; des hiérarchies s'édifient et, très vite, se font bousculer par d'autres hiérarchies ; la puissance se concentrait dans les États, dans quelques États, la voici sans cesse en mouvement.

D'où les débats croissants autour de la gouvernance. Derrière cette notion, il s'agit d'édifier des systèmes complexes de gestion de la planète, associant les différentes légitimités, celle des États, celle des bureaucraties internationales, celle – balbutiante, sauvage – de la société civile mondiale.

3

Armements et désarmement

Dates clés

22 août 1864 :	Convention de Genève, instituant la Croix-Rouge (traitement des soldats blessés).
29 juillet 1899 :	Première vague de conventions de La Haye (règlement des conflits internationaux). Déclarations sur l'usage des ballons, des gaz, des balles.
18 octobre 1907 :	Deuxième vague de conventions de La Haye, dont conventions sur les lois et coutumes de guerre sur terre, sur la guerre maritime.
17 juin 1925 :	Protocole de Genève interdisant l'utilisation des gaz asphyxiants et les moyens bactériologiques.
27 août 1928 :	Pacte Briand-Kellogg de renonciation à la guerre.
6 août 1945 :	Bombardement d'Hiroshima.
14 juin 1946 :	Plan américain Lilienthal-Acheson – présenté par Bernard Baruch –, proposant la création d'une autorité internationale du développement atomique. Échec, notamment du fait de la méfiance soviétique.

4 avril 1949 : Traité de l'Atlantique Nord (Alliance atlantique).

12 août 1949 : Conventions dites de la Croix-Rouge. Droit humanitaire dans les conflits armés.

29 août 1949 : Premier essai atomique soviétique.

3 octobre 1952 : Premier essai atomique britannique.

1er novembre 1952 : Premier essai américain d'une bombe H.

12 août 1953 : Premier essai soviétique d'une bombe H.

14 mai 1955 : Pacte de Varsovie.

26 octobre 1956 : Création de l'Agence internationale de l'énergie atomique.

4 octobre 1957 : Lancement par l'URSS du premier satellite artificiel.

15 octobre 1957 : Accord sino-soviétique de coopération en matière d'armement nucléaire.

20 juin 1959 : Abrogation par l'Union soviétique de l'accord de coopération avec la Chine en matière d'armement nucléaire.

1er décembre 1959 : Traité sur l'Antarctique (notamment non-militarisation de ce continent).

13 février 1960 : Premier essai français d'une bombe A.

5 août 1963 : Traité de Moscou interdisant les essais nucléaires non souterrains.

16 octobre 1964 : Premier essai atomique chinois.

27 janvier 1967 : Traité interdisant la nucléarisation de l'espace.

14 février 1967 : Traité de Tlatelolco (Mexique) interdisant le déploiement d'armes nucléaires en Amérique latine.

1er juillet 1968 :	Traité de non-prolifération nucléaire.
17 novembre 1969 :	Ouverture, à Helsinki, des négociations américano-soviétiques SALT (Strategic Arms Limitation Talks).
11 février 1971 :	Traité interdisant la nucléarisation des fonds marins.
26 mai 1972 :	Accords américano-soviétiques SALT I à Moscou.
30 octobre 1973 :	Ouverture, à Vienne, des négociations sur la réduction mutuelle et équilibrée des forces conventionnelles en Europe (Mutual Balanced Forces Reduction, MBFR).
18 mai 1974 :	Essai nucléaire indien.
10 décembre 1976 :	Convention interdisant les modifications de l'environnement à des fins hostiles.
10 juin 1977 :	Protocoles additionnels aux conventions de Genève du 12 août 1949 sur le droit humanitaire dans les conflits armés, internationaux et non internationaux.
20-21 septembre 1977 :	Charte de Londres fixant les règles d'exportation des technologies nucléaires.
18 juin 1979 :	Accords américano-soviétiques SALT II à Vienne. Non ratifiés par les États-Unis (à la suite de l'intervention de l'Armée rouge en Afghanistan).
12 décembre 1979 :	Double décision de l'OTAN : 1) déploiement éventuel, à partir de 1983, de Pershing II et de missiles de croisière (euromissiles) afin de faire face aux nouvelles fusées soviétiques SS-20 ; 2) négociations d'ici à 1983 avec l'Union soviétique pour obtenir le retrait des SS-20.
18 décembre 1979 :	Traité régissant les activités des États sur la Lune et autres corps célestes (en particulier, utilisation pacifique).

23 mars 1983 : Initiative de défense stratégique (« guerre des étoiles ») du président Reagan.

8 août 1985 : Traité de Rarotonga (dénucléarisation du Pacifique Sud).

7 - 16 avril 1987 : Régime de contrôle de technologie des missiles (RTCM), ensemble de directives identiques publiées par les sept États du G7 (Canada, États-Unis, France, Grande-Bretagne, Italie, Japon et République fédérale d'Allemagne).

8 décembre 1987 : Traité de Washington, signé par Reagan et Gorbatchev, et stipulant le démantèlement de tous les missiles d'une portée de 500 à 5 000 kilomètres (double option zéro). Ainsi se clôt la crise des euromissiles, déclenchée, à la fin des années soixante-dix, par le déploiement des SS-20 soviétiques.

31 décembre 1988 : Accord entre l'Inde et le Pakistan de non-agression contre leurs installations nucléaires respectives.

2 février 1989 : Clôture sans résultats des MBFR, ouvertes le 30 octobre 1973.

6 mars 1989 : Ouverture, à Vienne, de la Conférence sur les forces conventionnelles et les mesures de confiance en Europe.

19 novembre 1990 : À l'occasion de la conférence à Paris consacrant la fin de la division de l'Europe, déclaration commune de vingt-deux États (soit les membres de l'Alliance atlantique et ceux du Pacte de Varsovie), s'offrant mutuellement leur amitié, et traité sur les Forces armées conventionnelles en Europe.

28 novembre 1990 : Déclaration commune de l'Argentine et du Brésil de renonciation à l'arme nucléaire.

1er juillet 1991 :	Dissolution du Pacte de Varsovie.
31 juillet 1991 :	Traité START (*Strategic Arms Reduction Talks*) – I entre les États-Unis et l'Union soviétique, prévoyant une réduction de 25 à 30 % de leurs arsenaux nucléaires stratégiques.
7 octobre 1991 :	Adhésion de l'Afrique du Sud au traité de non-prolifération.
8 mars 1992 :	Adhésion de la France au traité de non-prolifération.
14 mars 1992 :	Accord de dénucléarisation entre les deux Corées.
3 septembre 1992 :	Adhésion de la Chine au traité de non-prolifération.
3 janvier 1993 :	Traité START 2 (réduction de plus de moitié du nombre des têtes nucléaires américaines et russes).
15 janvier 1993 :	Ouverture à la signature de la Convention universelle sur les armes chimiques.
Mars 1993-21 octobre 1994 :	Menace de la Corée du Nord de se retirer du traité de non-prolifération. Conclusion de la crise par un accord entre les États-Unis et la Corée du Nord (normalisation des relations entre les deux États ; aide des États-Unis pour rénover les installations nucléaires civiles nord-coréennes).
14 janvier 1994 :	Déclaration américano-russe (reprogrammation des missiles nucléaires américains et russes, afin qu'ils ne visent plus les territoires respectifs des deux États). Accord tripartite (États-Unis-Russie-Ukraine) pour le rapatriement en Russie de 1500 ogives déployées en Ukraine, du temps de l'Union soviétique.

17 avril-12 mai 1995 :	Conférence pour le renouvellement du traité de non-prolifération. Prorogation illimitée par les 178 États signataires.
10 août 1995 :	Renonciation de la France à tout essai nucléaire, après une ultime campagne (octobre 1995-janvier 1996).
15 décembre 1995 :	Zone dénucléarisée entre les États de l'ANASE (plus Birmanie, Cambodge et Laos).
25 mars 1996 :	Adhésion de la France, du Royaume-Uni et des États-Unis au traité de Raratonga de dénucléarisation du Pacifique-Sud.
11 avril 1996 :	Traité de Pelindaba faisant du continent africain une région exempte d'armes nucléaires.
6 juin 1996 :	Renonciation de la Chine à tout essai nucléaire pour 10 ans.
10 septembre 1996 :	Résolution de l'Assemblée générale de l'ONU, approuvant le traité d'interdiction généralisée des essais nucléaires (*Comprehensive Test Ban Treaty* – CTBT). Seulement trois votes contre (dont celui de l'Inde).
2 décembre 1998 :	Signature du Traité interdisant les mines antipersonnel par 121 États. Les États-Unis, la Russie et la Chine refusent de signer.
11-13 mai 1998 :	Essais nucléaires en Inde.
28 mai 1998 :	Essais nucléaires au Pakistan.
13 octobre 1999:	Refus du Sénat des États-Unis de ratifier le Traité d'interdiction généralisée des essais nucléaires TICE ou, selon le sigle anglo-américain, CTBT.

19 novembre 1999 : Deuxième traité sur les Forces armées conventionnelles en Europe. Réduction de 10 % des plafonds nationaux et régionaux pour l'artillerie, les blindés et les avions de combat. Charte pour la sécurité et la prévention des conflits en Europe.

14 avril 2000 : Approbation par la Douma russe de la ratification du Traité START 2. Cette approbation est subordonnée à la non remise en cause par les États-Unis du traité ABM de 1972 (interdiction aux États-Unis et à l'URSS d'installer plus d'un site anti-missile)

21 avril 2000 : Ratification par la Russie du TICE.

17 mai 2000 : Premier sommet mondial sur la cybercriminalité, dans le cadre du G8 (sept principales démocraties industrielles plus Russie).

24 mai 2002 : Traité américano-russe, par lequel les deux États s'engagent à ce que leur arsenal respectif n'excède pas 1700-2200 têtes nucléaires. Poursuite sur des fondements radicalement nouveaux du partenariat stratégique entre Washington et Moscou.

13 juin 2002 : Abrogation du traité américano-soviétique ABM du 26 mai 1972, empêchant les États-Unis de déployer un bouclier antimissile sur leur territoire.

10 janvier 2003 : Retrait de la Corée du Nord du traité de non-prolifération.

16 juin 2003 : Rapport de l'Agence internationale de l'énergie atomique – AIEA – mettant en évidence des activités nucléaires non déclarées en Iran. Après la Corée du Nord, l'Iran est le deuxième État partie au Traité de non-prolifération (TNP) à interpréter de manière très personnelle ses obligations vis-à-vis du Traité.

1er février 2004 : Excuses publiques d'A. Q. Khan pour avoir vendu des secrets nucléaires pakistanais à l'étranger. Cette déclaration confirme l'existence d'importants trafics nucléaires clandestins.

2 avril 2004 : Élargissement de l'OTAN à la Bulgarie, la Roumanie, la Slovaquie, la Slovénie et aux trois États baltes. L'OTAN se fait de plus en plus structure paneuropéenne de sécurité collective.

2 février 2005 : Sommet de l'OTAN, consacré principalement à la formation des forces de sécurité iraquiennes. L'aire géographique de l'Alliance atlantique s'étend au Moyen-Orient.

2-27 mai 2005 : Échec de la conférence d'examen du TNP. Rejet de toutes les propositions visant à renforcer le contrôle des activités nucléaires pacifiques.

2 mars 2006 : George Bush Jr en Inde. Reconnaissance de fait par les États-Unis de l'Inde comme puissance nucléaire militaire.

9 octobre 2006 : Premier essai nucléaire de la Corée du Nord, vives indignations des grandes puissances : États-Unis, Chine, Japon….

*

* *

1. *Le problème contemporain du désarmement apparaît à la fin du XIXe siècle*. À cette époque, les armements se trouvent soumis à deux changements capitaux.

– *Ils sont pris dans la dynamique du progrès industriel.* Comme le montrent la guerre de Sécession (1861-1865) puis la guerre franco-prussienne (1870-1871), la victoire revient à celui qui mobilise les plus grandes ressources industrielles (en particulier chemins de fer) et qui dispose des armements les plus perfectionnés. Alors se développe l'une des dimensions clés des rivalités de puissance : la *course aux armements*, à la fois quantitative et qualitative. D'où, dans le domaine naval, la construction de bâtiments de plus en plus lourds, forteresses flottantes, et, parallèlement, la recherche des moyens pouvant couler ces monstres. D'où cette quête d'une combinaison impossible : des armes à la fois indestructibles et disposant des plus fortes capacités de destruction. L'armement devient le domaine d'investissements scientifiques, techniques massifs. Pour les États, la compétition est très coûteuse, mais celui qui ne suit pas risque de prendre un retard qu'il ne comblera jamais.

– *Les guerres changent d'échelle*. Les effectifs des armées, du fait du service militaire obligatoire, sont multipliés, alors que les armes se font de plus en plus meurtrières (charges de fantassins ou de cavaliers fauchées par les mitrailleuses). À cette période où le soldat est de la chair à canon, naît, en 1864, la Croix-Rouge, premier effort d'un civil – le Suisse Henri Dunant – pour prendre soin des blessés et victimes de guerre.

L'idée de désarmement commence de se cristalliser au carrefour de deux types bien différents de préoccupations : d'une part, tenter de mettre un frein à une course financièrement épuisante ; d'autre part, interdire l'emploi d'armes considérées comme particulièrement cruelles. Dans l'Europe des années 1890-1914, les puissances accumulent les armements. La Russie, en plein décollage économique, ne peut rivaliser avec l'Allemagne ; c'est pourquoi elle suscite les conférences de La Haye (1899, 1907) ayant pour ambition de réglementer la guerre. La Grande-Bretagne est menacée par les ambitions maritimes de l'Allemagne.

2. *Au lendemain de la Première Guerre mondiale*, la réduction des forces armées allemandes à 100 000 hommes par le traité de Versailles (1919) est présentée comme un premier pas vers une « limitation générale des armements ». Deux des missions permanentes du désarmement se dessinent alors :

– *Maintenir un équilibre entre les puissances, en fixant, dans un accord, les niveaux autorisés d'armements*. Ici, le désarmement gèle ou au moins discipline un rapport de forces ; son ou ses initiateurs sont des États, sentant leur prééminence menacée. Ainsi, le traité sur la limitation des armements navals (Washington, 6 février 1922) établit, pour dix ans, des proportions pour le nombre des bâtiments lourds : 5 (États-Unis, Royaume-Uni), 3 (Japon), 1,67 (France, Italie).

Dans le cadre de la Société des Nations, de 1925 à 1932, est lancé un processus de désarmement. Mais il est paralysé notamment par des oppositions classiques : l'Union soviétique, marginale, se sentant forteresse assiégée, propose un désarmement total ; la France, inquiète du réarmement allemand, insiste sur le contrôle ; quant à l'Allemagne, elle invoque l'argument toujours mis en avant par ceux qui ont été écartés de la table des puissances établies : l'égalité des droits, thème récurrent des négociations de désarmement. De plus, à partir de 1933, la montée des tensions condamne toute réunion internationale dans ce domaine à l'échec.

– *Interdire l'usage d'armes perçues comme cruelles et délicates à employer.* C'est, en 1925, le Protocole interdisant l'utilisation des gaz asphyxiants. Les gaz sont employés par l'Allemagne en 1915. Il en résulte un engrenage bien connu : la France et la Grande-Bretagne y ont également recours ; en même temps, des dispositifs de protection (masques à gaz) sont mis au point. En fait, les gaz, soumis aux vents, sont d'une efficacité aléatoire, surtout sur des champs de bataille où les troupes des deux camps sont proches, entremêlées. Les gaz apparaissent comme l'arme « cruelle », asphyxiant, aveuglant, faisant souffrir le soldat.

Lors de la Seconde Guerre mondiale, les gaz, stockés par les belligérants, ne sont pas utilisés dans les combats, en raison moins du Protocole de 1925 que de la certitude d'un enchaînement de représailles.

Désormais, qu'il s'agisse de l'Italie de Mussolini envahissant l'Éthiopie (1935-1936) ou du régime iraquien de Saddam Hussein réprimant les Kurdes dans les années 1980, les gaz constituent l'instrument de terreur, se déchaînant aveuglément contre ceux qui sont dépourvus de capacités de riposte.

3. *La grande rupture de la Seconde Guerre mondiale résulte de l'atome.*

En 1945, les bombes atomiques, lâchées sur Hiroshima et Nagasaki, s'inscrivent dans une logique stratégique née du couple avion-bombe et théorisée par le général italien Douhet (1869-1930) : l'avion traverse le front et atteint l'arrière ; la bombe brise le moral de la population et contraint le gouvernement à capituler. Ce scénario se réalise avec le Japon en 1945.

De 1945 aux années 1960, le *fait nucléaire* engendre un ordre international. L'homme, surtout avec la superbombe, la bombe H (1952), dispose d'une arme d'une capacité extraordinaire de destruction. Alors qu'en faire ? Est-il possible de l'utiliser ? De quelle manière ? Dans quelles conditions ? La mutation introduite par l'atome est indissociable d'une autre innovation, mise au point dans les années 1950 : la *fusée intercontinentale*. Le couple arme nucléaire-missile à longue portée rend possible la *Destruction mutuelle assurée*. Dans un monde où plusieurs États détiennent ces deux éléments, chacun de ces États peut frapper à la limite n'importe quelle partie de la planète mais se trouve en permanence sous la menace des engins de ses « partenaires » atomiques.

L'arme nucléaire retient ses détenteurs devant tout affrontement direct, chacun d'eux pouvant à tout moment être tenté de recourir à l'atome et appelant ainsi sur lui une riposte du même ordre. Le nucléaire, au lieu d'être un instrument de guerre, s'impose comme une contrainte pour ses possesseurs : il s'agit alors d'aller au bord du gouffre sans y basculer. Tout au long de 2002, l'Inde et le Pakistan, qui, en 1998, ont rejoint le groupe des puissances nucléaires, sont à nouveau au bord de la guerre à propos du Cachemire. Or le pire ne se produit pas, l'affrontement militaire n'a pas lieu comme si les deux frères ennemis avaient compris qu'ils ne pouvaient pas jouer avec le risque atomique.

4. *À l'aube du* XXI*e siècle, quatre facteurs marquent la problématique armements-désarmement.*

– *La fin de l'ordre Est-Ouest*, avec la dislocation du bloc socialiste et de l'Union soviétique. Des années 1960 à l'aube des années 1990, les deux supergrands édifient et gèrent un dispositif complexe autour de l'arme nucléaire. Leur préoccupation est moins de désarmer que d'encadrer la course aux armements. La liquidation de l'URSS signifie la disparition de l'un des deux piliers, de l'un des deux garants de l'équilibre nucléaire mondial. L'avenir appartient-il à l'anarchie, à la construction d'un ordre multipolaire ou, enfin, à l'élimination des armes nucléaires ?

– *Le poids des données technico-économico-financières*. D'une part, les armements restent des produits spécifiques, dont les échanges sont en principe régis par les États. D'autre part, les armements – comme, aujourd'hui, tous les biens et services d'intérêt public : information, santé… – sont pris dans les exigences de toute activité industrielle, soumis à une intense concurrence technologique : sophistication des matériels, accroissement des coûts, raccourcissement des durées d'utilisation, besoin de débouchés extérieurs, recherche de coopérations… Les entreprises d'armements – comme toutes les grandes industries – doivent raisonner en fonction non plus d'un marché national garanti, mais du marché international, où les fournisseurs traditionnels (États-Unis, Royaume-Uni, France… et Union soviétique jusque dans les années 1980) se disputent des contrats énormes mais rares et se heurtent désormais à des rivaux asiatiques ou latino-américains. Les frontières entre secteurs civils et secteurs militaires se modifient : tout matériel évolué (char, avion, missile) est d'abord un système électronique. D'où, pour les États – et en particulier pour les États-Unis et la France –, plusieurs dilemmes : rester maître de la fabrication de ses armements, mais ne pas hypothéquer l'évolution de son industrie ; conserver une défense adaptée, donc constamment modernisée, mais réduire le fardeau budgétaire. Face à ces défis, les États-Unis sont loin devant les autres. Mobilisant des ressources considérables, ils procèdent à une *Révolution des affaires militaires*, exploitant systématiquement les avancées de l'électronique (par exemple, utilisation d'armements téléguidés).

– *L'émergence de menaces d'un type nouveau*. La formation d'un espace mondial unique, l'intensification des circulations de toutes sortes, les frustrations et revendications suscitées par la mondialisation, enfin la conscience des vulnérabilités de la terre entraînent un déplacement des menaces ou des dangers. La menace classique s'identifie à un État ou à un groupe d'États hostiles. C'est l'ennemi. Avec la mondialisation, les problèmes de guerre et de police, distincts dans un univers d'entités politiques closes, séparant clairement l'intérieur et l'extérieur, s'entremêlent. Les États en majorité, ayant stabilisé et reconnu leurs frontières respectives, tendent à constituer une communauté ayant pour intérêts partagés le maintien de la paix établie, le développement des échanges, le respect d'un minimum de règles. Cette société relative des États fait face à deux sortes de dangers, parfois imbriqués :

• des dangers dits globaux, concernant la survie de l'espèce humaine : perturbations climatiques, destruction de ressources naturelles… Ici, les solutions ne sont en rien militaires ; il s'agit de mettre sur pied des cadres juridiques, de promouvoir des coopérations multiformes.

• des délinquances. Un monde aux frontières ouvertes, aux échanges innombrables, suscite des réseaux, des bandes, des mafias, des mouvements, donc des rébellions ou des délinquances, des révoltes ou des trafics, la ligne de partage entre les unes et les autres n'étant pas fixée, les normes en la matière devant être universelles et n'étant pas pour le moment établies. Ainsi que l'illustrent les attentats du 11 septembre 2001 et leurs suites, ces « menaces » sont très difficiles à appréhender, car en transformation constante. Face à elles, il faut une panoplie de capacités, allant des moyens militaires traditionnels aux investigations policières. Voici venu le temps des systèmes planétaires de police !

– *La transformation de la notion de défense nationale*. Pour l'État-nation, la défense est plus qu'une mission, c'est sa substance même. Or, deux phénomènes se combinent :

• La défense, de constituant fondamental de la collectivité nationale, tend à n'être plus qu'une tâche technique, confiée à des professionnels de la guerre : abandon progressif ou réaménagement profond du service militaire obligatoire aux États-Unis, en France… ; formation de forces d'intervention rapide, appelées autant à faire la guerre qu'à répondre à des situations de crise. Ainsi, dans l'Europe de l'après-rideau de fer, l'ennemi (occidental ou soviétique) s'est décomposé ; alors surgissent des problèmes imbriquant défense et maintien de l'ordre (guerres en ex-Yougoslavie), des contingents nationaux sont appelés à participer à des opérations combinées. Le combat n'est pas facile dans ces conditions. Les forces déployées de l'extérieur (Organisation des Nations unies, Alliance atlantique) sont là pour séparer les belligérants, elles ne doivent pas désigner d'ennemi à abattre. Mais la guerre classique peut toujours réapparaître (en 1999, entre l'Alliance atlantique et la Yougoslavie de Milosevic pour le Kosovo ; en 2003, entre les États-Unis, accompagnés par le Royaume-Uni, et l'Iraq de Saddam Hussein).

• La définition de l'ennemi n'a plus l'évidence qu'elle avait au temps des luttes interminables contre l'ennemi héréditaire et encore de l'antagonisme Est-Ouest. L'ennemi est celui qui menace. Mais qu'est-ce qu'une menace ? Invasion du territoire national ? Atteinte aux valeurs, à l'identité d'une société ? Mise en cause du niveau de vie ?

L'analyse du désarmement doit prendre en considération ce paysage en perpétuelle métamorphose. Pour le pacifiste, le désarmement implique la paix ; mais l'homme, même dépourvu de toute arme, garde ses poings et, comme l'illustre la guerre des pierres *(Intifada)* dans les territoires occupés par Israël, peut faire d'un caillou, d'un bâton un engin de lutte.

Les armements et le désarmement ne sont que des moyens. Toute course aux armements (Europe des années 1890-1914, Europe des années 1930, rivalité américano-soviétique de 1945 à 1985) n'est que l'une des composantes amplificatrices d'une dynamique politique. En 1914, la Première Guerre mondiale est due autant à l'accumulation des armements qu'à l'exaspération des haines nationales. De 1945 à 1991, les arsenaux nucléaires américain et soviétique entassent des milliers de têtes nucléaires, pourtant aucune guerre directe ne se produit ; les deux superpuissances se sont comme enfermées dans une pièce qu'elles ont bourrée de dynamite ; que l'une allume une mèche, et toutes deux sont volatilisées.

Le désarmement est un instrument. Chaque processus dans

ce domaine est la résultante d'une configuration politique. D'où trois espaces distincts :

- l'espace nucléaire, de l'antagonisme à l'ordre, de l'ordre à l'incertitude (**I**) ;
- l'espace européen : d'un ordre par les blocs à une tentative d'ordre par la loi (**II**) ;
- les espaces de police : entre anarchie et tentatives ponctuelles (**III**).

*

* *

I. LE FAIT NUCLÉAIRE : D'UN ORDRE ARMÉ À L'INCERTITUDE

Du point de vue de l'arme nucléaire, *la période 1945-1962 est celle des apprentissages.*

– De 1945 à 1949, les États-Unis disposent seuls de la bombe atomique. Ils savent que cet avantage est temporaire. Dans un premier temps, ils cherchent à bâtir un ordre international dissuadant tout rival potentiel (essentiellement l'Union soviétique) de se doter lui aussi de l'arme atomique. La responsabilité du nucléaire serait confiée à une autorité internationale (plan Lilienthal-Acheson, 14 juin 1946). Mais Moscou veut plus : remettre le génie (atomique) dans sa bouteille, avoir la certitude que les États-Unis ne gardent aucune capacité propre de développement de l'atome. Alors, dans un deuxième temps, les États-Unis, pris dans le climat de la guerre froide, se donnent pour priorité la protection de leurs secrets atomiques (loi McMahon, juillet 1946).

Dans ces années 1950 (guerres de Corée et d'Indochine), *les États-Unis découvrent la quasi-impossibilité d'avoir recours à l'arme nucléaire.* Lors de la guerre de Corée (1950-1953), le commandant en chef des forces des Nations unies, le général MacArthur, préconise de bombarder la Chine, immense base arrière de la Corée du Nord. À quoi serviraient ces bombardements ? Ils tueraient des millions de Chinois, mais feraient des États-Unis une puissance massacrant sauvagement un peuple venant de reconquérir, avec Mao Zedong, son indépendance.

Le président des États-Unis renvoie le général MacArthur.

– En 1949, l'Union soviétique procède à son premier essai atomique. De plus, au milieu des années 1950, elle acquiert, face aux États-Unis, un atout majeur : *le missile de longue portée* (lancement, en 1957, du premier satellite artificiel). Les États-Unis deviennent vulnérables, c'est un seuil capital.

– Alors s'élabore la doctrine de *la Destruction mutuelle assurée* : chacun des deux supergrands laisse son territoire sous la menace permanente des missiles de l'autre supergrand. « Tu peux me détruire, mais le prix sera ta propre destruction. »

En octobre 1962, l'Union soviétique commence d'installer des missiles nucléaires à Cuba. Pour les États-Unis, cette menace, tout près de leur territoire, est intolérable ; Washington envisage toutes les ripostes possibles : bombarder Cuba, faire un débarquement, établir un blocus. Le président Kennedy choisit la quarantaine (fouille de tous les bateaux se dirigeant vers Cuba, afin de s'assurer qu'ils n'acheminent pas du matériel nucléaire). La crise se dénoue.

L'Union soviétique renonce à sa base atomique près des États-Unis et obtient que ceux-ci abandonnent une carte équivalente (démantèlement des missiles américains installés en Turquie, donc à la frontière du territoire soviétique).

Avec le nucléaire, l'armement devient une composante de la paix (notion d'équilibre de la terreur), le responsable du bouton rouge n'oubliant jamais qu'il est en mesure de déchaîner une apocalypse dans laquelle il serait emporté.

Des années 1960 aux années 1990, la construction et la gestion de l'ordre nucléaire se font selon des principes aussi vieux que l'humanité : constituer un club aussi restreint que possible, en amenant tous les candidats éventuels à ne pas postuler (**A**) ; préserver, entre les deux membres les plus importants du club, un équilibre faisant que ni l'un ni l'autre ne soit tenté d'utiliser son arsenal atomique (**B**). Mais, à l'aube du XXIe siècle, que subsiste-t-il de cet ordre (**C**) ?

A. La non-prolifération

Dans les années 1960, la première pierre de l'ordre nucléaire qui s'instaure est la non-prolifération : le club doit s'en tenir à deux membres, les États-Unis et l'Union soviétique.

En 1959, l'Union soviétique de Khrouchtchev, découvrant qu'une grande puissance ne saurait partager les fondements de sa suprématie, met fin à l'accord de coopération atomique (1959) avec la Chine. De même, dans les années 1960, la grande querelle franco-américaine est indissociable de l'effort de la France pour se doter d'un potentiel nucléaire : Paris sait qu'il s'agit d'un des attributs de la puissance ; Washington supporte mal l'insubordination d'un de ses alliés.

Les États-Unis et l'Union soviétique bâtissent un régime international de la non-prolifération (voir encadré p. 124-125).

B. La gestion du duopole

De 1969 à 1991, les États-Unis et l'Union soviétique nouent des négociations quasi permanentes sur les armements nucléaires stratégiques (Strategic Arms Limitation Talks, puis, à partir de 1981, Strategic Arms Reduction Talks – SALT, puis START).

La démarche est d'origine américaine. À partir des années 1950, les États-Unis organisent une recherche systématique visant à « penser le nucléaire » (Rand Corporation). L'Union soviétique devenant l'autre très grande puissance nucléaire, il s'agit de gérer avec elle l'équilibre de la terreur, le but étant moins de désarmer que de discipliner la course aux armements.

L'Union soviétique se rallie au jeu de la dissuasion. Cependant, la guerre demeure à l'horizon de sa politique ; l'atome, aussi terrible soit-il, n'abolit pas le risque d'un conflit armé. D'où une accumulation d'armements classiques et nucléaires, organisant l'industrie soviétique autour de la puissance militaire, et dévorant la richesse économique du pays. Au début des années 1980, ce poids des armements contribue à la crise du système soviétique.

Pour que la dissuasion fonctionne, chacun doit accepter que son territoire puisse être frappé par les engins nucléaires de l'autre.

Ainsi, l'un des deux accords SALT I, *le traité Anti-Ballistic Missile* (ABM – Moscou, 26 mai 1972), autorise chacune des deux parties à disposer au maximum de deux sites (puis d'un seul selon le protocole du 3 janvier 1974) équipés de missiles antimissiles. Le traité ABM, conclu pour une durée indéterminée, constitue la base du système, en interdisant aux deux supergrands de se doter d'une protection globale, massive, en ne leur permettant que des dispositifs limités.

Dans la première moitié des années 1980, les négociations SALT, qu'en 1981 le président Reagan fait appeler START (Strategic Arms Reduction Talks), piétinent, s'interrompant temporairement en 1984.

Cette difficulté à avancer s'explique par deux raisons majeures :

LA CRISE DES EUROMISSILES (1979-1987)

Dans la seconde moitié des années 1970, la détente Est-Ouest se grippe. L'ultime poussée impériale de l'Union soviétique se consolide en Asie (Inde, Vietnam), tente d'encercler la Chine, pénètre en Afrique (Éthiopie, Angola, Mozambique). De plus, l'Union soviétique accumule les armements.

À partir de 1977, l'URSS remplace ses missiles SS-4 et SS-5 par des missiles SS-20. Ces engins mobiles, dotés chacun de trois têtes, ont une portée de plus de 5 000 km, pouvant, à partir du territoire soviétique, frapper l'Europe, le bassin méditerranéen et l'Extrême-Orient (Chine, Japon). Du côté occidental, ce déploiement des SS-20 est perçu comme une rupture de l'équilibre stratégique, en donnant à l'Union soviétique un instrument de chantage contre l'Europe et aussi l'Asie. Afin de répondre à cette menace, l'Alliance adopte, le 14 décembre 1979, *la double décision (two track policy)* : 1) modernisation, à partir de la fin de 1983, des missiles américains installés en Europe occidentale (euromissiles) par des Pershing II et des missiles de croisière ; 2) négociations, d'ici à l'échéance de 1983, entre Washington et Moscou afin d'obtenir le démantèlement des SS-20 et donc de rendre inutile la mise en place des Pershing II et des missiles de croisière.

VERS LA FIN DE LA

1. Le traité de 1968: un équilibre consacré par la loi

Le traité de non-prolifération nucléaire (TNP) (1er juillet 1968) est l'un des produits majeurs du dialogue américano-soviétique, de la volonté commune des deux supergrands d'empêcher la diffusion de l'arme nucléaire.
Mais ce traité n'existerait pas sans la renonciation par la très grande majorité des États (notamment du tiers monde) à l'arme nucléaire. Certes, se doter de cette arme exige beaucoup de persévérance, la mobilisation de ressources scientifiques, industrielles et financières. Toutefois, s'engager dans un traité à ne pas l'acquérir signifie l'abandon d'une possibilité de pression.
Le TNP photographie et organise un équilibre:

- Tout État détenteur de l'arme atomique le 1er janvier 1967 s'engage à s'abstenir de tout acte contribuant à la prolifération nucléaire (communication de secrets, aide à des États...) (article premier).

- À l'inverse, tout État non détenteur de cette arme s'engage à ne pas chercher à l'acquérir (article II).

- Les États nucléaires doivent apporter leur soutien aux États non nucléaires pour le développement de leurs activités pacifiques dans ce domaine (article IV). De plus, ces États nucléaires doivent procéder à un désarmement massif (article VI).

2. Le TNP de 1968 peut être considéré comme un succès relatif et peut-être temporaire

De 1968 à 1991, le nombre des puissances nucléaires officielles reste fixé à cinq (États-Unis, Union soviétique, Royaume-Uni, France et Chine). L'Inde procède à un essai nucléaire en 1974 puis se dote d'un arsenal.
Le consensus autour du TNP se renforce, surtout au début des années 1990: abandon par plusieurs États de leurs ambitions nucléaires militaires (Argentine, Brésil, Afrique du Sud, Libye) ; ralliement au traité des deux États nucléaires (Chine, France) l'ayant condamné pour son caractère inégalitaire ; accord de dénucléarisation entre les deux Corées.

NON-PROLIFÉRATION NUCLÉAIRE ?

3. Les limites du TNP sont de trois ordres:

• *Le compromis politique du TNP (renonciation à l'arme nucléaire en échange d'une coopération pacifique et d'un désarmement atomique) ne s'est pas concrétisé.* La coopération nucléaire n'a guère respecté les impératifs du traité (par exemple, États-Unis - Afrique du Sud, France - Pakistan). Les deux supergrands, par leurs négociations SALT-START, gèrent leur course aux armements plus qu'ils ne désarment ; cependant, le traité sur les forces nucléaires intermédiaires (1987) et les traités START (1991, 1993) procèdent à de réelles réductions d'armements nucléaires.

• Le TNP confie à l'Agence internationale de l'énergie atomique (AIEA) de Vienne une mission de surveillance. Chaque État non nucléaire ayant souscrit au TNP conclut un accord avec l'Agence (dispositifs de contrôle, inspections) (article III du TNP). Depuis les années 1990, une série de crises (Corée du Nord, Iraq, Iran) montre que le système ne fonctionne que si les États coopèrent. Si l'un d'eux est déterminé à ne pas jouer le jeu (ainsi la Corée du Nord ou l'Iran), c'est l'épreuve de force : l'AIEA doit s'en remettre au Conseil de sécurité ou même laisser agir la puissance (en clair, les États-Unis).

• *Quelques États clés ne souscrivent pas au TNP* : Israël, Pakistan, Inde.

4. Pourquoi pas moi ?

Au printemps 1995, le TNP est prorogé pour une durée illimitée par les 178 États parties (188 en 2007). L'ordre nucléaire mondial semble consolidé pour longtemps. Mais sa précarité éclate bientôt. En mai 1998, l'Inde puis le Pakistan procèdent à des essais confirmant leur volonté d'être, eux aussi, des puissances atomiques officielles. Le 13 octobre 1999, le Sénat des États-Unis refuse la ratification du traité interdisant tout essai nucléaire (*Comprehensive Test Ban Treaty* : – CTBT –). Les États-Unis, puissance-pivot du TNP, le sapent. En mars 2006, le président George Bush Jr se rend en visite officielle en Inde et ainsi reconnaît cette dernière comme membre de fait du club des puissances nucléaires officielles. Washington a besoin d'alliés dans sa guerre totale contre le terrorisme. Alors d'autres États du tiers monde se disent: pourquoi pas moi ? Ainsi l'Iran…

Cette double décision (modernisation et négociation) est liée au climat du monde occidental. Des courants pacifistes rejettent l'arme nucléaire et déchaînent, dans les années 1980-1983, des manifestations contre les Pershing II et les missiles de croisière. D'où la nécessité, pour les gouvernements occidentaux, de montrer que tout est fait pour parvenir à un compromis avec l'Union soviétique par des négociations avec cette dernière.

Pour l'Union soviétique de Brejnev, cette crise peut être l'occasion d'atteindre l'un des objectifs permanents de sa diplomatie : la dénucléarisation, la neutralisation de l'Europe, le retrait des États-Unis. Quant à l'Alliance atlantique, elle doit prouver sa fermeté, sa cohésion face à la poussée pacifiste, qu'exploite évidemment Moscou.

En novembre 1983, les pourparlers américano-soviétiques sont dans l'impasse, le déploiement des Pershing II et des missiles de croisière commence.

Vue avec le recul de l'histoire, la crise des euromissiles apparaît comme l'ultime épreuve de force entre l'Ouest et l'Union soviétique, qui, en ce début des années 1980, prend conscience que sa course à la suprématie militaire l'a épuisée, que le système soviétique est à bout de souffle.

Le 8 décembre 1987, le traité de Washington, signé par Ronald Reagan et Mikhaïl Gorbatchev, stipule l'élimination des forces nucléaires intermédiaires américaines et soviétiques, soit des missiles d'une portée de 500 à 5 500 kilomètres (donc des SS-20, des Pershing II et des missiles de croisière). La crise des euromissiles se referme.

L'INITIATIVE DE DÉFENSE STRATÉGIQUE (23 MARS 1983)

« Nous nous engageons dans un programme visant à contrer l'horrible menace des missiles soviétiques par des mesures défensives [...]. Nous pourrions intercepter et détruire les missiles balistiques soviétiques avant qu'ils n'atteignent notre sol ou celui de nos alliés. » Tel est le fil directeur du discours du président Reagan de « la guerre des étoiles » (23 mars 1983). La destruction mutuelle assurée serait remplacée par la sécurité mutuelle assurée.

La mise au point de missiles antimissiles fait partie des recherches permanentes des États-Unis et de l'Union soviétique, tous deux en quête de ce bouclier qui les rendrait invulnérables et leur apporterait la capacité d'utiliser leurs armes nucléaires sans risque d'être frappés en retour. En mars 1983, le président Reagan est, semble-t-il, convaincu que, pour les États-Unis, le but est à portée de la main, grâce à la combinaison de techniques de pointe (satellites, laser...). Et surtout, l'Initiative de défense stratégique (IDS) relance la course aux armements sur un terrain où l'URSS souffre de nombreux handicaps. La « guerre des étoiles » fait partie de ces défis qui montrent à l'Union soviétique l'échec de son modèle.

Jusque vers la fin des années 1980, cette affaire de l'IDS contribue à bloquer les négociations américano-soviétiques. Pour Moscou, tout accord de désarmement stratégique avec Washington doit contenir la renonciation à l'IDS. Le président Reagan voit dans l'IDS sa « nouvelle frontière ».

Peu à peu, l'affaire de l'IDS perd son caractère central. Les difficultés scientifiques et techniques se révèlent considérables, le Congrès des États-Unis rogne les crédits. En outre, l'IDS apparaît conçue contre une menace de plus en plus improbable : une pluie de missiles balistiques soviétiques sur le territoire américain. Mais les États-Unis ne renoncent pas à l'idée d'un bouclier spatial les rendant invulnérables à tout missile balistique – en particulier lancé par des « États voyous ».

La chute du bloc soviétique, au cours de l'automne 1989, puis l'agonie et la dissolution de l'Union soviétique elle-même bouleversent le paysage politico-stratégique. La course aux armements notamment nucléaires, qui n'a cessé de se poursuivre tout au long du face-à-face Est-Ouest, devient brutalement dérisoire : pourquoi accumuler des milliers de têtes nucléaires, alors qu'il n'y a plus d'antagonisme Est-Ouest ? Les deux grands ennemis, les États-Unis et la Russie (ex-Union soviétique), deviennent des partenaires.

Il en résulte deux traités START (*Strategic Arms Reduction* – et non plus *Limitation* –, *Talks*), le premier le 31 juillet 1991 (entre les présidents George Bush et Mikhaïl Gorbatchev, à Moscou), le second le 3 janvier 1993 (entre les présidents Bush et Boris Eltsine, également à Moscou). Ce sont deux accords très ambitieux, impliquant des diminutions de près des deux tiers des arsenaux nucléaires américain et soviétique.

L'échange des instruments de ratification du traité START-I a lieu en décembre 1994. Quant au traité START-II, il est ratifié en janvier 1996 par le Sénat des États-Unis et approuvé en avril 2000 par la Douma russe, cette approbation étant alors subordonnée à la non-remise en cause par les États-Unis du Traité ABM de 1972. Le 13 décembre 2001, les États-Unis du président George Bush Jr, voulant n'être soumis à aucune entrave dans le développement de leur bouclier antimissile, dénoncent le Traité ABM de 1972. La Russie, qui n'a plus la capacité de dire non, acquiesce.

En cette aube du XXIe siècle, la puissance militaire des États-Unis ne se compare à aucune autre. Dans ces conditions d'absolue suprématie, les États-Unis rêvent d'obtenir l'impossible : la sécurité absolue. D'où leur ambition d'un bouclier antimissile (*National Missile Defense* ou *Missile Defense*). La Russie mais aussi la Chine savent qu'elles ne boxent plus pour le moment dans la même catégorie que l'hyperpuissance américaine. La Russie de Vladimir Poutine opte pour un partenariat stratégique avec les États-Unis (le 24 mai 2002, traité « historique », chacun des deux colosses s'engageant à ne pas disposer de plus de 1700-2200 têtes nucléaires). Le bras de fer américano-soviétique bascule irrémédiablement dans le passé. Les milliers de missiles accumulés ne sont plus qu'une ferraille dangereuse et inutile qu'il faut démanteler et recycler, en veillant à ce que les éléments les plus sensibles (matériaux fissiles équipant les fusées) ne donnent pas lieu à des trafics. L'anarchie nucléaire risque de s'installer.

C. Ordre ou désordre nucléaire universel ?

L'Union soviétique disparaît le 25 décembre 1991. Le duopole nucléaire américano-soviétique s'achève, une nouvelle époque plus anarchique commence.

Le traité de non-prolifération de 1968 est issu de la concertation américano-soviétique. En particulier, les États-Unis et l'Union soviétique, par leurs réseaux de clients, disposaient d'une certaine capacité d'empêchement à l'encontre de la plupart des États « dangereux » (par exemple, États-Unis par leurs liens avec Israël, le Pakistan…, Union soviétique avec l'Iraq, l'Inde…).

En 1995-1996, l'ordre nucléaire reçoit une double consolidation :

– au printemps 1995, la prorogation illimitée du traité de non-prolifération, auquel, désormais, adhèrent la quasi-totalité des États de la planète (avec des exceptions de taille : Israël, Pakistan, Inde).

– en septembre 1996, l'approbation par l'Assemblée générale des Nations unies du traité d'interdiction complète des essais nucléaires – TICE ou *Comprehensive Test Ban Treaty*, CTBT – (la seule opposition significative venant de l'Inde).

Le 13 octobre 1999, le refus du Sénat des États-Unis de ratifier le traité d'interdiction généralisée des essais nucléaires (TICE) jette une ombre inquiétante sur l'ordre nucléaire mondial : les États-Unis, premier gardien de cet ordre, sont prêts à le mettre en danger, du fait d'interférences de politique intérieure (le Sénat, à majorité républicaine, voulant, semble-t-il, infliger une défaite politique au président Clinton, rescapé du scandale Monica Lewinski).

Les attentats du 11 septembre 2001 (destruction des Twin Towers de New-York par le réseau terroriste Al-Qaida) contraignent les États-Unis à rassembler autour d'eux le plus grand nombre possible d'États. Le Pakistan, contigu de l'Afghanistan et géopolitiquement lié à lui, et l'Inde, l'autre puissance clé de l'Asie du Sud, s'imposent comme des partenaires essentiels pour les États-Unis. Or le Pakistan et l'Inde sont des détenteurs de l'arme nucléaire. Washington, en nouant un dialogue étroit tant avec Rawalpindi qu'avec New Delhi, reconnaît le droit de ces deux États à disposer de capacités atomiques militaires. En mars 2006, le président George W. Bush se rend en Inde et conclut avec cet État un vaste accord de coopération nucléaire civile. Par ce geste, l'Administration Bush admet l'Inde comme membre de fait du club des puissances nucléaires. Peut-il en être autrement ? L'Inde a tous les atouts d'une grande puissance et n'a jamais admis de ne pas être reconnue comme l'égale des autres colosses (États-Unis, Russie, Chine...). Désormais, au-delà du club officiel des Cinq, se dessine une zone de moins en moins grise. Cette zone peut-elle rester limitée à trois États

(Inde, Pakistan, Israël) ? D'autres (Corée du Nord, Iran…) se disent : pourquoi pas moi ?

Depuis 2003, un bras de fer se déroule entre l'Iran et l'Agence internationale de l'énergie atomique (AIEA). L'Iran est partie au TNP comme État non-nucléaire ; ses installations nucléaires sont donc soumises aux contrôles de l'AIEA. Celle-ci constate des irrégularités, l'Iran procédant à des opérations d'enrichissement d'uranium, étape nécessaire pour développer des armes atomiques. L'Iran nie vouloir devenir une puissance nucléaire militaire, ce qui constituerait de sa part une violation ouverte du TNP. En même temps, l'Iran louvoie. L'Iran, lui aussi, se considère comme une grande nation. En 1980, lorsque l'Iraq de Saddam Hussein l'agresse, personne ne le soutient ; au contraire, les pays occidentaux arment l'Iraq. L'Iran osera-t-il franchir le seuil, devenir une puissance nucléaire militaire, déstabilisant très durement le TNP ? Rien ne l'exclut, le nationalisme iranien constituant le plus efficace des instruments pour ressouder les Iraniens autour du régime des mollahs. La communauté internationale a-t-elle la volonté et la capacité de bloquer l'Iran ? Tout ou presque suggère une réponse négative. Seuls les États-Unis veulent des sanctions sévères contre l'Iran ; or ils sont enlisés en Iraq et ailleurs. L'Union européenne préférerait un compromis avec Téhéran. Quant à la Russie et à la Chine, elles excluent de punir l'Iran.

L'ordre nucléaire issu du TNP est l'enfant d'une époque révolue, celle où deux superpuissances contrôlaient, ou paraissaient contrôler, le monde. Dans l'avenir, deux ordres nucléaires sont possibles.

Un ordre fondé sur des équilibres entre des puissances nucléaires, se dissuadant les unes les autres. L'ordre Est-Ouest reposait sur une dissuasion mutuelle des États-Unis et de l'URSS. Pourquoi ne pas concevoir des systèmes régionaux de dissuasion (par exemple, Chine-Inde-Pakistan) ? La prolifération nucléaire est posée comme nécessairement déstabilisante par les détenteurs d'armes atomiques, ces derniers se considérant comme seuls aptes à déterminer le « bon » usage de ces armes. Mais la possession d'armes atomiques imposant à leurs propriétaires une réelle prudence, la diffusion de ces armes ne contribuerait-elle pas à la stabilisation du système international ? Plus il y aurait de puissances atomiques, plus il y aurait d'États conscients des dangers d'une escalade aux extrêmes. Dans cette perspective, il subsisterait un risque, celui bien connu du « joueur fou », de l'État « irrationnel », prêt à utiliser n'importe comment ses capacités nucléaires pour seulement montrer aux autres qu'il doit être respecté. En ces années 2000, la Corée du Nord est perçue comme un « joueur fou ». Le régime nord-coréen, fermé et isolé, vit au bord du gouffre et ne tient que par un carcan policier sévère. Mais les gouvernants nord-coréens ne sont pas pour autant irrationnels. Ils ont leur rationalité à eux, se résumant en une formule : survivre à n'importe quel prix. Cette priorité de survie impose une certaine prudence ou plutôt des provocations calculées. En outre, la Corée du Nord est sous surveillance. La Chine, pourtant voisine de la Corée du Nord, tolère que Pyongyang poursuive son effort nucléaire militaire. Que veut la Chine ? Probablement montrer aux autres protagonistes du jeu géopolitique asiatique (États-Unis, Russie, Japon, Corée du Sud…) que finalement rien ne peut être réglé dans cette affaire nord-coréenne sans Pékin.

Un ordre fondé sur la soumission de tous aux mêmes règles. C'est l'ordre démocratique. Le TNP serait radicalement révisé. Il n'y aurait plus, d'un côté, les États nucléaires et, de l'autre, les États non nucléaires. Tous les États seraient non nucléaires. Mais les puissances nucléaires sont-elles prêtes aujourd'hui à renoncer à leur atout ?

En cette aube du XXIe siècle, la crise de la non-prolifération acquiert une ampleur nouvelle, avec la révélation des trafics pakistanais. Le Pakistan non seulement a fabriqué clandestinement sa bombe (la « bombe islamique ») mais encore a été la plaque tournante de marchandages dangereux : fournitures clé en main par les spécialistes pakistanais des techniques nucléaires les plus sophistiquées. Ainsi existerait un vaste marché noir, échappant à tout contrôle, et manipulé par des États voyous.

II. LE DÉSARMEMENT EN EUROPE

Jusqu'en 1945, l'Europe est le continent des guerres périodiques. Depuis 1945, l'Europe vit sans affrontement central majeur.

De la fin des années 1940 à celle des années 1980, cette paix, qui toutefois ne règle pas définitivement le problème central de l'Europe, la question allemande, repose sur le face-à-face de deux alliances, l'Alliance atlantique (1949) dirigée par les États-Unis, le Pacte de Varsovie (1955) par l'Union soviétique.

Le bloc socialiste (Union soviétique et Europe de l'Est) se perçoit comme une forteresse assiégée, engagée dans une expérience historique exceptionnelle (la construction du socialisme), et qui ne connaîtra la vraie paix que lorsque le monde se sera rallié au marxisme-léninisme. D'où une accumulation d'armements. D'où également la double vocation du Pacte de Varsovie : défendre la communauté socialiste contre les ennemis extérieurs ; maintenir l'ordre au sein de la communauté, réprimer les tentations de déviation (Hongrie en 1956 ; Tchécoslovaquie en 1968).

Quant à la défense de l'Europe occidentale face à la menace soviétique, elle est triplement liée aux États-Unis : présence d'environ 300 000 soldats américains, principalement dans le pays de la ligne de front, la République fédérale d'Allemagne ; déploiement de milliers d'armes nucléaires tactiques américaines (portée inférieure à 500 km) visant à compenser l'infériorité en hommes et en armes classiques (avions, chars, canons) de l'Alliance ; enfin, garantie nucléaire des États-Unis, selon laquelle ces derniers auraient en principe recours à leurs missiles nucléaires intercontinentaux et frapperaient l'URSS en cas d'invasion de l'Europe occidentale par les forces du Pacte de Varsovie.

A. Détente et désarmement en Europe (1973-1989)

De la fin des années 1960 à celle des années 1980, si l'Europe reste régie par l'ordre des blocs, des tentatives sont faites pour réaliser, dans ce cadre, un désarmement limité.

En 1973, l'Union soviétique atteint l'un des objectifs majeurs de sa diplomatie européenne : la réunion d'une conférence paneuropéenne, consacrant le *statu quo* territorial hérité de la Seconde Guerre mondiale, et donnant éventuellement à Moscou un droit de regard sur l'ensemble de l'Europe (Conférence sur la sécurité et la coopération en Europe ou processus d'Helsinki). Les États-Unis, eux, obtiennent la tenue de négociations sur la réduction des armements des alliances (MBFR) ; le Sénat des États-Unis insistant pour que soient diminués les effectifs de soldats américains en Europe (amendement Mansfield), l'administration Nixon-Kissinger, voulant éviter toute concession unilatérale face à l'Union soviétique, cherche à opérer un allègement négocié.

Les MBFR durent plus de douze ans et ne parviennent à aucun résultat. Du côté de l'Alliance atlantique, il est indispensable que soient pris en compte les forts déséquilibres existant en faveur du Pacte de Varsovie ; or ce dernier, jusqu'à la fin des années 1980, nie de tels déséquilibres.

B. Un ordre du désarmement en Europe

Le 6 mars 1989, s'ouvre, à Vienne, la Conférence sur les forces conventionnelles et les mesures de confiance en Europe (FCE selon le sigle français, CFE selon le sigle anglais).

Cette conférence symbolise bien l'émergence d'un nouvel ordre européen, fondé sur une coopération occidentalo-soviétique. Or, le déroulement de la négociation se trouve perturbé à partir de l'automne 1989 avec l'effondrement du bloc socialiste. Il n'y a plus deux alliances face à face, mais une alliance politiquement victorieuse (Alliance atlantique) et une Europe centrale et orientale en quête d'une autre sécurité.

1. La Conférence sur les forces conventionnelles en Europe (6 mars 1989 - 10 juillet 1992)

Le 19 novembre 1990, à Paris, à l'occasion du sommet de la CSCE consacrant la fin de la division de l'Europe, les vingt-deux (l'Allemagne étant désormais une) États membres des deux alliances signent *une déclaration d'amitié*.

En outre, est signé *un traité FCE*:

• Le traité a pour aire géographique l'Europe de l'Atlantique à l'Oural. Cet espace est découpé en sous-régions, chacune dotée de plafonds spécifiques d'armements. Il s'agit d'empêcher des concentrations ou des redéploiements locaux dans le centre ou sur les flancs, de rendre impossible toute attaque-surprise.

• Aucun État signataire ne peut posséder à lui seul plus du tiers des armements conventionnels limités par le traité. Cette clause vise l'Union soviétique, dont l'arsenal représente 90 % du total des moyens du Pacte de Varsovie, et qui doit procéder à des coupes claires (près de 40 % de ses avions et blindés).

• Enfin, le traité prévoit de très nombreux mécanismes de surveillance.

Le 19 octobre 1999, un deuxième traité FCE est signé à Istanbul. Il complète celui de 1990 (destruction ou reconversion de 50 000 pièces d'équipement), par une réduction supplémentaire globale de 10 %. Ce traité obéit à la même double logique : empêcher des concentrations excessives d'armements dans les zones sensibles (centre de l'Europe ; flancs nord – Saint-Petersbourg – et sud – Caucase – de la Russie) ; renforcer la transparence des activités militaires (vérifications sur place ; observateurs dans les manœuvres).

La seule difficulté majeure que rencontre le dispositif FCE est la Russie. Le Traité de 1990 est établi à une époque où le Pacte de Varsovie et l'URSS existent encore. La Russie, réduite à elle-même, assistant, impuissante, au ralliement de ses anciens alliés au camp occidental, considère que les plafonds d'armements concernant son territoire sont trop sévères. Dans le deuxième traité FCE de 1999, la Russie obtient le relèvement des plafonds du flanc sud (Caucase). Mais rien n'est réglé au fond, la Russie violant largement les limites fixées lorsqu'elle le juge nécessaire (opérations militaires en Tchétchénie). Ces détournements ne suscitent guère de protestation, les Occidentaux considérant qu'il est finalement légitime et souhaitable que la Russie fasse la police dans ce Caucase instable qui se trouve dans l'orbite impériale russe depuis le XIXe siècle.

2. Une problématique radicalement nouvelle

a) Quelles menaces ?

De la fin des années 1940 à la fin des années 1980, l'Europe s'organise autour du face-à-face de deux menaces, occidentale pour le camp socialiste, soviétique pour l'Alliance atlantique. L'ennemi est clair, massif, total.

Trois types de menaces, radicalement différentes de celles des années 1940 à 1980, peuvent désormais déstabiliser l'Europe :

• Des abcès en Europe même ou à sa périphérie, qu'illustrent l'ex-Yougoslavie ou le Caucase. Le danger n'est pas celui d'une agression, mais d'un enchaînement d'événements (guerres civiles, migrations…) plongeant l'Europe dans l'anarchie. L'Europe doit-elle, peut-elle créer, pour elle, une Organisation régionale des Nations unies, avec des forces de police ? En novembre 1999, à Istanbul, le Sommet de l'Organisation sur la sécurité et la coopération en Europe (OSCE) prévoit une structure « chargée de concevoir des équipes spécialisées d'assistance et de coopération rapides », comprenant des experts civils et des policiers.

• Des conflits éclatant dans le Sud et mettant en péril les économies, les sociétés européennes (par exemple, risques pour les approvisionnements en pétrole, du fait d'affrontements au Moyen-Orient).

• L'émergence de terrorismes complexes et mouvants (du type du réseau Al-Qaida), l'Europe n'étant alors qu'un théâtre parmi d'autres.

b) L'Alliance atlantique

L'Alliance atlantique est créée en 1949, à la demande des Européens de l'Ouest, pour faire face à la menace soviétique. En 1989-1991, la victoire est totale : sans affrontement armé, le bloc socialiste, l'Union soviétique implosent.

L'Alliance n'est en principe plus justifiée. Mais les pressions en faveur de son maintien sont multiples. Les anciens satellites de l'Union soviétique mais aussi les Républiques de l'ex-URSS devenues indépendantes s'accrochent à l'Alliance, considérée comme une garantie de paix (en décembre 1991, création du Conseil de coopération nord-atlantique – COCONA – associant à l'Alliance ces pays ; en janvier 1994, au sommet de Bruxelles, lancement du Partenariat pour la paix, qui offre tant aux États neutres qu'aux États ex-socialistes le bénéfice de l'article 4 du Pacte atlantique – consultation entre les États membres de l'Alliance en cas de menace contre leur sécurité –). Les États d'Europe occidentale (même la France) ne conçoivent pas une Europe équilibrée, pacifique sans les États-Unis, protection contre le retour des vieux démons (haines entre nations). Enfin, pour les États-Unis, réduisant considérablement leur présence militaire en Europe (en ces années 2000, environ 100 000 hommes), l'Alliance atlantique demeure leur principale tête-de-pont pour garder un accès libre à l'Île mondiale (Europe-Asie-Afrique).

L'Alliance atlantique, instrument et symbole de l'engagement américain en Europe accomplit une triple métamorphose.

– L'Alliance étend son aire d'influence. Par le Partenariat pour la paix, elle couvre l'ensemble du continent européen : en cas de menace contre la sécurité d'un des États européens, les membres de l'Alliance se consultent. En mars 1999, l'Alliance accueille en son sein la Pologne, la Hongrie et la République tchèque. En 2004, la Bulgarie, la Roumanie, la Slovaquie, la Slovénie et les trois États Baltes rejoignent, à leur tour, l'OTAN. En ces années 2000, d'autres États expriment de temps à autre des velléités de rejoindre l'OTAN : Ukraine, Géorgie… La Russie ne saurait que s'opposer à ces adhésions, qui feraient entrer l'OTAN dans l'aire impériale russe.

– L'Alliance tend à devenir un système de sécurité collective. Par définition, une alliance est conçue pour faire face à un ennemi (en ce qui concerne l'Alliance atlantique, l'Union soviétique). Or l'Alliance atlantique n'a plus d'ennemi. Dans ces conditions, sa fonction se transforme : sous la garantie des États-Unis, elle lie les États européens dans un réseau d'obligations mutuelles. Une question demeure : qu'en est-il de la Russie ? La Russie reste un État à part, par sa taille, son histoire, sa culture entre l'Europe et l'Asie. La Russie est trop considérable tant pour être accueillie dans les structures en place (Alliance atlantique, Union européenne) que pour être ignorée. D'où, au moment où l'Alliance atlantique s'élargit à l'Europe centrale, des négociations laborieuses avec la Russie, avec deux préoccupations malaisées à concilier : rassurer la Russie, bien marquer que l'Occident ne veut pas l'exclure de l'ordre européen ; en même temps, ne pas donner à la Russie un droit de regard sur la composition de l'Alliance. En mai 1997, l'Acte fondateur entre la Russie et l'OTAN satisfait plus ou moins ces exigences. La question de la Russie est en pleine évolution. Face aux nouvelles incertitudes (terrorismes, instabilités du Moyen-Orient et de l'Asie centrale), la Russie s'impose comme un partenaire toujours incertain mais incontournable. Le traité américano-russe du 24 mai 2002 paraît marquer une rupture historique, établissant un partenariat stratégique entre les deux géants.

– L'Alliance se fait instrument d'intervention, de police. En 1994, la CSCE, puis la Communauté européenne, puis l'ONU se révélant impuissantes à maîtriser les crises yougoslaves, l'Alliance atlantique s'impose comme l'instrument de tout règlement international en ex-Yougoslavie, les États-Unis liant la participation de leurs soldats à l'utilisation du cadre atlantique – impliquant un commandement américain. Fin 1995, les accords de Dayton (une base américaine) sur la Bosnie-Herzégovine sont conclus avec la médiation active des États-Unis. La force de police – *Implementation Force* (IFOR), puis *Stabilisation Force* (SFOR) –, chargée d'assurer l'exécution de ces accords, est placée sous commandement de l'OTAN. De même, au printemps 1999, c'est l'OTAN, sans mandat du Conseil de sécurité de l'ONU, qui, par ses bombardements, contraint la Serbie à accepter un règlement international de l'affaire du Kosovo. Ce règlement arrêté dans le cadre de l'ONU (résolution du Conseil de sécurité 1244 du 10 juin 1999), la KFOR, force militaro-policière déployée au Kosovo pour rétablir l'ordre est étroitement liée à l'Alliance atlantique. En 2004, l'OTAN est dotée d'une Force de réaction rapide, confirmant sa fonction de police internationale. Depuis août 2003, l'OTAN est engagée en Afghanistan, où elle assume le mandat de la Force internationale d'assistance à la sécurité (ISAF). L'aire d'intervention de l'OTAN n'est désormais plus limitée à l'espace atlantique.

c) Défense de l'Europe, défense européenne

L'avenir du désarmement en Europe est lié à la fois à l'évaluation des menaces et aux structures de défense de l'Europe. De la fin des années 1940 à celle des années 1980, la défense de l'Europe est pour l'essentiel réglée par les États-Unis et l'Union soviétique.

L'Europe peut-elle redevenir maîtresse de sa défense ? Mais quelle défense ? Pour quoi faire ? Quels États européens participeraient à la défense commune ? Quels liens avec les États-Unis ? Quelle place pour la Russie ?

La fin de l'antagonisme Est-Ouest fait des États-Unis la seule puissance responsable de la paix mondiale. Les États-Unis se retrouvent dans une position redoutable. Ils sont de loin les plus forts, attirant vers eux toutes les rancœurs de la planète. Cette Amérique constitue une cible bien visible, ainsi que l'illustrent les attentats du 11 septembre 2001. Pour Washington, l'Europe n'est plus l'alliée indispensable, lieu du face-à-face américano-soviétique. Elle est plutôt un continent privilégié, qui doit s'assumer, les enjeux brûlants étant au Moyen-Orient (Israël, Iraq, Arabie Saoudite...) et en Asie (Pakistan, Chine). L'Europe est appelée à être plus laissée à elle-même. En même temps, les États-Unis sont le chef et veulent le rester. Pour la plupart des Européens, l'Europe ne saurait être en sécurité si les États-Unis ne veillent plus sur elle. La défense européenne doit frayer son chemin entre toutes ces contraintes.

Un pôle européen de défense tend à émerger, étroitement lié au dispositif atlantique. Les promoteurs de ce pôle sont la France et l'Allemagne, soucieuses de consolider leurs liens et d'affirmer une identité politico-militaire de l'Europe unie : en mai 1992, lancement d'un Eurocorps (50 000 hommes) ; principe, dans le traité de Maastricht créant l'Union européenne, « d'une politique de défense commune, qui pourrait conduire, le moment venu, à une défense commune (article J-4, alinéa 1). Le Royaume-Uni, longtemps hostile à l'encontre de toute défense européenne, se montre plus positif (sommet franco-britannique de Saint-Malo, 4 décembre 1998)

Mais l'Union européenne est-elle disposée à faire les efforts nécessaires – notamment financiers – pour acquérir une autonomie politico-militaire ?

En 1999, la guerre du Kosovo, menée par l'OTAN, confirme à l'Union européenne sa grave insuffisance dans le domaine militaire. D'où un coup d'accélérateur en direction d'une défense européenne autonome. L'Union européenne arrête le principe d'un corps européen de 50 000 à 60 000 hommes (Conseil européen des 11 et 12 décembre 1999, Helsinki). Ce dispositif multinational ne sera pas une armée permanente, mais il pourra être constitué en quelques semaines en cas de crise. En 2003, alors que les pays européens se divisent ouvertement face à l'intervention américaine en Iraq, la défense européenne accomplit, cependant, des avancées significatives : mise sur pied d'un état-major, ébauche d'une doctrine stratégique… En 2006, une Force de gendarmerie européenne est ébauchée. Ces progrès résultent fondamentalement des convergences entre les trois « grands » de l'Union européenne : la France, l'Allemagne et le Royaume-Uni. Ainsi, en 2006, 1 500 soldats de l'Union européenne surveillent le processus électoral en République démocratique du Congo.

III. LES ESPACES DE POLICE : ENTRE ANARCHIE ET TENTATIVES PONCTUELLES

A. Armements et évolutions du système international

Le domaine des armements obéit aux évolutions profondes du système international.

– Il existe désormais *un marché mondial des armements* : du côté des vendeurs, de grandes entreprises, des groupes industriels dont les armes ne représentent souvent qu'une des activités ; quant aux acheteurs, ce sont essentiellement les 200 États de la planète, mais aussi des mouvements de résistance, des guérillas. Les ressources financières de ces acheteurs sont très inégales.

Ainsi, le Moyen-Orient constitue une zone de forte concentration d'armements pour une conjonction de raisons bien établies. Certains des États exportateurs de pétrole, parfois peu peuplés (péninsule Arabique), sont conscients de leur vulnérabilité, des convoitises que suscitent leurs richesses ; d'où des contrats énormes d'armements que se disputent les entreprises européennes et américaines. D'autres États ont quelque temps des ambitions de puissance (Iran du shah, Iraq de Saddam Hussein, Libye de Kadhafi), combinant l'acquisition d'armements et de grands projets d'équipement.

Dans les années 1980, le Moyen-Orient cesse d'être une terre promise pour les industries d'armements : saturation des demandes ; chute des cours du pétrole ; endettement massif de certains États ; crainte des conséquences de la prolifération de certaines techniques (atome, missiles), parfois initialement provoquée par les pays exportateurs d'armements.

– *Le marché des armements est en principe contrôlé par les États.*

Les ventes d'armements sont soumises à des procédures complexes et font souvent l'objet d'accords intergouvernementaux. Mais, dans un secteur où sont en jeu des opérations considérables, des techniques de pointe, des millions d'heures de travail, les règles sont faites pour être « interprétées ». Tandis que la vente de quelques pistolets subit une cascade de contrôles, la fourniture d'une centaine d'avions de combat relève du bon plaisir du politique ; quel État refuserait un pareil contrat ?

De plus, si le marché des matériels neufs est plus ou moins tenu par les États, celui des matériels d'occasion est anarchique.

– *Les armements à la fois constituent une charge pour les politiques de défense des États et donnent lieu à une intense compétition.* Ainsi, disposer d'une industrie aéronautique, c'est avoir l'un des atouts de la puissance politico-militaire, c'est aussi et surtout entrer sur un marché très vaste, militaire et civil. La recherche-développement, les investissements qu'exige une telle industrie imposent d'exporter afin d'alléger le fardeau.

Comme d'autres secteurs de forte concurrence, la fabrication des armements, traditionnellement réservée à quelques grandes puissances, cesse d'être leur monopole. Beaucoup d'États du Sud, soucieux d'être maîtres de leur sécurité et/ou de s'affirmer dans la course technologique, édifient des industries d'armements : Afrique du Sud, Brésil, Inde, Israël, Corée du Sud…

B. Les tentatives de désarmement

Avec la décolonisation, l'émancipation du tiers monde, les débats en matière de désarmement sont dominés par la nécessité et l'extrême difficulté de bâtir des mécanismes légitimes et efficaces de police mondiale, comme l'indiquent l'exemple des zones dénucléarisées et celui du désarmement chimique.

1. Les zones dénucléarisées

Dans un système international toujours dominé par des États souverains, le désarmement, les propositions en la matière ne sont pas des fins en soi, mais des instruments, des enjeux politiques.

Parmi les thèmes classiques de la diplomatie de l'Union soviétique, figurait *la dénucléarisation*. Pourtant, l'URSS était l'une des deux superpuissances nucléaires. En proposant la dénucléarisation d'une région précise (élimination de toute arme nucléaire de cette zone), l'URSS savait embarrasser l'Occident, érigeant le nucléaire en atout décisif, et toucher des courants de sensibilité rejetant, eux, le nucléaire pour des raisons éthiques. D'où, à l'ère Brejnev (1964-1982) ou sous Andropov (1982-1983), des plans soviétiques relatifs à la Baltique ou aux Balkans. Il s'agissait d'amorcer la dénucléarisation de l'ensemble du continent européen.

Durant les années 1990, la dénucléarisation couvre soit des

espaces que les grandes puissances ont intérêt à laisser hors de leur rivalité (en particulier, traité de l'Antarctique, 1959), soit des zones où se rejoignent des revendications régionales et le jeu de toutes ou, au moins, de certaines puissances.

a) Le traité de Tlatelolco (Mexique, 14 février 1967)

Il exprime la volonté de la majorité des États latino-américains de maintenir leur continent hors de la compétition nucléaire militaire.

Cependant, certains États latino-américains (essentiellement l'Argentine et le Brésil) marquent leur volonté d'acquérir des armes nucléaires ; en novembre 1990, ces deux pays signent une déclaration commune de renonciation à l'arme nucléaire et donc rejoignent le traité de Tlatelolco.

Par ailleurs, le protocole I annexé au traité concerne les États qui ne sont pas latino-américains, mais ont des territoires sur ce continent (États-Unis, Pays-Bas, Royaume-Uni et France). Ces quatre États sont invités à s'engager à ne pas procéder à des essais nucléaires et à ne pas installer des éléments nucléaires en Amérique latine. Les quatre signent et ratifient le protocole.

Le protocole II, destiné aux puissances dotées d'armes nucléaires, leur demande de ne pas menacer la dénucléarisation de l'Amérique latine. Les cinq (États-Unis, Union soviétique, Chine, Grande-Bretagne et France) signent et ratifient ce document.

b) Le traité de Rarotonga (6 août 1985)

Relatif à la dénucléarisation du Pacifique Sud, il illustre la double dynamique d'un tel processus :

– *L'émancipation d'une zone immense,* comprenant deux ex-possessions britanniques (Australie, Nouvelle-Zélande) et également faite de micro-États, archipels séparés par des milliers de kilomètres, ayant accédé à l'indépendance dans les années 1970. Tous ces pays veulent être maîtres chez eux et n'acceptent plus que « leur » région serve de terrain d'expérimentations dangereuses. Ainsi, l'Australie et la Nouvelle-Zélande, étroitement liées aux États-Unis (ANZUS, 1951), contestent leur statut de protégés.

– *Les rivalités de puissances.* Au milieu des années 1990, l'Union soviétique est usée, mais une poussée impériale peut se poursuivre alors même qu'elle n'est plus soutenue par un élan historique ; d'où les gesticulations, au demeurant très ponctuelles, de Moscou dans le Pacifique et, en particulier, son adhésion au traité de Rarotonga. La Chine, en rejoignant le traité, se pose en puissance du Pacifique. Trois États sont gênés : le Japon, du fait de l'immersion dans l'océan de ses déchets nucléaires ; la France, en raison de ses essais en Polynésie ; enfin, les États-Unis, qui, au lendemain de la Seconde Guerre mondiale, font du Pacifique une mer américaine.

Le traité de Rarotonga s'inscrit dans ce mouvement d'émancipation, de contestation de l'Occident. Les grandes puissances subissent, elles aussi, cette vague de fond. Le 25 mars 1996, la France, le Royaume-Uni et les États-Unis signent le traité de Rarotonga, renonçant donc à utiliser cette zone pour d'éventuels essais.

c) Le traité sur l'Asie du Sud-Est (15 décembre 1995)

Les sept pays de l'ASEAN, auxquels se joignent la Birmanie (Myanmar), le Cambodge et le Laos, concluent à Bangkok un traité faisant de la région une « zone exempte d'armes nucléaires ».

d) Le traité de Pelindaba (11 avril 1996)

Ce traité est signé au Caire par 53 États d'Afrique, faisant du continent africain une région exempte d'armes nucléaires.

La dénucléarisation représente bien une dynamique du système international. Mais peut-elle stopper les ambitions de ceux pour lesquels l'arme nucléaire symbolise la sécurité et la puissance (Israël, Inde, Pakistan, Corée du Nord, Iran…) ?

2. Le désarmement chimique

Les gaz sont l'une des armes de la Première Guerre mondiale. En 1925, est adopté le protocole de Genève interdisant l'utilisation des gaz asphyxiants et des moyens bactériologiques. Si, par crainte de représailles, les gaz ne sont pas utilisés sur les champs de bataille de la Seconde Guerre mondiale, les puissances accumulent des stocks d'armes chimiques.

Dans les années 1980, quatre facteurs définissent le problème de ces armes :

• *Leur utilisation.* L'arme chimique est perçue comme l'« arme atomique du pauvre », en général mise en œuvre par des États qui voient en elle un moyen de destruction massive, aveugle, anéantissant toute volonté de résistance. Ainsi, les États-Unis lâchent des défoliants sur les forêts du Vietnam. L'Iraq de Saddam Hussein brise les vagues humaines de l'Iran khomeyniste ou réprime les rébellions kurdes par le recours systématique aux gaz.

• *Les modalités de fabrication des armes chimiques.* La chimie est l'une des composantes de tout développement industriel. La même usine peut fabriquer des médicaments et des gaz. La prolifération des armes chimiques peut représenter une sorte de sous-produit de la modernisation économique.

• *La mise au point d'armes bactériologiques.* D'où des scénarios apocalyptiques, annonçant la diffusion d'épidémies, la stérilisation de paysages pour des décennies. L'arme chimique, de bricolée, d'artisanale, se fait scientifique, industrielle.

• *Enfin, la renonciation à ces armes par les deux superpuissances.* Tant les États-Unis que l'Union soviétique mènent des recherches systématiques dans ce domaine, ayant parfois recours à l'arme chimique (États-Unis au Vietnam, Union soviétique en Afghanistan). La renonciation aux armes chimiques est l'un des gestes hautement symboliques qui jalonnent la détente des années Gorbatchev.

Les 7-11 janvier 1989, à l'initiative de la France, se tient à Paris une conférence sur le désarmement chimique. Son but est une convention universelle, interdisant non seulement l'usage mais aussi la fabrication des armes chimiques, et instaurant des mécanismes de surveillance (en particulier, inspections par défi – c'est-à-dire inspections-surprises). La Convention est ouverte à la signature les 13-15 janvier 1993. À l'opposé du traité de non-prolifération, qui s'articule autour d'une hiérarchie (le cercle restreint des États nucléaires, contrôlant la masse des États non nucléaires), la Convention sur les armes chimiques, elle, est démocratique, tous les États signataires acceptant les mêmes obligations. Par ailleurs, la Convention crée, à l'image de l'Agence internationale de l'énergie atomique, un mécanisme spécifique de surveillance avec *l'Organisation pour l'interdiction des armes chimiques* (OIAC), installée à La Haye, et ayant pour mission de vérifier les activités des industries chimiques, selon des modalités multiples (inspections régulières, inspections-surprises, mises en demeure).

Cette convention est un succès. En 2006, 180 États (98 % de la population de la planète) en font partie. Les récalcitrants sont soit des États très instables ou faillis (Angola, Somalie), soit des États voyous (Corée du Nord, Syrie). Des milliers de contrôles ont été réalisés, notamment dans des États à la souveraineté sourcilleuse (Russie, Chine…).

*

* *

Ainsi, la question du désarmement s'organise en définitive autour de six idées :

– *Tout processus de désarmement est indissociable des conditions politiques dans lesquelles il se déroule.* Dans l'Europe du rideau de fer, les négociations MBFR piétinent près de seize ans ; pourtant, les accords FCE sont discutés et signés en un peu plus de trois ans.

– *Les résultats en matière de désarmement sont obtenus moins pour des raisons éthiques que pour des motifs plus élé-*

mentaires. Une donnée l'emporte : les contraintes de la compétition technico-économique, le coût de plus en plus élevé des armements, ceux-ci subissant la même évolution que n'importe quel produit industriel (notamment incorporation massive d'électronique). Pour les États, les préoccupations de puissance et de contrôle sont remodelées par les impératifs commerciaux.

– *Dans un monde démocratique, dans lequel tous les États sont reconnus comme égaux, tout désarmement requiert probablement que les plus puissants donnent l'exemple.* Or les plus puissants (États-Unis, Russie, Chine…) disposent, avec leurs capacités militaires, d'atouts uniques. Comment accepter de perdre ce qui fait que l'on est le plus fort ? D'où les tergiversations de ces puissances face aux dispositifs multilatéraux (par exemple, échec de la Conférence des Nations unies sur les armes légères, du fait de l'opposition des États-Unis, de la Chine et de la Russie).

– *Tout dispositif de désarmement implique des contrôles, mais repose en définitive sur la bonne volonté et la surveillance réciproque des États.* Le 2 décembre 1998, le traité interdisant les mines antipersonnel, très demandé par les opinions publiques, soutenu avec succès par la princesse Diana, est enfin signé par 121 États. Mais les trois colosses de la planète – États-Unis, Russie et Chine – refusent de s'engager. La pression internationale se confirme efficace… dans les limites des jeux de la puissance.

– *L'idée de défense est en mutation.* Les désordres du système international multiplient à l'infini les formes de violence : guerre classique, guerre civile, guérilla, terrorisme… Un État développé, riche, peut-il être prêt pour toutes ces situations, au moment où les menaces massives s'évanouissent, où les contraintes financières et budgétaires se durcissent ?

Les imbrications entre défense (faire face à un ennemi) et police (mettre hors d'état de nuire des délinquants) sont soulignées par la notion d'*armes de destruction massive*. Il s'agit de toutes ces armes (nucléaires, chimiques, bactériologiques…) ayant pour trait commun leur capacité à anéantir instantanément des millions de personnes. Ces armes peuvent se retrouver entre les mains de protagonistes très divers : États « classiques », États voyous, terroristes, gangsters… Comment empêcher que les éléments les plus dangereux se procurent de telles armes ? Comment, dans un monde où la circulation des flux est la clé du développement et de la richesse, contrôler les trafics que peuvent susciter ces armes ? La seule voie possible est l'édification patiente par les États déterminés à jouer le jeu de dispositifs multilatéraux, dotés d'importants moyens de surveillance.

– Enfin, *une morale des armements est-elle possible* ? Ainsi, les exportateurs d'armes débattent-ils d'une éthique des ventes d'armements… Ceux-ci ne seraient fournis qu'à des États honorables, c'est-à-dire, au fond, n'ayant guère de chance de les utiliser. Mais que faire si l'acheteur est riche et douteux ?

4

L'organisation internationale des échanges

Dates clés

1er - 22 juillet 1944 :	Conférence de Bretton Woods (New Hampshire), définissant les règles du nouveau système international, créant le Fonds monétaire international (FMI) et la Banque internationale de reconstruction et de développement (BIRD).
5 juin 1947 :	Discours du général Marshall, proposant une aide économique des États-Unis à l'Europe dans le cadre d'une organisation commune.
30 octobre 1947 :	Accord général sur tarifs douaniers et commerce (GATT), en principe provisoire.
21 novembre 1947 - 24 mars 1948 :	Conférence de La Havane, visant à créer une organisation internationale du commerce. Non-entrée en vigueur de ce texte, en particulier du fait de sa non-ratification par les États-Unis.
16 avril 1948 :	Création de l'Organisation européenne de coopération économique.
25 janvier 1949 :	Création du Comité d'assistance économique mutuelle (COMECON), bloc économique des États socialistes.

24 mars 1957 :	Signature, à Rome, du traité du Marché commun (France, Allemagne fédérale, Italie, Benelux).
29 avril 1958 :	Conventions sur le droit de la mer (mer territoriale, plateau continental, etc.).
14 septembre 1960 :	Création, à Bagdad, de l'Organisation des pays exportateurs de pétrole (OPEP), comprenant initialement l'Arabie Saoudite, l'Iraq, l'Iran, le Koweït et le Venezuela.
23 mars - 16 juin 1964 :	Conférence des Nations unies sur le commerce et le développement (CNUCED). Institutionnalisation de cette structure.
8 février 1965 :	Partie IV du GATT, concernant les pays en voie de développement.
29 juillet 1965 :	Accord franco-algérien sur les hydrocarbures et le développement industriel.
15 mai 1967 :	Conclusion du Kennedy Round (réduction de 50 % des droits de douane en cinq ans sur les produits industriels).
Janvier 1971 :	Premier Forum de Davos (*World Economic Forum*), réunissant alors 444 hommes d'affaires et universitaires.
15 août 1971 :	Suspension par les États-Unis de la convertibilité du dollar en or.
16 juin 1972 :	Déclaration des Nations unies sur l'environnement, à Stockholm.
1er janvier 1973 :	Entrée du Royaume-Uni, de l'Irlande et du Danemark dans la Communauté européenne.
16 - 17 octobre 1973 :	Début du premier choc pétrolier : relèvement unilatéral des prix du pétrole par les États du Golfe arabo-persique ; réduction de leur production par les pays

de l'Organisation des pays arabes exportateurs de pétrole (OPAEP).

20 décembre 1973 : Premier arrangement multifibres périodiquement renouvelé. Jusqu'au 1er janvier 2005.

12 décembre 1974 : Résolution de l'Assemblée générale des Nations unies, adoptant la Charte des droits et devoirs économiques des États.

28 février 1975 : Première Convention de Lomé (Communauté économique européenne – 46 États d'Afrique, des Caraïbes et du Pacifique [ACP]). Création d'un système de stabilisation des recettes à l'exportation des ventes agricoles des ACP (STABEX).

15 - 17 novembre 1975 : Premier sommet, à Rambouillet, des principales démocraties industrielles (États-Unis, Japon, Allemagne fédérale, France, Grande-Bretagne, Italie).

8 janvier 1976 : Accords de Kingston (Jamaïque) : légalisation du flottement généralisé des monnaies.

3 mai 1976 : Quatrième CNUCED : programme intégré prévoyant des accords sur les matières premières, produit par produit.

16 janvier 1979 : Chute du shah d'Iran. Deuxième choc pétrolier.

12 avril 1979 : Fin des négociations commerciales multilatérales (Tokyo Round). Innovation majeure : les codes de bonne conduite (évaluation de la valeur en douane, marchés publics, subventions, normalisation).

31 octobre 1979 : Deuxième Convention de Lomé. Création du SYSMIN, visant à compenser, au cas par cas, des pertes de recettes d'États ACP exportateurs de produits miniers.

27 juin 1980 :	Accord portant création du Fonds commun pour les produits de base.
1er - 10 septembre 1981 :	Conférence sur les Pays les Moins Avancés (PMA), à Paris.
22 - 23 octobre 1981 :	Sommet de Cancun, rassemblant les chefs d'État ou de gouvernement de vingt-deux pays de l'Ouest et du Sud.
3 février 1982 :	Accord Sonatrach algérienne - Gaz de France, garantissant un prix d'achat du gaz algérien, et se voulant exemplaire dans les rapports Nord-Sud.
20 août 1982 :	Suspension par le Mexique du service de sa dette.
10 décembre 1982 :	Convention de Montego Bay sur le droit de la mer (ressources des hauts-fonds marins définis comme patrimoine commun de l'humanité).
22 juin 1984 :	Consensus de Carthagène, unissant les pays endettés latino-américains.
7 - 9 décembre 1985 :	Réunion à Genève de l'OPEP, renonçant à s'efforcer de maintenir les prix du pétrole. Début du « contre-choc » pétrolier.
Avril 1986 :	Abandon de l'accord franco-algérien de garantie de prix sur le gaz.
31 juillet 1986 :	Accord « historique » américano-nippon sur les circuits intégrés (limitations et prix planchers pour les exportations japonaises aux États-Unis).
20 septembre 1986 :	Ouverture de l'Uruguay Round, nouveau cycle de négociations commerciales multilatérales au sein du GATT (en particulier, agriculture, services, propriété industrielle...).
22 février 1987 :	Accords du Louvre visant à renforcer la coordination entre les politiques économiques et monétaires entre le Canada, la

	France, la République fédérale d'Allemagne, le Japon, la Grande-Bretagne et les États-Unis.
9 - 31 juillet 1987 :	Septième CNUCED. Effort d'une approche plus pragmatique du développement.
14 octobre 1987 :	Krach boursier.
Juin 1988 :	Obtention du nombre de ratifications nécessaires à l'entrée en vigueur du Fonds commun (27 juin 1980).
1989 :	Année de l'environnement.
14 - 16 juillet 1989 :	Sommet de l'Arche (Paris) des sept principales démocraties industrielles. Déclaration sur les rapports Est-Ouest : coordination par la Commission des Communautés européennes des aides à la Pologne et à la Hongrie, en vue de soutenir les réformes. Tentative avortée pour lancer l'idée d'un nouveau sommet Nord-Sud.
15 décembre 1989 :	Convention Lomé IV, conclue pour dix ans. Innovations : aide à l'ajustement structurel ; préservation de l'environnement ; promotion des droits de l'homme.
Juin 1990 :	« Initiative pour les Amériques » : proposition par le président des États-Unis, George Bush, d'un marché commun de l'Alaska à la Terre de Feu.
28 juin 1991 :	Dissolution du COMECON.
5 juillet 1991 :	Suspension des activités de la Bank of Credit and Commerce International (BCCI), scandale financier international majeur.
15 - 17 juillet 1991 :	Sommet des sept principales démocraties industrielles à Londres. Essentiel des débats consacrés à l'aide à l'URSS. À l'issue de la rencontre, échange de vues

	avec Mikhaïl Gorbatchev, accord en six points sur la transition en URSS.
28 janvier 1992 :	Déclaration des États de l'ASEAN (Association des nations de l'Asie du Sud-Est) (Brunei, Indonésie, Malaisie, Philippines, Singapour, Thaïlande) pour la création d'une zone de libre-échange dans un délai de quinze ans.
3 - 14 juin 1992 :	Sommet de la Terre à Rio de Janeiro.
1er janvier 1993 :	Achèvement du marché unique de la Communauté européenne.
1er janvier 1994 :	Entrée en vigueur de l'Association de libre-échange nord-américaine – ALENA ou NAFTA (États-Unis, Canada, Mexique). Entrée en vigueur de l'Espace économique européen – EEE (Union européenne et pays de l'Association européenne de libre-échange – AELE).
12-15 avril 1994 :	Signature de l'Acte final de l'Uruguay Round. Création de l'Organisation mondiale du commerce – OMC –, remplaçant le GATT.
14 avril 1994 :	Entrée du Mexique à l'OCDE.
5-13 septembre 1994 :	Conférence des Nations unies sur la population et le développement au Caire.
13 novembre 1994 :	Deuxième sommet de l'APEC (Coopération économique des pays de l'Asie et du Pacifique) à Bogor (Indonésie). Principe d'une zone de libre-échange transpacifique.
16 novembre 1994 :	Entrée en vigueur de la Convention de Montego Bay (10 décembre 1982).
9-11 décembre 1994 :	Sommet panaméricain (sauf Cuba) à Miami. Principe d'une zone de libre-échange panaméricaine en 2025.
20 décembre 1994 :	Dévaluation du peso mexicain, entraînant une grave crise financière. Sauvetage par

une aide de 50 milliards de dollars, ce dispositif étant mis sur pied par le président Clinton.

1er janvier 1995 : Naissance de l'Organisation mondiale du commerce – OMC –. Entrée en vigueur du Mercosur (Argentine, Brésil, Paraguay, Uruguay). Union européenne à Quinze (adhésion de l'Autriche, de la Finlande et de la Suède).

26-28 novembre 1995 : Lancement, à Barcelone, du Partenariat euro-méditerranéen.

1er mars 1996 : Premier sommet Europe-Asie (ASEM).

27 mars 1996 : Début de la crise de la « vache folle ».

2 juillet 1997 : Flottement du baht thaïlandais. Début de la crise asiatique.

1er octobre 1997 : Engagement, à Kyoto, des pays les plus industrialisés de réduire leurs émissions de gaz à effet de serre.

17 août 1998 : Flottement du rouble russe.

1er janvier 1999 : Naissance de l'euro, monnaie unique pour onze des Quinze États membres de l'Union européenne.

3 décembre 1999 : Échec de la conférence de Seattle pour de nouvelles négociations commerciales multilatérales.

24 mai 2000 : Signature à Nairobi d'un protocole sur la biosécurité, visant à réglementer le commerce des organismes génétiquement modifiés (OGM)

10 au 14 juillet 2000 : Conférence mondiale sur le sida. Débat sur l'accès aux médicaments à un prix abordable dans les pays les plus pauvres et les plus touchés

21 au 23 juillet 2000 : G8 proposant l'établissement d'un partenariat Nord-Sud, afin, notamment, de réduire la fracture numérique entre pays connectés à Internet et pays en marge de cette connexion.

25 au 30 janvier 2001 : Premier Forum social planétaire à Porto Alegre (Brésil). La rencontre se tient au même moment que le Forum de Davos et revendique une autre mondialisation, associant la société civile.

23 octobre 2001 : Lancement du Nouveau partenariat pour le développement de l'Afrique (NEPAD).

2 décembre 2001 : Déclaration de faillite du groupe Enron (secteur de l'énergie), mettant brutalement en lumière tous les vices du capitalisme américain (truquage des profits, négligence ou complicité des sociétés de comptabilité et d'audit…)

11 février 2002 : Abandon par l'Argentine de la parité peso-dollar. Cette décision est un constat de faillite de onze ans de politique monétaire et financière.

1er mai 2004 : Élargissement de l'Union européenne à huit pays d'Europe centrale et orientale (Estonie, Hongrie, Lettonie, Lituanie, Pologne, Slovaquie, Slovénie, République tchèque), plus Malte et Chypre.

1er janvier 2005 : Fin de l'accord multifibres (AMF), mis en place le 20 décembre 1973.

18-22 janvier 2005 : Conférence internationale sur la prévention des catastrophes naturelles à Kobe (Japon), confirmant ce type de questions comme l'une des priorités de la communauté internationale.

16 février 2005 : Entrée en vigueur du Protocole de Kyoto sur la réduction des gaz à effet de serre. 141 États, dont la Russie – mais non les États-Unis – sont engagés dans le dispositif.

16-18 novembre 2005 : Sommet mondial sur la société de l'information à Tunis.

1er juillet 2006 : Énième échec pour le lancement d'un nouveau cycle de négociations commerciales multilatérales.

4 juillet 2006: Admission du Venezuela comme cinquième membre du Mercosur (Argentine, Brésil, Paraguay, Uruguay), choix clairement politique affirmant la volonté du Mercosur de se distinguer des Etats-Unis.

19-20 septembre 2006 : Assemblée générale du Fonds monétaire international (184 États membres). Débat sur la révision de la répartition des quotes-parts et donc des droits de vote, afin de prendre en compte les nouveaux équilibres économiques mondiaux : centralité des États-Unis, émergence du Sud – Chine, Inde, Corée du Sud, Mexique – ..., recul de l'Europe, marginalité de l'Afrique.

Mars 2007: Entrée de l'Angola dans l'OPEP.

*

* *

Depuis la fin du XVIIIe siècle, lorsque commence la révolution industrielle, le système économique traverse trois grandes phases, changements internes et externes étant étroitement liés. Ces phases ne se succèdent pas de manière nette ; au contraire, elles se superposent, s'imbriquent parfois sur plusieurs décennies.

1. *De la fin du XVIIIe siècle aux années 1860-1870 : l'essor du libéralisme autour du Royaume-Uni*[1].

Dans la première moitié du XIXe siècle, la révolution industrielle reste limitée à l'Angleterre, à la Belgique, au Nord de la

---

1. Erich J. Hobsbawn, *L'Âge des révolutions (1789-1848)*, *L'Age du capital (1848-1875)*, *L'Âge des empires (1875-1914)* (3 vol.), trad. fr., Paris, Fayard.

France. Économie industrielle et libéralisme semblent être indissociables : l'ouverture des frontières permettra une division rationnelle du travail.

En 1846 et 1849, les *corn laws*, protégeant la production céréalière britannique, sont abolies, consacrant la vision d'une Grande-Bretagne importatrice de produits bruts et exportatrice de produits manufacturés. En 1860, le traité franco-britannique de libre-échange est l'un des autres exemples d'un industrialisme imaginant déjà un marché mondial unifié.

2. *Des années 1860 à la Seconde Guerre mondiale : du libre-échange à la quête de la suffisance.*

La guerre de Sécession (1861-1865) s'achève par la victoire du Nord industriel, protectionniste, sur le Sud agricole, libre-échangiste ; ce Sud, qui appartenait au réseau d'échanges du Royaume-Uni, se trouve désormais intégré dans l'espace économique nord-américain. En 1871, la victoire de la Prusse, unifiant l'Allemagne, sur la France annonce la venue d'une nouvelle puissance industrielle, qui, de 1870 à 1914, émerge comme la grande rivale d'une Angleterre déjà entrée dans le déclin, en dépit (ou à cause) de son expansion impériale.

Ainsi, le système d'échanges industriels se mondialise, laissant tout de même hors de ses réseaux de commerce et de transports d'immenses espaces. L'Inde, après la révolte des Cipayes (1857), devient une colonie de la Couronne britannique. La Chine avec la guerre de l'Opium (1839-1842), le Japon avec les visites du commodore Perry (1853 et 1854) sont ouverts à coups de canon. L'Afrique est partagée entre 1876 et 1912[1]. À l'extrême fin du XIXe siècle, la Russie, à son tour, décolle. C'est le temps des chemins de fer transcontinentaux, des paquebots, des empires coloniaux.

Désormais se heurtent la conception libre-échangiste et le protectionnisme industriel. En 1878, l'Allemagne de Bismarck adopte des mesures protectionnistes. En 1890, aux États-Unis,

---

1. Thomas Pakenham, *The Scramble for Africa (1876-1912)*, Londres, George Weidenfeld and Nicolson, 1991.

c'est le tarif McKinley. En 1892, en France, c'est le tarif Méline. Deux démarches s'opposent, parfois à l'intérieur d'un même pays : la recherche de marchés, qui exige le libre-échange ; la quête de la suffisance.

Avec les crises industrielles et surtout les deux guerres mondiales, la théorie du nationalisme économique, formulée notamment par Friedrich List dans la première moitié du XIXe siècle, s'impose, face au libéralisme, comme l'autre grand modèle. Qu'il s'agisse du « socialisme de guerre » de Walther Rathenau dans l'Allemagne de 1916-1918, de la planification soviétique, de la « Communauté économique européenne » décrite en 1942 par Walther Funk, ministre de l'Économie du IIIe Reich[1], de la « sphère de coprospérité asiatique » du Japon pendant la Seconde Guerre mondiale ou des empires coloniaux, toutes ces expériences invoquent le même schéma : mettre sur pied un espace autosuffisant d'échanges, fondé sur une répartition centralisée des tâches, et donc hiérarchisé.

Ce modèle a une influence capitale. Le bloc socialiste pousse cette vision jusqu'à l'absurde : chaque démocratie populaire, imitant le grand frère soviétique, se dote d'une industrie lourde. Nombre d'États du tiers monde – en particulier Chine maoïste, Inde, Algérie de Boumediene des années 1960 aux années 1980, Brésil des généraux de 1964 à 1985... – rêvent de constituer un tout, contrôlant sinon toutes ses ressources, au moins celles perçues comme stratégiques. La Chine maoïste revendique à la fois l'autosuffisance alimentaire et la maîtrise des industries de la puissance (atome, espace). Enfin, dans les années 1960 et 1970, le discours tiers-mondiste, fidèle à une philosophie volontariste, organisatrice, politique, imagine deux entités, le Nord et le Sud, échangeant dans l'égalité produits manufacturés et matières premières ; de même, l'idée de codéveloppement, entre, par exemple, l'Europe occidentale et l'Afrique, suppose un commerce, des investissements décidés par le politique.

1. Karl Von Bochum, « Aux origines de la Communauté européenne, continuité des conceptions géopolitiques allemandes ? », *Hérodote*, nos 14-15, 2e trimestre 1979, p. 92-122.

3. *Depuis la fin de la Seconde Guerre mondiale, la mondialisation inégalitaire.*

À l'issue de la Seconde Guerre mondiale, les plans allemand et japonais d'empires autosuffisants sont défaits. Les États-Unis tirent la leçon de la crise des années 1930, de l'engrenage conduisant de la fermeture des frontières à l'avènement de régimes totalitaires.

Un cadre universel, libéral, multilatéral d'échanges est défini (Fonds monétaire international, GATT). Mais cette approche est refusée par l'Union soviétique et son bloc, qui forment une sphère économique close sur elle-même. En outre, les pays décolonisés de la fin des années 1940 aux années 1970 optent en général pour le socialisme autosuffisant.

Tout au long des années 1960 et 1970, le libéralisme multilatéral est sur la défensive, idéologie d'États riches, qui, sous une rhétorique égalitaire, consolide les inégalités. Dans les années 1970, le tiers monde croit avoir trouvé le levier qui fera plier l'Occident : le pétrole. Un « nouvel ordre économique international », résultant de négociations Nord-Sud, est à portée de la main.

Or tout bascule à partir de la seconde moitié des années 1970. Les modèles socialistes, tant dans le bloc soviétique que dans le tiers monde, sont des échecs désastreux. À partir de 1976, la Chine, symbole du développement par ses propres forces sous Mao Zedong, s'engage dans des réformes radicales. Le Vietnam, exemplaire lors de son combat contre les États-Unis (1964-1973), n'est plus que l'un des pays les plus pauvres, les plus rigides de la planète. Les pays à imiter sont le Japon, la Corée du Sud, Taiwan, Singapour.

Avec l'écroulement du monde communiste en 1989-1991, rien, semble-t-il, ne s'oppose plus à la réalisation de la vision de 1945 : un système mondial d'échanges, caractérisé par l'ouverture des frontières, et surveillé par des institutions multilatérales. Mais cette mondialisation est dure, déchaînant une concurrence qui ébranle les puissances les mieux établies (notamment États-Unis face au choc japonais), et repoussant dans le fossé tous ceux qui ne s'adaptent pas (d'abord Afrique au sud du Sahara). Le libéralisme triomphant appellerait-il son rejet (percée de l'antimondialisation ou de l'altermondialisation, à l'aube du XXIe siècle) ?

L'appréhension du jeu international des échanges demande, dans un premier temps, d'analyser les évolutions du paysage économique international depuis 1945 (**I**). Puis il convient d'évaluer la place et le rôle des organisations économiques internationales, car celles-ci à la fois reflètent les rapports de puissance et aussi créent peu à peu des pratiques, des structures transcendant, tenant les États (**II**).

*

*   *

I. ÉVOLUTIONS DU PAYSAGE ÉCONOMIQUE INTERNATIONAL

A. De la fin des années 1940 aux années 1970 : un système atlantique

1. L'espace atlantique

En 1945, le sort de l'Allemagne oppose deux logiques. L'Union soviétique de Staline, qui a subi des souffrances terribles, reste fidèle au raisonnement traditionnel : l'Allemagne doit payer, être soumise à des réparations. Les États-Unis envisagent un moment la pastoralisation de l'Allemagne (plan Morgenthau), mais se souviennent de l'affaire des réparations, au lendemain de la Première Guerre mondiale. Faut-il punir ou réintégrer le vaincu dans le jeu international ?

Avec la guerre froide à partir de 1947, la mise sur pied d'un ordre économique international ouvert passe par la reconstruction de l'Europe occidentale et du Japon. Dans le même mouvement, les États-Unis lancent le plan Marshall (5 juin 1947) et créent le GATT, Accord provisoire sur les tarifs et le commerce (30 octobre 1947). Les États-Unis souhaiteraient aller plus loin, avec la Charte de La Havane (24 mars 1948) qui définit une Organisation des Nations unies pour le commerce. Le projet est peut-être trop ambitieux ; le Sénat des États-Unis (comme il l'a fait pour le traité de Versailles) ne ratifie pas la Charte.

Dans les années 1950 et 1960, se constitue un espace atlantique, politique, militaire, commercial. Ce domaine commercial se caractérise par l'émergence d'une Europe autonome (Communauté européenne du charbon et de l'acier en 1951, Marché commun en 1957). Les États-Unis veulent une Europe qui ne soit pas un fardeau permanent pour eux ; quant aux Européens de l'Ouest, ils tiennent dans leur intégration économique l'instrument d'une réconciliation, qui n'affecte pas les attributs les plus sensibles de la souveraineté (échec du projet de Communauté européenne de défense en 1954).

L'un des fondements de ce système occidental est la *stabilité monétaire*. Les accords de Bretton Woods (1944) prévoient un régime de parités fixes entre les monnaies, qui ne peuvent varier que dans d'étroites limites. Le dollar est considéré comme équivalent à l'or ; les États-Unis doivent traiter leur monnaie comme dotée d'une valeur intangible (35 dollars l'once). En 1959, le rétablissement de la convertibilité externe des monnaies européennes (1964 pour le yen japonais) marque la fin de la reconstruction et l'entrée du système monétaire dans sa phase normale.

Dans les années 1960, les premiers succès de l'unification communautaire conduisent les États-Unis du président Kennedy à vouloir l'insérer dans un ensemble atlantique (discours des deux piliers, Philadelphie, 4 juillet 1962). Pour Washington, la Communauté européenne ne peut exister que comme une composante d'un ensemble occidental sous direction américaine (d'où l'importance attachée à l'entrée du Royaume-Uni, le fidèle second, l'« allié spécial », dans la Communauté).

Le *Kennedy Round* (1964-1967) au sein du GATT doit accoucher d'une zone atlantique de libre-échange[1]. En fait, cette négociation commerciale multilatérale n'obtient que des réductions substantielles de droits de douane.

---

1. Selon le mandat confié par le Congrès des États-Unis à l'administration Kennedy, celle-ci peut accepter l'abolition des droits de douane pour les produits dont 80 % du commerce mondial sont réalisés par les États-Unis et la Communauté européenne. Mais la loi américaine de 1962 anticipe, en définissant la Communauté comme un ensemble incluant le Royaume-Uni. Or l'adhésion britannique bute sur l'opposition de la France gaullienne.

Et le Japon ? Jusque dans les années 1970 (chocs pétroliers), il est perçu comme un perturbateur marginal dont la concurrence ne touche que des produits précis (photographie, transistors).

2. Hors de l'espace atlantique

Le monde socialiste se développe hors des circuits internationaux. Jusque dans les années 1960, ses performances, même si ce ne sont souvent que des chiffres sur le papier, impressionnent.

Quant aux pays d'Asie ou d'Afrique, ils sont encore en pleine décolonisation. L'indépendance politique n'entraîne pas nécessairement l'abolition des liens économiques hérités de l'époque coloniale. En 1963, est créé le Groupe des 77, qui doit exprimer la vision qu'a le tiers monde des rapports économiques internationaux. En 1964, la première Conférence des Nations unies sur le commerce et le développement (CNUCED ou, selon le sigle anglo-américain, UNCTAD) se présente comme l'anti-GATT, elle doit être l'enceinte où l'Occident et le tiers monde négocieront dans l'égalité leurs relations économiques.

B. Les trois ébranlements de la décennie 1970

1. Les bouleversements monétaires et financiers

– Le *système monétaire* mis au point à Bretton Woods en 1944 fonctionne environ une dizaine d'années, de 1959 à 1971.

Le 15 août 1971, les États-Unis, pivot, régulateur du système, dévaluent le dollar et suspendent sa convertibilité en or, abandonnant l'« indifférence bienveillante » *(benign neglect)*, selon laquelle la monnaie de référence (le dollar) doit avoir une valeur intangible, et être gérée pour assurer l'équilibre du système. Non sans péripéties, les accords de Kingston (Jamaïque, 8 janvier 1976) consacrent le passage du régime des parités fixes à celui des taux de change flottants : les monnaies, comme n'importe quel bien ou service, ont un prix variant au jour le jour selon les lois du marché ; ces monnaies, par leurs mouvements, interviennent dans la compétition commerciale (en cette aube du XXIe siècle, tensions entre un dollar qui se déprécie, un euro ressenti comme surapprécié et des monnaies asiatiques (Japon, Chine) s'efforçant de garder leur avantage de compétitivité par rapport à la devise américaine).

Le système de Bretton Woods ne disparaît pas. Les taux de change flottants ne signifient pas l'absence de règles, mais leur soumission aux lois du marché. Le Fonds monétaire international demeure une instance de surveillance, de coopération, d'émission de liquidités (par exemple, Droits de tirage spéciaux à partir de 1968).

Enfin, notamment en raison de l'abandon des parités fixes, la concertation prolifère : sommets annuels des sept principales démocraties industrielles à partir de 1975 ; rencontres régulières des ministres des Finances (G5 puis G7-G8).

– Les *flux financiers internationaux* s'accroissent de manière spectaculaire. Dans les années 1960, apparaissent les eurodollars (dépôts en dollars auprès de banques situées hors du territoire des États-Unis, et donnant lieu à l'octroi de crédits). Cette notion s'élargit, concernant tout dépôt monétaire hors du territoire national. Dans les années 1970, ce sont les pétrodollars, revenus des pays exportateurs de pétrole recyclés par les banques. Dans les années 1980, le trafic industrialisé de la drogue est à l'origine des narcodollars en quête de « blanchiment ».

Les énormes masses d'argent ainsi en circulation sont extrêmement mobiles. Les marchés financiers se trouvent connectés les uns aux autres, formant un réseau mondial fonctionnant vingt-quatre heures sur vingt-quatre.

Dans les années 1960, l'Occident redoute une pénurie de moyens de paiement. L'inverse se produit, la création de l'argent n'appartenant plus aux seuls États, qui, d'acteurs monétaires et financiers internationaux uniques au lendemain de la Seconde Guerre mondiale, ne sont plus que des protagonistes importants. Cette abondance de l'argent installe les économies développées dans l'inflation, à la fois combattue et tolérée, le maintien de la croissance étant la priorité. De même, l'endettement devient une dimension structurelle du système : à un extrême, le dollar américain restant une monnaie refuge, les États-Unis, à partir des années 1980, s'installent dans un double déficit, budgétaire, commercial ; à l'autre extrême, le tiers monde, lui aussi, emprunte massivement. Le Mexique des années 1970-1980 illustre la dynamique de l'endettement : à partir de 1977, le Mexique, grâce à la hausse du prix du pétrole, redevient un exportateur significatif d'hydrocarbures et, dans l'euphorie, s'endette ; en août 1982, il se retrouve en faillite.

Ce système financier sécrète ses mécanismes de stabilisation. Tout au long des années 1980, la dette des pays du Sud doit mener à un effondrement du système. La catastrophe ne se produit pas : des plans de rééchelonnement ou de conversion des dettes sont négociés entre États débiteurs et créanciers ; les banques commerciales, souvent gravement secouées, établissent des provisions passant par pertes et profits certaines dettes ; le marché secondaire de la dette transforme les créances en titres à vendre et à acheter… Cette capacité de stabilisation est confirmée tout au long des années 1990. Fin 1994, la crise du Mexique est vite maîtrisée grâce à un « paquet » d'aides financières, établi par l'administration Clinton. En 1997-1998, la crise asiatique est finalement surmontée, non sans dégâts politiques collatéraux (principalement, en mai 1998, chute du président indonésien Suharto, au pouvoir depuis 1967). Il n'en reste pas moins que la globalisation économique et financière est un processus brutal, source de formidables inégalités et donc de révoltes (l'une des plus célèbres étant, en janvier 1994, l'insurrection « zapatiste » du Chiapas, l'un des États les plus pauvres du Mexique).

Durant l'automne 2001, l'Argentine, à son tour, s'enfonce dans une crise très grave de paiements. En 1991, le président au pouvoir, le péroniste Carlos Menem, et son ministre des finances, Domingo Cavallo, décident d'accrocher le peso argentin au dollar (mécanisme du *currency board*). Le principe est simple : tout détenteur de pesos peut à tout moment obtenir leur conversion immédiate en dollars des États-Unis (un dollar contre un peso). Ce système garantit en principe une formidable confiance dans l'économie argentine, tous les agents économiques, possédant des pesos, sachant qu'ils sont en mesure de les transformer en dollars dès qu'ils le souhaitent. Cette confiance permet à l'Argentine un endettement vertigineux. À la fin des années 1990, la belle construction s'effondre. En janvier 1999, le Brésil, principal partenaire économique de l'Argentine, laisse sa monnaie se déprécier. L'Argentine, tenue par son engagement « un dollar contre un peso », ne peut pas suivre. Les produits argentins vendus au Brésil atteignent des prix prohibitifs. L'économie argentine est étranglée. Les difficultés économiques entraînent une crise politique majeure (démission du président Fernando de la Rua, émeutes dans les rues).

La crise argentine constitue un test majeur pour le système financier international. D'un côté, l'Argentine ne peut pas être abandonnée à son sort, son effondrement risquant d'entraîner d'autres pays émergents. De l'autre côté, l'Argentine a bluffé, se donnant une discipline (un peso contre un dollar) qu'elle n'était pas capable d'assumer ; elle ne saurait échapper à une contraction douloureuse de sa richesse nationale. Cahin-caha l'Argentine maintient un dialogue toujours difficile avec le Fonds monétaire international. Tandis que ce dernier rappelle sans cesse à l'Argentine qu'elle doit poursuivre ses efforts d'assainissement si elle veut être aidée, l'Argentine, elle, considère qu'on lui demande toujours plus d'austérité et que l'on ignore les souffrances de sa population.

2. Les chocs pétroliers, sources de mythes

Au cours de l'automne 1973, l'OPEP obtient le quintuplement du prix du pétrole. L'Occident est déstabilisé, les chocs pétroliers des années 1970 survenant au moment où les Trente Glorieuses s'achèvent, où la croissance cesse d'être automatique. Pourtant, ce succès de l'OPEP est dû à une conjonction précise de conditions : l'OPEP réalise la quasi-totalité des ventes de pétrole sur le marché international ; l'organisation est unie ; les États-Unis, qui ont pour alliés très proches les deux plus gros exportateurs (Arabie Saoudite, Iran), acceptent cette hausse, qui rend rentables certains de leurs puits, et rappelle à l'Europe occidentale et au Japon leur vulnérabilité.

De ces événements, naissent trois mythes imbriqués :

– *Le pétrole est un produit brut exceptionnel, levier face à l'Occident.* La panique que déclenche le premier choc pétrolier peut faire croire à une poignée d'États (Arabie Saoudite d'abord, Iran, Iraq, Émirats du Golfe, Libye, Algérie...) qu'ils détiennent une arme absolue. Or :

• Les mesures d'embargo prises par l'Organisation des pays arabes exportateurs de pétrole au cours de l'automne 1973 n'atteignent pas le but qui leur est assigné : l'évacuation des territoires occupés par Israël, à la suite des pressions d'États occidentaux.

• Les effets de la hausse des prix du pétrole sont peu à peu absorbés par les pays occidentaux. Les prix des produits manufacturés, qu'achètent notamment les États pétroliers, augmentent. Les revenus massifs obtenus par ces États sont recyclés, réinjectés dans les circuits financiers internationaux et donc placés dans les pays riches. Plusieurs États occidentaux, qui, du fait de leur niveau de développement, ont tendance à consommer moins d'énergie par unité produite (déclin du taux d'intensité énergétique), mettent sur pied des politiques d'économie d'énergie.

• Le pétrole n'est pas l'arme du tiers monde, mais de quelques États sous le territoire desquels la nature a concentré les réserves d'hydrocarbures (deux tiers au Moyen-Orient, un quart en Arabie Saoudite). Les pays les plus durement frappés par les chocs pétroliers sont les pauvres du tiers monde, sans ressources pétrolières. Par ailleurs, la hausse des prix contribue à faire surgir de nouveaux producteurs, les NOPEP (Mexique, Grande-Bretagne, Norvège...).

Le premier choc pétrolier constitue un événement rare : la hausse des prix résulte bien d'une concertation des exportateurs, qui bénéficient d'une position alors très favorable. Le deuxième choc, en 1979, naît d'un hasard politique : la chute du shah d'Iran, entraînant pendant quelque temps l'arrêt des exportations de ce pays.

Le pétrole est-il un produit brut à part ? Les guerres – en particulier la Seconde Guerre mondiale – montrent son caractère vital : sans pétrole, la machine industrielle et donc militaire est paralysée. Toutefois, sur la longue durée, le prix du pétrole subit la même baisse relative, par rapport aux prix des produits manufacturés, que celui de n'importe quelle matière première.

– Les matières premières constituent, pour le tiers monde, autant d'armes face aux nations riches.

La réflexion tiers-mondiste, dans les années 1960 et 1970, part de la détérioration des termes de l'échange : le prix des produits que vendent les pays du Sud connaît une baisse constante relative par rapport au prix des produits qu'ils importent des pays industriels. L'établissement de rapports Nord-Sud équitables passe par un rééquilibrage de ces prix relatifs.

Cette vision s'appuie sur deux postulats :

- Cette détérioration des termes de l'échange est due à l'exploitation du Sud par l'Occident, d'une périphérie sans pouvoir par un centre s'appropriant et gaspillant les richesses de la planète. Or cette détérioration a peut-être une autre explication. D'où la valeur ajoutée vient-elle ? Du travail, de l'intelligence des hommes. Tandis que les matières premières demeurent des substances brutes, le tiers monde est conduit à acheter des biens incorporant de plus en plus de valeur ajoutée.

- Ce schéma des termes de l'échange oppose un Sud exportateur de matières premières et un Occident exportateur de produits manufacturés. La réalité se révèle beaucoup plus complexe ; en particulier, des États occidentaux (notamment les États-Unis) sont d'importants vendeurs de matières premières (produits agricoles…). En ce début de XXIe siècle, plusieurs pays d'Asie, dont d'abord la Chine – nation prolétaire –, deviennent d'importants exportateurs de produits industriels, notamment du fait de nombreuses multinationales occidentales implantant leurs usines dans des zones à bas salaires.

– Les produits bruts peuvent et doivent fonder un nouvel ordre international.

Le rêve d'un « nouvel ordre économique international », bâti sur une juste rémunération des matières premières, domine les années 1960 et 1970. Il reçoit un début de concrétisation par des accords de maîtrise des prix (étain, cuivre, cacao, café...), par les mécanismes du STABEX (stabilisation des recettes d'exportation) et du SYSMIN (aides financières pour des vendeurs de produits miniers) dans les rapports Communauté européenne - Afrique-Caraïbes-Pacifique.

Pourtant, ce rêve ne se matérialise pas. Les accords sur les matières premières connaissent une existence chaotique. Ils supposent des relations simples, fixes entre demande et offre. Les pays industrialisés importateurs ne cessent de s'adapter (appel à d'autres fournisseurs, recherche de substituts, recyclage...). Quant aux pays exportateurs, leur cohésion est l'exception : si l'offre est trop abondante, certains, notamment ceux qui ont une forte population ou sont endettés, se montrent prêts à vendre à n'importe quel prix ; à l'inverse, si l'offre est insuffisante, les fournisseurs tentent de maximiser leur revenu.

Dans les années 1980, trois faits illustrent cet échec d'un ordre global autour des produits bruts.

• En 1980, un accord au sein de la CNUCED crée un *Fonds commun pour les produits de base*. L'objectif est double : mettre en commun les accords de matières premières, afin de les gérer de manière concertée et ainsi de mieux amortir les fluctuations (premier guichet) ; financer, par les revenus ainsi obtenus, des projets de développement (deuxième guichet). En 1988, le nombre minimal de ratifications nécessaires pour l'entrée en fonctionnement du Fonds est réuni ; mais les accords de produits de base ont presque tous disparu.

• En 1982, la *Convention de Montego Bay sur le droit de la mer* est signée par 117 États. Ce texte définit les ressources des hauts-fonds marins (nodules polymétalliques) comme « patrimoine commun de l'humanité » : ces ressources sont confiées à une Autorité, dans le cadre de laquelle sera instituée une Entreprise chargée de l'exploitation de la moitié de ces richesses, les recettes ainsi réalisées aidant les pays en développement. Il s'agit de concrétiser la vision de richesses communes à tous les hommes, donnant lieu à une distribution équitable, afin de compenser les inégalités de situation.

Ce patrimoine commun est un reste, comprenant tout ce que les États ne se sont pas approprié (mer territoriale, zone économique exclusive, plateau continental ; part des nodules polymétalliques revenant aux États dits investisseurs pionniers, c'est-à-dire s'étant engagés dans des travaux de recherche). Le 16 novembre 1994, un an après la 60e ratification (Guyana), la Convention entre en vigueur. Toutefois, la question des ressources des hauts-fonds marins est loin d'être réglée. Les dispositions dirigistes de la Convention suscitent l'hostilité des grands pays industriels, ces derniers obtenant, par l'accord complémentaire du 28 juillet 1994, une réduction des pouvoirs et des coûts de l'Autorité et de l'Entreprise. Par ailleurs, les États-Unis ne sont pas partie à la Convention ; ils ne se sont liés qu'à l'Accord annexe sur la conservation de stocks de poissons. La non-participation de la première puissance planétaire à la Convention ne saurait que contribuer à affaiblir encore ce texte, qui, aujourd'hui, apparaît comme le produit d'un tiers-mondisme révolu.

• L'*OPEP*, unie dans les années 1970, se déchire dans les années 1980. La pénurie de pétrole se change en surabondance. Dans la première moitié des années 1980, l'Arabie Saoudite, qui, par ses immenses réserves, peut faire baisser les prix, tente en vain de briser toute autonomie chez ses partenaires de l'OPEP. Certains États exportateurs, engagés dans d'ambitieux programmes d'investissements ou/et dans la guerre (Iraq, notamment), sont aux abois. Enfin, hors de l'OPEP, s'affirment des exportateurs importants d'hydrocarbures. La Russie devient un acteur décisif sur le marché pétrolier et se montre déterminée à mener un jeu propre.

3. Les mutations technico-économiques

– De la Première Guerre mondiale aux années 1960, aux États-Unis et en Europe occidentale, une ère industrielle s'épanouit. Elle repose sur le charbon – puis surtout le pétrole – et l'acier. Ses symboles sont l'automobile et le char d'assaut.

À partir de la Seconde Guerre mondiale, et surtout des années 1970, une autre ère industrielle émerge, n'abolissant pas la précédente, mais la dépassant, l'enveloppant, la pénétrant. Cette nouvelle époque s'articule autour de trois industries liées – électronique, informatique, télécommunications –, qui transforment les secteurs mûrs, faisant d'un téléphone, d'une automobile, d'un avion ou de n'importe quel autre bien un ensemble d'éléments électroniques. Aux chaînes, aux ateliers alignant des milliers d'ouvriers, succèdent des usines robotisées, régies par l'ordinateur er surveillées par quelques individus.

En quoi ces révolutions industrielles affectent-elles les relations internationales ? Chaque mutation fournit, pour ceux qui ne font pas partie des puissances établies et veulent se faire une place au soleil, une occasion pour entrer dans le jeu. L'Allemagne de Guillaume II, à la fin du XIXe siècle, prend appui sur la chimie et l'électricité. À partir des années 1970, le Japon et certains Nouveaux Pays Industriels d'Asie maîtrisent très vite l'électronique.

À l'inverse, pour les puissances établies, toute mutation technico-économique représente une dure mise en question : des investissements, des installations sont périmés ; des millions d'emplois disparaissent.

Le monde socialiste illustre bien l'ébranlement radical que provoquent ces mutations. La planification soviétique développe une industrialisation quelque peu héritée du XIXe siècle : sidérurgie, cimenteries… Dès les années 1960, cette planification montre sa rigidité, sa difficulté à intégrer l'innovation (à cette époque, pétrochimie). Les États socialistes ne perçoivent pas l'ampleur des mutations de l'électronique, de l'informatique et des télécommunications. Cet aveuglement est dû à plusieurs raisons : fixation des prix non par le marché mais par l'administration ; lourdeur du système ; inerties bureaucratiques ; contrôle de l'innovation par l'État ; absence d'entreprises privées, renouvelant spontanément le tissu industriel ; assimilation du téléphone à un luxe superflu ; entraves multiples à l'utilisation des ordinateurs.

– Ces mutations technico-économiques se produisent alors que *le paysage industriel mondial est progressivement bouleversé*.

Jusque dans les années 1970, l'industrie est américaine et européenne. Le Japon n'est qu'un « marchand de transistors » (de Gaulle), un trouble-fête. Les États socialistes se développent en vase clos, selon leur modèle.

Après l'Europe occidentale, l'Amérique du Nord, la zone Asie-Pacifique, à partir du Japon, émerge : d'abord les Quatre Dragons (Corée du Sud, Taiwan, Hong Kong, Singapour) ; puis la Thaïlande, la Malaisie, l'Indonésie, enfin les deux colosses : la Chine et l'Inde.

Une nouvelle carte industrielle se dessine, avec, sur les rivages du Pacifique, un espace de forte croissance. Mais l'Asie-Pacifique demeure fragile (crise de la fin des années 1990). En outre, une puissance dite mûre peut garder une formidable capacité de rebond (États-Unis durant les décennies 1990 et 2000).

– Ces mutations technico-économiques, ces transformations de la géographie industrielle s'accompagnent de *modifications probablement irréversibles dans les rapports entre États et entreprises*.

• Vis-à-vis des entreprises, *l'État* peut assumer deux rôles : fixer les règles de concurrence, organiser et surveiller le marché (conformément à la vision libérale) ; soutenir le développement de certaines entreprises, de certains secteurs, par des protections, des subventions, des détaxations, des achats publics (selon une démarche colbertiste).

Or les États, lorsqu'ils acceptent *les contraintes de la compétition internationale*, se trouvent enserrés dans un nombre croissant de règles. En particulier, la mission économique de l'État libéral – légiférer, faire la police – tend à être assumée de plus en plus par des organisations internationales : le GATT puis l'OMC pour les échanges mondiaux ; la Communauté européenne pour ses États membres. Il en résulte des tensions : les États à la fois conservent des compétences dans ce domaine et gardent la responsabilité du développement économique national ; les pouvoirs des instances internationales sont mal acceptés. À cet égard, la Communauté européenne constitue un laboratoire, avec une législation s'appliquant directement (règlements) ou s'incorporant dans celles des États membres (directives), avec les contrôles de la Commission et de la Cour de justice des Communautés.

Quant aux *interventions industrielles des États*, elles sont guidées par des préoccupations d'indépendance, de sécurité, de puissance : maîtriser les secteurs considérés comme stratégiques (industries d'armement, aéronautique, espace, atome...). Ce souci subsiste, mais il doit s'inscrire dans une logique d'interdépendance, du fait du coût des investissements, de la nécessité d'associer de très nombreuses techniques. Dans les années 1980, tandis que le système autarcique de l'URSS s'effondre (l'espionnage scientifique et technique ne remplaçant pas le besoin d'échanges quotidiens), les États-Unis, seule hyperpuissance, découvrent qu'il leur est désormais de plus en plus difficile de réaliser seuls l'un des instruments clés de leur force militaire (débats sur la coopération avec le Japon pour la fabrication de leur futur avion de combat).

• *Les entreprises* – d'abord celles des grands secteurs industriels (automobile, chimie, aéronautique, électronique, télécommunications...) et des services (banques, assurances, transports, tourisme) – ne peuvent échapper à l'impératif d'internationalisation, condition de leur développement, mais aussi source de vulnérabilités.

Certes, pour une entreprise, le marché national demeure vital ; c'est sa base de repli. Mais ce marché est souvent ouvert, soumis à la concurrence. L'État, protecteur de ce marché, doit aussi tenter d'assurer le plein emploi et donc attirer les investissements étrangers, créateurs d'entreprises qui concurrencent celles du pays d'accueil. Aux États-Unis, le Japon est à la fois le rival, par ses percées dans l'automobile, l'électronique, la finance, mais aussi le pourvoyeur d'emplois par ses implantations industrielles, qui, fabriquant aux États-Unis, échappent aux accords de limitation des importations imposés à Tokyo par Washington.

L'internationalisation des entreprises est une réalité ancienne. Les Compagnies des Indes, du XVIe au XIXe siècle, avaient bien une vocation commerciale intercontinentale. Aujourd'hui, l'internationalisation atteint une ampleur jamais connue, combinant flux commerciaux, flux d'investissements, mouvements de capitaux, coopérations techniques. Dans les pays pauvres d'Afrique ou d'Amérique latine, l'internationalisation paraît toucher une partie infime de la population, celle des grandes villes, mais perturbe peu à peu l'ensemble de la vie sociale, d'abord par l'arrivée de produits, d'images, signes d'une richesse lointaine, invitations à l'émigration. Dans les pays hautement industrialisés, l'internationalisation est omniprésente. Ainsi, en France, considérée, à tort, comme peu ouverte, opèrent, en 1996, plus de 4000 entreprises étrangères, assurant 24 % de l'emploi, réalisant 30 % des investissements et 33 % des exportations. À la fin des années 90, les investisseurs étrangers détiennent 40 % du capital des entreprises françaises (16 % au Royaume-Uni, 10 % en Allemagne, 7 % aux États-Unis). Parallèlement les grandes entreprises françaises s'internationalisent de plus en plus, jouant la mondialisation : recherche des marchés nouveaux, mais aussi quête d'emplois moins coûteux.

II. LES ORGANISATIONS INTERNATIONALES ET L'ÉVOLUTION DU SYSTÈME ÉCONOMIQUE

La multiplication des organisations internationales s'inscrit dans les mouvements de fond du système mondial. L'explosion des interdépendances de toutes sortes requiert la définition de règles du jeu. Mais il ne suffit pas de poser ces règles ; il faut les faire vivre, assurer leur respect. Les institutions internationales fournissent ce cadre multilatéral chargé d'harmoniser, de coordonner les activités internationalisées : télégraphe, poste, transports, commerce… Les organisations prennent place dans une multitude de réseaux officiels et informels, publics et privés, juridiques et politiques. Les rapports interétatiques ne sont que l'une des grandes composantes d'un monde enchevêtré, encombré.

À l'issue de la Seconde Guerre mondiale, pour les États-Unis, la paix suppose l'établissement de structures multilatérales. Elles doivent à la fois empêcher les États de se replier sur les pratiques qui, dans les années 1930, ont suscité un climat d'affrontement (fermeture des frontières, manipulation des monnaies…) et ébaucher des formes de solidarité globale. Ces structures multilatérales doivent contraindre les États à résoudre leurs oppositions par la négociation. La règle est indissociable d'un dialogue permanent, d'une recherche du compromis.

Depuis la fin de la Seconde Guerre mondiale, deux organisations dominent le jeu des échanges : le Fonds monétaire international (FMI) ; le GATT (General Agreement on Tariffs and Trade – Accord général sur les tarifs et le commerce) remplacé, le 1er janvier 1995, par l'Organisation mondiale du commerce – OMC –. Une troisième, la Conférence des Nations unies sur le commerce et le développement (CNUCED), n'a jamais vraiment trouvé sa place. Les traits, les lacunes, l'évolution de ces organisations apportent autant d'illustrations des interactions entre réalités et institutions. Les secondes ont pour mission de discipliner les premières, elles doivent se placer au-dessus du désordre des faits ; mais toute institution, produit d'un moment historique, se trouve tiraillée entre la configuration des forces qui l'a engendrée et la formation de nouvelles configurations.

A. Le Fonds monétaire international (FMI)

En juillet 1944, alors que la Seconde Guerre mondiale n'est pas achevée, la conférence de Bretton Woods pose les fondements d'un nouveau système international. Les discussions sont hantées par les erreurs et les drames de l'entre-deux-guerres, les tentatives pour revenir à l'« âge d'or » d'avant 1914, les cloisonnements monétaires des années 1930.

À Bretton Woods, deux démarches s'opposent. D'un côté, le Royaume-Uni sait que sa position du XIXe siècle, au centre du système monétaire international, est irréversiblement perdue ; il reste à son représentant, John Maynard Keynes, à proposer une monnaie internationale échappant aux États, le bancor. De l'autre côté, les États-Unis, conscients d'être la puissance pivot, se méfient de l'utopie ; ils veulent des règles, des mécanismes qu'ils contrôlent.

1. 1944-1971 : la reconstruction d'un ordre monétaire occidental, libéral et multilatéral autour des États-Unis

À l'issue de la Seconde Guerre mondiale, l'objectif des États-Unis est de reconstruire un ordre monétaire libéral, proche de celui du XIXe siècle, mais tirant les enseignements des turbulences des années 1930. Les principes sont la stabilité des taux de change, l'interdiction des manipulations monétaires (taux de change multiples, dévaluations compétitives), la convertibilité des monnaies.

– *Le Fonds monétaire international*, institution spécialisée des Nations unies, est, à l'origine, une organisation essentiellement occidentale. L'URSS, présente à la conférence de Bretton Woods, ne ratifie pas les accords ; le monde socialiste reste en marge du système jusque dans les années 1980. Nombre de pays en développement rejoignent le FMI, restant en général spectateurs au moins jusqu'aux débats sur la dette à partir des années 1980.

Le Fonds est le garant, le gardien de l'ordre monétaire : surveillance des politiques de change des États ; soumission des modifications de parité (dévaluations, réévaluations) à son accord. Par ses ressources propres (quotes-parts des États membres, constituant le capital du Fonds), puis par des formules d'emprunts, le Fonds aide les États membres à faire face à des difficultés temporaires de paiement. *Le Fonds est autant une banque qu'un club,* dans lequel les États entrent par le versement d'une souscription (quote-part), s'engageant à respecter un code de conduite, et obtenant, en contrepartie, des facilités diverses.

Le système suppose donc des États adhérant à une vision libérale de l'économie, et n'ayant dans leurs relations aucun déséquilibre structurel. Les règles sont claires et les disciplines finalement acceptées.

– Au cœur du système se trouvent *les États-Unis*, dont la monnaie, le dollar, est équivalente à l'or (étalon de change or). Du fait de cette centralité, le dollar doit être parfaitement stable, les États-Unis le gérant conformément à l'intérêt général du système (*benign neglect*, indifférence bienveillante).

– *En 1959*, les économies ouest-européennes et japonaise reconstruites, *le système entre dans son régime de croisière* : les monnaies de ces pays, stabilisées, sont à nouveau convertibles pour les transactions courantes.

2. Depuis 1971, l'émergence d'un système financier et monétaire réellement universel, aux règles mouvantes

Le 15 août 1971, le président Nixon procède à une dévaluation de fait du dollar et suspend sa convertibilité en or. De 1971 à 1976, s'opère une transition des taux de change stables au flottement généralisé des monnaies. Désormais, comme n'importe quel bien ou service, les monnaies se trouvent soumises aux lois du marché. D'où des fluctuations considérables, les acheteurs et vendeurs de monnaies agissant en fonction aussi bien des données réelles (évolution des grandeurs économiques : croissance, inflation…) que de perceptions personnelles : par exemple, dans la première moitié des années 1980, le dollar ne cesse de s'apprécier, poussé par l'optimisme reaganien, alors que les déficits (budgétaires, commerciaux) se creusent. Les États, loin d'être maîtres de leur monnaie, peuvent intervenir, avec leurs réserves en devises, par le recours au crédit, par l'appel à la coopération d'autres États ; cependant, ils se trouvent ballottés par les mouvements spéculatifs.

Un autre paysage se dessine, transformant les fonctions du Fonds monétaire international.

a) Ce paysage obéit à trois dynamiques essentielles :

– *L'accroissement et l'extrême mobilité des mouvements d'argent*. La création de la monnaie et du crédit n'est plus le monopole des États. Les marchés d'eurodevises – sources de financement à partir des dépôts, d'abord en dollars puis dans d'autres monnaies, auprès des banques étrangères – se développent de manière spectaculaire. Des masses d'argent – par exemple, pétrodollars à la suite des chocs pétroliers, narcodollars apportés par les trafics de drogue – cherchent à « se recycler », à « se blanchir ». L'enrichissement spectaculaire des élites de la mondialisation (chefs de grandes entreprises, opérateurs bancaires et financiers...) entraîne l'apparition de nouveaux mécanismes de valorisation des capitaux. Ainsi les fonds d'arbitrage (*hedge funds*), gestionnaires de grandes fortunes ; ces fonds naissent en 1997, manipulant une dizaine de milliards de dollars ; en 2005, huit ans plus tard, leurs portefeuilles s'approchent des vingt trillions de dollars. Tout facilite la circulation de ces sommes : liaisons entre les marchés ; rapidité des communications ; impuissance des États : s'ils tentent de fermer leurs frontières, ils se coupent des circuits internationaux. Les dispositifs de contrôle des changes disparaissent, les États sachant que leur maintien dissuade l'investisseur étranger. Ainsi, dans l'Argentine en crise, en 2002, les mesures sévères qu'impose le gouvernement pour empêcher la fuite des capitaux, à la fois provoquent la révolte de la population et tétanisent les grandes entreprises étrangères présentes dans ce pays.

– *L'emprise de la compétition sur l'État*. L'État, d'entité souveraine, n'est plus que l'un des protagonistes du jeu monétaire international, où interviennent multinationales, banques et même individus.

Pour un État, appartenir au Fonds monétaire international signifie : se soumettre aux contraintes de l'ouverture, aux disciplines financières ; avoir accès à certaines ressources ; enfin, se brancher sur les réseaux internationaux. À partir des années 1980, tant les États du tiers monde que les pays de l'Est, constatant l'échec de leurs expériences dirigistes, regardent le Fonds à la fois comme le symbole, l'instrument des rigueurs de l'internationalisation et aussi comme un intermédiaire indispensable, sans le soutien duquel rien n'est possible. En 1990, les institutions financières internationales se donnent comme doctrine le « consensus » de Washington. Il s'agit d'une liste de dix principes, allant de la rigueur budgétaire au respect des droits de propriété. Pour bénéficier d'un plein accès aux ressources financières de toutes sortes, les pays en développement doivent se soumettre à ces exigences (conditionnalité).

– *La mondialisation et l'anarchie du système monétaire international*. Dans les années 1970, ce sont les États-Unis qui détruisent l'un des fondements du système. Inquiets de la dégradation de leurs positions commerciales, ils n'admettent plus que leur monnaie constitue un élément d'intérêt commun, dont la valeur ne peut être modifiée. Le dollar devient en principe une monnaie comme les autres. Pourtant, il garde une situation centrale ; il demeure l'ultime monnaie refuge, du fait de la faible vulnérabilité du territoire des États-Unis, de leur relative capacité à vivre sur eux-mêmes en cas de catastrophe internationale. Les États-Unis peuvent continuer d'accumuler durablement des déficits, s'endetter lourdement. De nouvelles puissances financières et monétaires s'affirment : Japon, Allemagne fédérale…, mais elles savent que leur prospérité, leur stabilité sont liées à l'Amérique. À partir des années 1970, l'émergence de l'Arabie Saoudite, devenue le sixième souscripteur du Fonds (derrière les États-Unis, le Japon, l'Allemagne, la France et la Grande-Bretagne), semble annoncer la venue d'un nouveau type d'acteurs financiers et monétaires, accumulant en quelques années des ressources significatives, devenant des prêteurs non négligeables, mais conservant une fragilité fondamentale (en ce qui concerne l'Arabie Saoudite, la conjonction de ses réserves pétrolières, de sa localisation dans le golfe Persique et de sa faiblesse militaire structurelle). En ces années 2000, l'élargissement du paysage financier mondial s'amplifie. La Chine et nombre de pays asiatiques, par leur épargne considérable – s'accompagnant d'excédents commerciaux massifs –, s'imposent comme des protagonistes essentiels des équilibres monétaires internationaux.

b) Le Fonds monétaire international, tout en gardant des fonctions de police, apparaît surtout comme un point fort des réseaux internationaux, intervenant moins par des sanctions formelles que par des pressions, des négociations.

– *Le Fonds continue d'être un fournisseur de crédits,* les capacités d'emprunt des États dépendant de leurs quotes-parts au Fonds. Les ressources du Fonds n'ont cessé de croître (quotes-parts des États : 7 milliards de dollars au lendemain de la Seconde Guerre mondiale ; 100 en 1983 ; 175 en 1990 ; 308 en 2006). Le Fonds perfectionne ses techniques financières : au-delà des accords « classiques » de confirmation *(stand by),* multiples facilités spéciales destinées à aider les États ayant des difficultés temporaires de balance des paiements, mécanismes élargis pour faire face à des problèmes structurels, facilités pour la réduction de la pauvreté, aides d'urgence…

– Le Fonds monétaire international est une institution de référence, l'un des piliers du multilatéralisme.

• Chaque année, la réunion de l'assemblée générale du FMI et de la Banque mondiale est l'occasion, pour les banquiers et financiers de la planète, de faire le point sur la situation économique mondiale. C'est aussi le moment des initiatives (par exemple, plans de rééchelonnement de dettes).

• Le FMI est un point de passage quasi obligé pour tout État ayant des difficultés financières, les consortiums bancaires internationaux exigeant, comme condition préalable à leurs crédits, un accord entre l'État concerné et le FMI, établissant un programme d'ajustement structurel. Le FMI est alors un « catalyseur » de crédits [1]. En décembre 1994, la crise financière que traverse le Mexique – vente massive de bons du Trésor mexicain, libellés en dollars – confirme cette fonction du FMI : un programme de 50 milliards de dollars pour sauver le Mexique est mis sur pied, 20 étant fournis par les États-Unis et 18 par le FMI.

• Les pays développés accédant directement aux marchés internationaux, le FMI est un partenaire essentiel pour les pays en développement. Il est, pour eux, un pédagogue sévère, leur montrant que l'insertion dans les échanges inter-

---

1. L'Union soviétique illustre cette problématique de l'insertion dans les circuits économiques et financiers internationaux. En 1944, l'URSS, deuxième pilier de la Grande Alliance, participe à la conférence de Bretton Woods, signe les accords mais ne les ratifie pas. De 1944 à l'expérience Gorbatchev (1985-1991), l'URSS ignore le FMI. Gorbatchev, dans sa tentative désespérée pour sauver un socialisme soviétique réformé, a besoin de toutes les aides internationales. À partir de 1986, il se bat en vain pour faire entrer l'URSS au FMI mais n'obtient, dans les enceintes occidentales, qu'un strapontin (échange de vues à l'issue du sommet des sept principales démocraties industrielles, à Londres, en juillet 1991). En 1992, les Républiques issues de l'ex-Union soviétique, la Russie en tête, rejoignent toutes le FMI.

nationaux requiert une politique économique rigoureuse. Ces pays dits émergents, à leur tour, s'enrichissent vite et apprennent à utiliser les marchés sans intermédiaire.

c) Depuis les années 1990, le FMI est durement mis en cause.

Les crédits faits par le FMI se sont considérablement accrus. Le FMI devient une sorte de pompier planétaire. Qu'une crise survienne, en Amérique latine, en Asie, en Russie, en Argentine, il est immédiatement sollicité pour à la fois apporter les secours immédiats nécessaires et mettre sur pied une politique de restructuration économique. Avec la crise asiatique en 1997, puis la crise russe en 1998, les reproches se multiplient autour de trois arguments souvent injustes (le Fonds étant un facile bouc émissaire) :

– Le FMI ne prévoirait pas les crises. Or le Fonds travaille avec les gouvernements, ses mises en garde se doivent d'être confidentielles et peuvent toujours être écartées (ainsi que le fait la Thaïlande en 1997). De même, en 1991, le FMI exprime ses réserves à l'encontre du *currency board* en Argentine (1 peso = 1 dollar), mais ce pays passe outre, la catastrophe survenant dix ans plus tard.

– Le FMI encouragerait l'imprudence des prêteurs, ceux-ci étant certains que le Fonds viendra au secours des pays en difficulté (notion d'aléa moral – *moral hazard*). Mais les aides du FMI ne garantissent en rien une prise en charge complète et automatique des dettes des États en crise, les prêteurs perdant finalement beaucoup d'argent.

– Enfin, le FMI préconiserait toujours la même médecine : le consensus de Washington (stabilisation des prix, assainissement budgétaire, privatisations…), ne tenant pas compte des réalités spécifiques de chaque pays. Le Fonds demeure un organisme technocratique, soucieux de stabilité financière. Il n'est pas un pouvoir politique, responsable devant une population.

Les attaques les plus vigoureuses contre le FMI viennent, comme toujours, des États-Unis, prompts à dénoncer les bureaucraties internationales (FMI, mais aussi ONU). En novembre 1999, le Français Michel Camdessus, directeur général du Fonds, s'en va « pour raisons personnelles ». En fait, il n'a plus la confiance des États-Unis, qui voient en Michel Camdessus un « socialiste ».

La question de la réforme du Fonds est donc posée. Mais, ici, deux visions s'opposent : pour l'une, ambitieuse, le Fonds doit devenir une banque centrale mondiale, un prêteur de dernier ressort pour tous les systèmes bancaires ; pour l'autre, ultra-libérale, très présente au sein de l'administration Bush, le Fonds et sa sœur, la Banque mondiale, doivent se centrer sur une mission bien précise : l'aide aux pays les plus pauvres.

En cette fin des années 2000, la question centrale est politique. La distribution des quotes-parts – parts des États membres dans le capital du Fonds – reflète un monde qui n'existe plus. Les États-Unis, qui produisent près de 30 % de la richesse mondiale, ne disposent que de 17,38 % des quotes-parts. Le Japon (6,23 % des quotes-parts ; 12,5 % de la richesse mondiale), la Chine (2,98 % des quotes-parts ; 4,5 % de la richesse mondiale) et d'autres pays émergents (Mexique, Turquie…) se trouvent sous-représentés, tandis que les vieilles nations européennes sont sur-représentées : Royaume-Uni (5,03 % des quotes-parts ; 4,5 % de la richesse mondiale) ; France (5,03 % des quotes-parts ; 4,5 % de la richesse mondiale) ; Pays-Bas (2,42 % des quotes-parts ; 1,32 % de la richesse mondiale).

B. Du GATT à l'OMC

Comme l'évolution du FMI, celle du GATT, la naissance de l'Organisation mondiale du commerce – OMC – éclairent les transformations structurelles du système économique international, son élargissement, l'apparition de nouveaux acteurs, de nouvelles sphères d'échanges (techniques de pointe, services…).

1. De 1947 à 1979, le GATT, cadre du commerce occidental

Le GATT naît comme une structure provisoire, appelée à être remplacée par une Organisation internationale du commerce (Charte de La Havane, 28 mars 1948). Cette organisation reste sur le papier, et le GATT dure.

De 1947 à 1979, les négociations du GATT, en particulier le *Kennedy Round* (1964-1967) et le *Tokyo Round* (1973-1979), se déroulent essentiellement entre États occidentaux (États-Unis et Europe occidentale).

Le mécanisme de base est *la clause de la nation la plus favorisée*, selon laquelle tout avantage que s'accordent deux des parties contractantes du GATT bénéficie automatiquement à toutes les autres. Tel est bien l'esprit du multilatéralisme. La clause de la nation la plus favorisée suppose des États se trouvant à peu près à égalité face à la concurrence internationale, afin que les concessions mutuelles ne profitent pas seulement aux puissances les mieux établies.

Le cœur des négociations porte sur les droits de douane. Il s'agit à la fois de les réduire et de les rendre plus homogènes. Tel est l'un des enjeux du Kennedy Round, les tarifs américains étant plus élevés et plus ouverts que le tarif extérieur de la Communauté. À la fin des années 1940, les tarifs douaniers majeurs représentent 40 % du prix des produits ; après le cycle de l'Uruguay, moins de 5 %. Ces tarifs constituent désormais un obstacle marginal au commerce entre pays industrialisés.

2. *Les bouleversements du paysage commercial international*

– À partir des années 1960, du fait de la décolonisation, *les pays en développement* deviennent l'une des parties prenantes du système économique international. Ils commencent par rejeter le GATT, forment un bloc (en 1963, groupe des 77, qui, en 2006, rassemble 133 États) et obtiennent une structure propre de négociations commerciales, la Conférence des Nations unies sur le commerce et le développement créée en 1964.

Le GATT s'efforce de prendre en compte cette nouvelle donne (adjonction d'une partie IV à l'Accord, relative au commerce et développement, adoptée le 26 novembre 1964).

Mais, d'une part, le GATT postule l'égalité des parties contractantes face à la compétition. Or les pays en développement soulignent l'inégalité dans laquelle ils se trouvent et revendiquent des formules de compensation (préférences). D'autre part, les pays riches apprennent à redouter la concurrence de certains pays en développement. Le 20 décembre 1973, *l'accord multifibres* (AMF) est conclu sous les auspices du GATT ; or cet accord, qui réglemente le commerce des produits textiles, vise clairement à protéger les pays industriels face à l'irruption des nouveaux producteurs. Le démantèlement de l'AMF est organisé par les accords de l'*Uruguay Round*. Ce démantèlement intervient en 2005. Le choc est rude tant pour les pays occidentaux, ne pouvant conserver que des activités textiles à très haute valeur ajoutée, que pour nombre de pays du Sud ; le Mexique, où des entreprises nord-américaines ont créé des usines de textiles (*maquiladoras*), est abandonné au profit de la Chine à la main-d'œuvre moins coûteuse.

– *Les pays de l'Est,* avec leur commerce d'État, restent en dehors du système (même si la Pologne, la Hongrie, la Tchécoslovaquie et la Roumanie sont des participants nominaux du GATT) et privilégient l'autosuffisance, échangeant entre eux selon des formules de troc (division socialiste du travail au sein du COMECON). À partir des années 1960, la détente Est-Ouest appelle le commerce entre les deux blocs. Celui-ci reste modeste, marginal, régi également par le troc (accords compensés, pouvant associer des pays occidentaux, des pays de l'Est et des pays du tiers monde).

– Entre *pays développés*, la concurrence se fait plus âpre à partir des années 1970. Les États-Unis se sentent menacés (dans les années 1980, débats autour du *« managed trade »* – Lester Thurow –, c'est-à-dire d'un libéralisme organisé). La Communauté européenne devient une zone privilégiée d'échanges, accusée, dans la seconde moitié des années 1980, avec l'achèvement du marché unique (objectif 1993), de se constituer en forteresse. Le Japon, un moment ébranlé par le premier choc pétrolier (1973), défie, dans les années 1980, la puissance américaine dans des secteurs où elle se croyait sans rivale (automobile, électronique). D'où la multiplication des accords d'autolimitation : en particulier, le Japon s'engage à limiter certaines de ses exportations vers les États-Unis et l'Europe occidentale.

– *Les échanges sont des opérations de plus en plus complexes,* combinant commerce, investissements, coopérations techniques. Ainsi, en France, 30 % de la production industrielle sont réalisés par des filiales d'entreprises étrangères ; aux États-Unis, plus du quart des 400 plus grandes sociétés sont également des filiales de firmes étrangères. L'enchevêtrement des liens économiques perturbe les concepts établis : la richesse d'un pays peut-elle être mesurée par ce qui est produit sur son territoire ? *Les services* deviennent le moteur des échanges mondiaux. En 1998, les produits industriels dominent encore les transactions internationales (62,5 % des échanges, pour 20 % aux services et 3,5 % à l'agriculture), mais ce sont les services qui créent la richesse (60 % de la valeur ajoutée, contre 32 % pour l'industrie et 4 % pour l'agriculture). Les images, les informations entrent dans le champ des interdépendances. La venue de nouveaux acteurs change en problème ce qui semblait organisé (en particulier, protection de la propriété intellectuelle).

3. L'Uruguay Round

Les interdépendances s'intensifient. Entre 1980 et 2000, le produit brut mondial double presque, les échanges, eux, sont multipliés par trois. Mais les protections ne disparaissent pas, elles se déplacent, se métamorphosent. De plus, le champ des négociations multilatérales s'élargit, intégrant des domaines traditionnellement exclus de la concurrence internationale (en particulier, marchés publics).

Ainsi, *les télécommunications* illustrent les mutations des échanges. Les télécommunications sont une composante d'un ensemble, où se rejoignent l'industrie et les services. La numérisation des télécommunications – c'est-à-dire la pénétration de l'électronique et de l'informatique dans ce secteur – favorise une diversification des services de communication (transmission de données). L'internationalisation est multiforme, poussée par la technique (satellites, par exemple) et les besoins des acteurs économiques. La lourdeur des investissements faits par les industriels des télécommunications exige leur présence sur plusieurs marchés. Les monopoles du téléphone se disloquent : développement de nouveaux services à valeur ajoutée ; pressions d'une concurrence qui contraint les États à offrir les équipements les plus modernes, les mieux connectés aux réseaux internationaux.

Les débats du GATT reflètent plus ou moins ces bouleversements. De 1986 à 1994, *l'Uruguay Round*, négociation commerciale multilatérale, associe plus d'une centaine d'États.

Le dispositif s'efforce de prendre en considération tous les aspects du commerce international : aux obstacles tarifaires et non tarifaires s'ajoutent les produits à problèmes spécifiques (ressources naturelles, textiles, produits agricoles), les limitations plus ou moins cachées (subventions, accords d'autolimitation), enfin les règles concernant la propriété intellectuelle et les investissements.

Certains États du tiers monde deviennent des parties prenantes de poids (Inde et Brésil à propos des services). Ces pays ont admis que le GATT est l'enceinte où se discutent, sur des bases concrètes, les dossiers.

Le jeu politique ne coïncide pas nécessairement avec les données économiques. Ainsi, dans l'Uruguay Round, la question politique la plus sensible concerne l'agriculture. D'une part, les États-Unis, la Communauté européenne et le Japon subventionnent leurs agricultures, protègent leurs marchés et se disputent les exportations. Or, dans tous ces pays, l'agriculture, qui n'emploie plus qu'environ 5 % ou moins de la population active, est prise dans une révolution technique, qui réduit encore le nombre des fermes rentables. D'où une âpre dispute entre les États-Unis, qui se considèrent comme un exportateur « naturel » de produits alimentaires, et ses deux partenaires du triangle occidental, la politique agricole de la Communauté surtout et la protection par le Japon de son riz étant mises en accusation. D'autre part, un conglomérat de pays revendique sa juste place sur les marchés mondiaux ; c'est le *Groupe de Cairns*, fondé en 1986, et rassemblant à la fois des pays occidentaux (Canada, Australie, Nouvelle-Zélande), un pays européen (Hongrie) et des pays du Sud (Argentine, Uruguay, Brésil, Chili, Indonésie, Malaisie, Philippines, Thaïlande, Fidji). Au-delà de cette donne économique, les États-Unis regardent la politique agricole commune comme une construction inadmissible et lient tout accord dans l'Uruguay Round à un démantèlement des subventions agricoles, frappant d'abord la Communauté. Depuis 1992, la Communauté tente de promouvoir une réforme radicale de cette politique, des pays commerçants comme l'Allemagne ou même la France ne pouvant prendre le risque d'un échec de l'Uruguay Round, qui enclencherait une remise en cause du multilatéralisme.

Le 15 avril 1994, l'Acte final du cycle de l'Uruguay est signé à Marrakech par 111 États. C'est d'abord le triomphe du multilatéralisme (transformation du GATT en une Organisation mondiale du commerce). Or, en même temps, en s'approfondissant, ce multilatéralisme continue de se heurter à une interrogation fondamentale : est-il possible de soumettre aux mêmes règles (commerciales, techniques, sociales…) des États ayant des niveaux très différents de développement, des traditions culturelles éloignées ?

4. L'Organisation mondiale du commerce

Le 1er janvier 1995, l'Organisation mondiale du commerce – OMC – remplace le GATT. En 2007, l'OMC a 150 membres (l'Organisation des Nations unies a 192 membres), les entrées les plus importantes étant celles de la Chine en 2001, de l'Arabie Saoudite en 2005 et du Vietnam en 2006. Parmi les plus importants qui frappent à la porte, figurent la Russie – proche d'être admise, des républiques ex-soviétiques (Azerbaïdjan, Belarus, Kazakstan, Ukraine), des États du Moyen-Orient (Afghanistan, Algérie, Éthiopie, Iran, Iraq, Liban, Libye, Soudan).

La novation majeure de l'OMC réside dans la procédure de règlement des différends. Le GATT disposait d'un mécanisme de *panels*, groupes d'experts indépendants constitués pour examiner des litiges commerciaux ; ce mécanisme n'avait rien d'automatique, et les rapports élaborés par ces panels ne devenaient juridiquement contraignants que s'ils étaient adoptés par le Conseil à l'unanimité ou, en pratique, par consensus (c'est-à-dire par acquiescement, au moins tacite, de toutes les parties contractantes). L'OMC, elle, institue un système juridiquement contraignant : un Organe de règlement des différends (ORD) est mis en place ; si, en cas de litige, il ne parvient pas à dégager un compromis entre les États concernés, il doit constituer un panel ;

celui-ci établit un rapport dans des délais fixés ; ce rapport peut faire l'objet d'un appel ; la procédure achevée, l'État condamné doit, dans un délai raisonnable, se mettre en conformité ; s'il ne le fait pas, il peut être frappé par des mesures de rétorsion.

L'OMC est une réussite, comme le montre le désir de la rejoindre de la plupart des États qui n'en sont pas membres (notamment, Russie). En 2005, plus de 300 litiges ont été réglés par l'OMC, un tiers remontant jusqu'à l'ORD, les deux autres tiers donnant lieu à des négociations évitant d'aller jusqu'à l'ORD. En décembre 1999, à Seattle, l'incapacité de l'OMC à lancer un nouveau cycle de négociations commerciales multilatérales marque bien un seuil : le temps des négociations entre seuls gouvernements est peut-être terminé ; désormais, la société civile mondiale, à travers les organisations non gouvernementales, demande à être associée. Une autre difficulté majeure résulte du succès même de l'OMC : comment dégager par consensus un accord entre 150 États, dont les niveaux de développement, les cultures, les traditions politiques sont très différents ?

5. L'avenir appartient-il au multilatéralisme ou/et au bilatéralisme?

Depuis les années 1980, les États-Unis, pourtant à l'origine du multilatéralisme, sont secoués par des débats sur son avenir. Dans le domaine des échanges, comme ailleurs, la tentation américaine de l'unilatéralisme ou du bilatéralisme est forte. Il s'agit de bâtir, avec « ceux qui le veulent », des liens commerciaux privilégiés, le multilatéralisme à vocation planétaire étant peu à peu contourné par la multiplication des dispositifs spécifiques avec tel ou tel groupe d'États. Or, dans les années 1980, 1990, des ensembles commerciaux s'affirment : en 1985, Communauté européenne, avec l'achèvement du Marché unique (échéance 1993) ; en 1994, Association de libre-échange nord-américaine (ALENA) – États-Unis, Canada, Mexique ; en 1995, Mercosur (Argentine, Brésil, Paraguay, Uruguay).

La notion de bloc commercial, qui marque l'entre-deux-guerres, repose sur la constitution de vastes régions économiques, intégrées par le développement, et recherchant une forme d'autosuffisance, au moins pour des produits stratégiques.

Aujourd'hui, la complexité des interdépendances rend très aléatoire une telle logique. Ainsi, l'Union européenne, si elle est un espace privilégié d'échanges de toutes sortes, n'a rien d'un bloc ; elle est pénétrée par les entreprises non européennes (américaines, japonaises...) ; en outre, pour les entreprises européennes, le Marché unique est une base indispensable mais non suffisante. Certains secteurs, en particulier les plus novateurs, raisonnent en termes de marché mondial : aéronautique, télécommunications... Par ailleurs, la plupart des regroupements économiques régionaux soit restent des projets sans cesse reportés (zone de libre-échange du Sud-Est asiatique ; Asie du Nord, comprenant la Chine, le Japon et la Corée du Sud), soit s'enlisent (Mercosur, du fait de l'effondrement de l'Argentine).

La mondialisation est un fait. Mais chaque branche a ses contraintes propres. Les inégalités de taux de croissance favorisent l'émergence d'espaces aux interdépendances beaucoup plus denses : en particulier, Europe occidentale, Asie industrielle. Le monde est trop enchevêtré, trop mouvant pour se figer en blocs fermés. Toutefois, notamment lorsque des négociations multilatérales globales se trouvent dans l'impasse, la tentation du bilatéralisme – c'est-à-dire de relations économiques privilégiées entre des États se ressentant « complémentaires » – ne saurait que se manifester. Dans l'hypothèse où des accords bilatéraux (ou trilatéraux, ou quadrilatéraux...) se multiplieraient, le multilatéralisme souffrirait nécessairement.

C. La Conférence des Nations unies pour le commerce et le développement

La Conférence des Nations unies sur le commerce et le développement (CNUCED) est créée en 1964 comme organe subsidiaire de l'Assemblée générale des Nations unies.

Cette structure est l'expression du projet tiers-mondiste. En 1963, naît le Groupe des 77, qui, regroupant, en 2006, 133 États, est le porte-parole des préoccupations du tiers monde. La CNUCED doit être l'enceinte où seront débattus les problèmes Nord-Sud.

Les quatre premières CNUCED (Genève en 1964 ; New

Delhi en 1968 ; Santiago du Chili en 1972 ; Nairobi en 1976) sont plutôt des succès. Elles fixent les principes des rapports Nord-Sud : stabilisation des produits de base ; préférences généralisées ; prise en compte des pays les plus défavorisés. Dans cette période, le Sud constitue un ensemble qui paraît homogène et cohérent ; le Nord, ou plus exactement l'Occident, se sent une certaine responsabilité dans le sous-développement.

La décennie 1970 marque un tournant. D'un côté, la vision tiers-mondiste paraît sortir du discours. Le premier choc pétrolier semble montrer que le Sud a, avec les produits bruts, des moyens de pression. La CNUCED de Nairobi, en 1976, arrête un programme intégré pour les matières premières, qui doit conduire à une gestion coordonnée de ces produits. Les négociations globales, qui réuniraient tous les États de la planète au sein des Nations unies, semblent être à portée de la main. D'un autre côté, dans cette décennie 1970, les fractures du Sud, masquées à l'époque de la lutte pour la décolonisation, se précisent : pays ayant des réserves de pétrole et pays n'en ayant pas ; pays disposant malgré tout d'une capacité de développement et pays irrémédiablement démunis… Selon la vision occidentale, le développement doit suivre, pour tous les pays, le même chemin (théorie des étapes de la croissance de Rostow) ; de même, selon la vision marxiste-léniniste, le sous-développement s'explique par la domination du Nord sur le Sud. Ces deux démarches ignorent les facteurs culturels, leur complexité. Les années 1970 font éclater l'illusion de cette unification progressive de la planète par le développement. En 1979, en Iran, la révolution khomeyniste traduit ce rejet des deux universalismes (libéralisme, socialisme) issus de l'emprise occidentale. En 1981, le sommet Nord-Sud, rassemblant vingt-deux chefs d'État et de gouvernement à Cancun (Mexique), n'accouche d'aucun engagement contraignant.

La CNUCED continue de se réunir régulièrement : à Belgrade en 1983 ; à Genève en 1987 ; à Carthagène en 1992 ; à Midran (Afrique du Sud) en 1996 ; à Bangkok en 2000 ; à Sao Paulo en 2004… Le procès du GATT, instrument de l'impérialisme occidental, est bien oublié. La CNUCED se rallie à une approche pragmatique du développement. Les modèles ne sont plus la Chine maoïste, ou l'Algérie de Boumediene, mais la Chine et l'Inde voulant exister dans la mondialisation… Cependant, les questions qui ont suscité la CNUCED demeurent : qu'est-ce que le développement ? Pourquoi un pays se développe-t-il et un autre non ? Le concept de développement humain, élaboré par le Programme des Nations unies pour le développement (PNUD), répond-il à la quête d'un développement respectueux de la pluralité des cultures ? Est-il possible, à l'échelle internationale comme à l'échelle nationale, de faire coïncider compétitivité et justice, dynamisme technico-économique et solidarité ? La « technicisation » de la CNUCED ne signifie pas la disparition des enjeux Nord-Sud. Selon le rapport du PNUD sur le développement humain (1998), 86 % des richesses de la terre appartiennent à 20 % de ses habitants, tandis que les quatre autres cinquièmes ne disposent que de 14 % de ces ressources. Au contraire, les enjeux Nord-Sud, refoulés par la vague libérale des années 1980, reviennent à travers l'un des débats majeurs de la fin de ce siècle : l'environnement, les tensions entre la protection des ressources naturelles et le droit au développement de tous les hommes.

*

* *

À l'aube du XXIe siècle, la problématique de l'organisation mondiale des échanges tourne autour de deux questions majeures :

– *La libéralisation des échanges appelle de plus en plus des règles planétaires dans les domaines de l'investissement, de la concurrence, de la propriété intellectuelle* (enjeu essentiel des négociations commerciales du Millenium toujours enlisées en 2007)… Face à cette exigence, les pays occidentaux, qui sont aussi les plus développés, se montrent tiraillés entre le besoin de normes, contribuant à protéger leur avance technologique, et la crainte d'être piégés par ces normes (ainsi les États-Unis hostiles à une Autorité mondiale de la concurrence, qui, pour eux, risquerait de bloquer les restructurations de leurs entreprises les plus dynamiques).

– *La croissance économique est inégalitaire.* Comment intégrer dans le formidable enrichissement de l'humanité – ou plus exactement de sa minorité privilégiée – le milliard d'exclus ? Ici, se heurtent toujours les deux mêmes visions, la libérale pour laquelle la seule voie possible est la stimulation de la créativité, la dirigiste qui préconise des mécanismes planétaires de solidarité.

5

Le contrôle des ressources et des espaces

La lutte pour le contrôle des ressources et des espaces est aussi ancienne que les sociétés humaines.

Au XVe siècle, les routes continentales de la soie et des épices entre l'Europe et l'Extrême-Orient se trouvant gênées, une compétition féroce s'engage d'abord entre le Portugal et l'Espagne pour établir de nouvelles voies. Il en résulte le contournement de l'Afrique, la découverte de l'Amérique… Dans ces rivalités, une constante demeure : la recherche de l'or, ce métal inaltérable qui doit apporter une richesse infinie.

1. *L'une des préoccupations centrales des entités politiques est de s'assurer le contrôle des ressources qu'elles perçoivent comme déterminantes pour leur sécurité et leur prospérité.*

D'où leur course aux métaux précieux (or, argent…). De plus, les États sont conduits à entreprendre des efforts systématiques à l'égard de tel ou tel produit stratégique (par exemple, en Europe, du XVIe au XIXe siècle, bois pour la construction des bateaux).

Essentiellement au XXe siècle, une nouvelle donnée s'impose : l'*industrialisation de la guerre*. La guerre consomme des quantités croissantes d'énergie et de matières premières : charbon, acier, etc., et surtout pétrole à partir de la Grande Guerre (1914-1918). C'est bien avec ce conflit que les États belligérants font l'apprentissage d'une gestion globale, méthodique des ressources (d'abord en Allemagne, étouffée par le blocus maritime, expérience Rathenau).

2. *Pourtant, il n'est guère d'affrontement armé dont l'objectif majeur soit le contrôle de ressources.*

Ainsi, selon les thèses marxistes-léninistes, la colonisation s'expliquerait par les rivalités économiques, les luttes pour les débouchés et les matières premières. En fait, les empires coloniaux sont le résultat d'occasions historiques, de coups d'audace d'aventuriers. Les tentatives de transformation des empires en ensembles autosuffisants ont lieu plus tard, lors de la crise des années 1930.

Dans les années 1933-1945, le programme de Hitler s'assigne la conquête par l'Allemagne de son espace vital, garantissant à son peuple les ressources nécessaires à sa grandeur. En juin 1941, l'attaque par l'Allemagne hitlérienne de l'Union soviétique s'explique par cette logique du contrôle des ressources ; toutefois, elle se dissocie mal de bien d'autres motifs (anéantir l'ennemi idéologique, le communisme marxiste ; détruire la seule puissance représentant encore une menace sur le continent européen).

Pour tout État, la course aux ressources se trouve prise dans un environnement politico-stratégique qui demeure premier. Ainsi, en 1941, le Japon, embourbé en Chine, se heurte, du fait de l'embargo décidé par les États-Unis, à un manque dramatique de pétrole. D'où, en décembre 1941, le pari nécessairement triple du Japon : neutraliser le plus longtemps possible celui qui détient la force décisive, les États-Unis (attaque de Pearl Harbor) ; s'emparer des sources les plus proches d'approvisionnement en pétrole (Indes néerlandaises) ; enfin, régler la question chinoise (en coupant la route de Birmanie). En 2003, l'intervention militaire des États-Unis en Iraq est-elle dictée par le pétrole ? Le Moyen-Orient, dont fait partie l'Iraq, est une zone stratégique, certes parce qu'il recèle plus de la moitié des réserves mondiales de pétrole d'exploitation facile et peu coûteuse. Mais le caractère stratégique du Moyen-Orient tient à bien d'autres facteurs : sa position géographique, les incertitudes qui menacent les régimes en place, la concentration d'une grande partie du terrorisme dans cette zone, la présence militaire américaine, Israël…

Dans les relations internationales, les luttes pour les ressources et les espaces font partie de rivalités plus vastes pour la puissance. Ressources et espaces constituent des atouts ou des gênes, des contraintes ou des facteurs d'occasion. Tout acteur – individu, groupe, entreprise, ou, ici, État – obéit à des raisons complexes, les unes conscientes, les autres enfouies ; ressources et espaces ne sont que des instruments, les buts étant de diriger, d'imposer, d'influer, d'arbitrer.

Afin d'appréhender l'importance exacte des ressources et des espaces, il convient d'abord de cerner en quoi ressources et espaces ont un caractère stratégique (**I**), puis d'analyser l'utilisation politique de ces ressources, c'est-à-dire les armes et les sanctions économiques (**II**), enfin de s'interroger sur l'un des grands débats du XXIe siècle : la lutte pour les ressources et les espaces laisse-t-elle la place à leur gestion commune par l'humanité dans son ensemble (**III**) ?

*

* *

I. LES DIMENSIONS STRATÉGIQUES DES RESSOURCES ET DES ESPACES

A. Qu'est-ce qu'une ressource stratégique ?

Peut être définie comme stratégique toute ressource regardée par les États comme un avantage ou un handicap décisif dans leurs rapports. Il n'y a pas de ressource stratégique en soi. L'or ne représente une valeur suprême que parce que les hommes, fascinés par son caractère inaltérable, voient en ce métal un étalon éternel. Or les mêmes hommes égarés dans un désert échangeraient volontiers des tonnes d'or pour un verre d'eau.

Qu'est-ce qui fait qu'une ressource est stratégique ? Cette dimension stratégique résulte de trois éléments fondamentalement variables.

1. Les caractères de la demande

De ce point de vue, comme de plusieurs autres, *le pétrole* demeure la ressource stratégique par excellence. Dans les économies industrielles, la demande à la fois est massive (du carburant pour les véhicules de transport à la pétrochimie) et ne saurait être satisfaite que difficilement par des substituts.

Ce constat appelle de très nombreuses nuances. L'Allemagne hitlérienne, hantée par la pénurie de pétrole, met au point des palliatifs certes très coûteux (pétrole synthétique). Les chocs pétroliers des années 1970, tout en soulignant l'extrême dépendance des pays occidentaux, donnent un coup d'accélérateur en Europe occidentale et au Japon aux politiques de maîtrise de l'énergie.

La demande n'est pas un paramètre figé. Son élasticité varie selon chaque produit.

L'environnement technico-économique est déterminant. L'ère industrielle confère aux sources d'énergie (charbon, pétrole, gaz naturel, uranium...) une valeur stratégique : sans énergie, toute machine moderne de guerre est paralysée.

Certains biens, abondants, peu coûteux à un endroit, à un moment donné, peuvent être rares et précieux ailleurs. Ainsi, *l'eau* acquiert dans certaines régions une valeur économique et stratégique extrême, du fait à la fois de l'explosion de la demande (accroissement de la population, irrigation...) et d'une rareté chronique, qui prend un caractère aigu à travers de grands projets d'équipement (grands barrages). D'où la tentation de certains États, notamment au Proche et Moyen-Orient, de l'utiliser comme instrument de pression politique (Jourdain entre Israël et Jordanie, Tigre et Euphrate entre Turquie, Syrie et Iraq).

2. Les conditions de l'offre

La géographie des ressources est compliquée et surtout mouvante. L'emplacement géographique des sols, des mines, des réserves est fixe ; ce qui est changeant relève de l'homme, c'est-à-dire les besoins, l'organisation des échanges, les voies de communication, les données politiques.

– *Le pétrole* se présente à nouveau comme la ressource stratégique par excellence. Au moment de la Seconde Guerre mondiale, la nature joue en faveur de la Grande Alliance (les États-Unis dominant alors le marché, l'Union soviétique ayant Bakou) et contre l'Allemagne hitlérienne, qui dispose essentiellement du pétrole des Balkans, et le Japon, qui s'empare des Indes néerlandaises, mais se heurte à des difficultés logistiques (exploitation des puits, transport vers le Japon).

Aujourd'hui, le pétrole s'identifie à la zone du golfe Persique (plus de la moitié des réserves mondiales connues). Cette donnée ne confère en rien aux États de la région (Arabie Saoudite, Iran, Iraq, Koweït) un pouvoir absolu sur le marché du pétrole. Au contraire, les chocs des années 1970, le contre-choc de la première moitié des années 1980 montrent que le marché du pétrole obéit à des paramètres multiples (accord ou division des principaux exportateurs ; présence de producteurs, dont les ressources deviennent rentables du fait de la hausse des prix ; capacités d'ajustement des États industrialisés consommateurs d'hydrocarbures). À la fin des années 1990, à la suite de la décomposition de l'URSS, l'Asie centrale devient le nouvel eldorado pétrolier pour un monde toujours en quête d'énergie. Mais cette région dispose de réserves limitées, équivalentes, selon des estimations provisoires, à celles de la Mer du Nord. L'Asie centrale n'est en rien un second Moyen-Orient. De plus, l'accès à l'Asie centrale est très difficile à la fois géographiquement (enclavement de la zone) et politiquement (régimes politiques incertains).

– À l'époque de l'antagonisme Est-Ouest, la localisation de l'essentiel des *métaux rares* (or, diamant, platine) en Afrique du Sud et en Union soviétique crée, semble-t-il, une incertitude. Mais la réalisation d'un risque réel requiert une conjonction de conditions peu probables : mise au point par l'Union soviétique et l'Afrique du Sud d'une gestion concertée de ces métaux ; absence, chez les États industriels, de tout moyen de riposte ou d'adaptation.

– Les ressources stratégiques sont de toutes sortes. Selon un raisonnement extrême, il n'y aurait en définitive qu'une seule ressource stratégique : l'intelligence de l'homme, grâce à laquelle le handicap se change en atout ; la contrainte constitue un tremplin pour l'imagination. Aujourd'hui, sont perçus comme stratégiques des éléments de base du processus industriel. Pendant la Seconde Guerre mondiale, l'aviation alliée bombarde les usines allemandes de roulements à bille ou de pétrole synthétique ; il s'agit d'atteindre le potentiel de guerre allemand à ses points les plus vulnérables, de le priver des éléments sans lesquels les machines ne peuvent marcher. Avec la révolution de l'électronique et de l'informatique, les composants électroniques sont regardés comme ressource stratégique, équipant des matériels de défense (avions...). Mais ces composants se *commoditizent*. Telles les grandes « commodités » (pétrole, acier, aluminium...) qui constituent le sang de l'activité économique, les composants deviennent des biens largement produits, perdant leur valeur ajoutée, et soumis à de fortes fluctuations de prix. En ces années 2000, le *talent* devient la « commodité » la plus recherchée, la croissance et le succès d'une société dépendant de plus en plus de ses capacités créatrices.

3. La dimension politique

Est stratégique toute ressource pour laquelle les États mobilisent des moyens exceptionnels : acceptation de coûts élevés ; système de stockage ; contrats spécifiques d'approvisionnement ; soutien et protection d'une production nationale.

La gamme des produits vitaux pour une société est très vaste. L'État est contraint de faire des choix, en fonction à la fois des risques de rupture d'approvisionnement et des coûts de stockage (politiques des stocks stratégiques).

D'où une tension permanente entre logique politique et logique économique. Selon la première, l'État doit prévoir toutes les hypothèses de conflit et constituer des réserves de tout ce qui peut être indispensable pour la survie de la nation. Selon la seconde, le stock est une charge.

B. L'espace, enjeu stratégique

L'espace est une ressource. Mais celle-ci est d'un type particulier. Pour l'État, le territoire constitue l'assise de sa souveraineté. Il arrive que des territoires soient vendus (par exemple, vente de l'Alaska par la Russie aux États-Unis, en 1867) ou même loués (en 1898, concession des Nouveaux Territoires autour de Kowloon à la Grande-Bretagne par la Chine, pour un bail de 99 ans). Toutefois, en général, les territoires se prennent ou se perdent par la guerre.

Du point de vue du contrôle des ressources, l'espace confirme qu'il n'y a pas de ressource en soi, que toute ressource doit être appréhendée en situation.

1. L'étendue

L'expansion territoriale fait partie de la dynamique de l'État-nation.

– *L'étendue constitue une garantie de sécurité.* Elle donne à l'armée une profondeur stratégique, c'est-à-dire une capacité de repli quasi infinie. À l'inverse, l'envahisseur est condamné à se perdre ; plus il avance, plus il s'éloigne de ses bases, plus il s'offre aux forces de celui qui est envahi. Les campagnes de Charles XII, de Napoléon, de Hitler en Russie révèlent une immensité fuyante, impossible à tenir, soumise à un climat rigoureux. De 1937 à 1945, l'armée japonaise fait la même expérience en Chine : plus elle progresse, plus elle s'embourbe.

Mais cet atout qu'est l'espace constitue également une contrainte. Ces très longues distances, qui gênent l'envahisseur, rendent très précaires ses voies d'approvisionnement, créent pour le pays attaqué des difficultés analogues. Lors de la guerre russo-japonaise de 1904-1905, la Russie doit, avec beaucoup de mal, acheminer par le Transsibérien inachevé matériels, vivres et soldats. Dans les années 1938-1941, l'une des préoccupations de Staline est d'éviter une guerre sur deux fronts, contre l'Allemagne hitlérienne en Europe, contre le

Japon en Sibérie ; la défense de deux espaces aussi éloignés l'un de l'autre compliquerait très gravement toutes les questions logistiques et stratégiques.

– *À l'inverse, l'exiguïté territoriale est* a priori *un facteur de grande vulnérabilité.*

Ainsi, Israël se sent coincé entre la mer et des États arabes hostiles. D'où la valeur stratégique conférée aux territoires occupés (Cisjordanie, surtout) en 1967. Pourtant, cette petite taille de l'État hébreu, entouré d'adversaires, facilite la rapidité de manœuvre de l'armée israélienne, se déplaçant dans un espace restreint.

La petitesse tend à devenir un atout dans la compétition technico-économique. Un petit État est souvent homogène ; dépourvu des éléments classiques de la puissance (territoire, matières premières…), il est tout entier tourné vers l'extérieur. Tels sont les Pays-Bas ou Singapour. Être petit, c'est être flexible, mobile, ne pas être entravé par les charges qu'entraîne la grandeur.

D'où le retour d'un modèle évoquant les cités commerçantes (Venise, Ligue hanséatique). Aujourd'hui, l'Écosse, la Catalogne, le Québec avec son identité francophone, l'Italie du Nord semblent être séduits par les possibilités de jeu qu'apporte la multiplication des interdépendances. Mais un petit État peut-il vivre sans protecteur ?

2. La position

La position territoriale fait partie de ces contraintes qui sont également des atouts.

Selon Napoléon, un État fait la politique de sa géographie. Or ni un État ni son environnement ne sont figés. Entre ces deux pôles, les relations ne cessent d'évoluer.

Trois exemples illustrent cette problématique des rapports entre géographie et politique.

a) L'Allemagne

L'Allemagne est au centre de l'Europe. Mais le sens de cette centralité se modifie.

– De la Réforme du XVIe siècle aux guerres napoléoniennes, l'émiettement de l'Allemagne, ses divisions religieuses, les luttes entre grandes puissances européennes font de ce pays le champ de bataille de l'Europe. Cette expérience tragique, notamment lors de la guerre de Trente Ans, marque l'imaginaire allemand et resurgit périodiquement (par exemple, lors de la crise des euromissiles, en 1979-1983, le pacifisme ouest-allemand dénonçant l'utilisation de l'Allemagne comme terrain de manœuvre entre l'Est et l'Ouest).

– De 1871 à 1945, la centralité de l'Allemagne, que Bismarck vient d'unir, suscite une autre hantise, celle de l'encerclement, de l'étouffement entre la France et la Russie. La réponse allemande, dominée par la crainte d'être prise entre deux fronts (le cauchemar des coalitions de Bismarck), est agressive : *Weltpolitik* de Guillaume II ; revendication d'un espace vital par Hitler. La centralité n'est pas un déterminant, elle agit comme un point de cristallisation pour une Allemagne inquiète face à un monde déjà occupé, et souffrant d'être la nation tardive.

– De la fin des années 1940 à celle des années 1980, la centralité de l'Allemagne, nation divisée dans une Europe divisée, fait des deux États allemands des États frontières. La centralité entretient une angoisse, celle d'être au cœur d'une troisième guerre mondiale, et fournit une délicate capacité de manœuvre, l'Union soviétique cherchant à séduire la République fédérale d'Allemagne pour disloquer le camp occidental.

– Avec la disparition du rideau de fer en 1989 et la réunification de l'Allemagne en 1990, la centralité s'épanouit : l'Allemagne est bien au centre de cette Europe libérée du mur de Berlin. En même temps, l'Allemagne se trouve à la charnière de l'Europe riche et de l'Europe pauvre, étant ainsi l'État le plus sensible aux migrations venues de l'Est (d'où en juin 1993, la limitation du droit d'asile, qu'ouvrait très largement la Loi fondamentale de 1949).

b) La France

Du point de vue de sa position dans l'espace, la France se caractérise comme la pointe extrême de la masse eurasiatique. De plus, la France est un pays mi-continental, mi-maritime.

D'où, dans l'histoire de la France, deux pôles. Le premier, celui de l'enracinement continental, est écrasant : la France est une terre de paysans ; les menaces d'invasion viennent de l'Est, par la grande plaine du Nord où, depuis Rome, se déroulent les batailles décisives ; enfin, les rêves impériaux jusqu'à Napoléon regardent vers l'Allemagne. L'autre pôle est celui de l'océan, des rêves souvent inachevés, se heurtant, aux XVIIe et XVIIIe siècles, à l'Angleterre. La géographie semble exprimer un perpétuel tiraillement entre l'attachement à la glèbe et des songes universalistes, entre l'agriculture et le commerce.

Pour la France, sa position est un atout, la plaçant au bord de la formidable zone de développement qu'est l'Atlantique des Grandes Découvertes à la fin du XXe siècle. C'est également une source de contraintes, les ambitions maritimes se trouvant hypothéquées à la fois par un peuple de souche paysanne et par les menaces continentales. Pour la France d'aujourd'hui, l'enracinement continental s'incarne dans la construction européenne, tandis que le rêve maritime à la fois s'étiole (fin de l'aventure coloniale) et se transforme à travers l'internationalisation d'entreprises.

Du début des années 1950 à la fin des années 1980, la division de l'Europe par le rideau de fer contribue à faire de la France le centre de la construction ouest-européenne. Le rideau de fer s'écroulant, la centralité se déplace vers l'est.

c) Les États-Unis

Depuis leur naissance, les États-Unis peuvent se définir comme un pays gérant à distance la menace d'invasion militaire. Les océans Atlantique et Pacifique constituent deux remparts. Au nord, le Canada est une immensité à peine peuplée. Au sud, au XIXe siècle, le Mexique perd tout le Nord de son territoire sous la poussée de la « destinée manifeste » des États-Unis.

Ici, l'espace est un sanctuaire quasi inviolable. C'est un atout rare – dont bénéficie dans une certaine mesure le Royaume-Uni, par son insularité.

Mais, tout d'abord, *tout atout a des revers*. Les deux océans qui mettent les États-Unis à l'abri les isolent. D'où, lors de la Première et surtout de la Seconde Guerre mondiale, les affrontements autour des bateaux et des convois approvisionnant les alliés européens des États-Unis (lutte sous-marine, utilisée par l'Allemagne). De même, de 1942 à 1945, la reconquête du Pacifique contre le Japon se fait d'archipel en archipel, avec, lors de chaque opération, des débarquements sanglants.

De plus, *la valeur d'un atout n'est pas immuable*. Depuis le milieu des années 1950, les missiles intercontinentaux peuvent frapper le territoire américain. Le 11 septembre 2001, la destruction des Twin Towers de New York par des avions manipulés par le réseau terroriste Al-Qaida confirme la vulnérabilité croissante et probablement irréversible du territoire américain. Le choc peut désormais venir de multiples côtés, d'un missile, d'un avion, d'une mallette… La frontière avec le Mexique est poreuse (flux d'immigrants hispanophones). De même, l'insularité britannique s'évanouit au XXe siècle. Londres est bombardé dès la Première Guerre mondiale. Certes, en 1940, la Manche bloque l'armée allemande. Les courants d'échanges entre la Grande-Bretagne et le continent gomment la Manche. En 1973, la Grande-Bretagne adhère aux Communautés européennes, devenant un État européen parmi d'autres. En 1988-1989, le tunnel sous la Manche consacre l'ancrage au Vieux Continent. Le grand large appartient à l'histoire.

Ainsi, le contrôle des ressources et des espaces change de portée et de signification. L'État-nation est indissociable d'un territoire ; le principe de souveraineté implique la quête d'une maîtrise de l'essentiel. Lorsque au XIXe siècle la Grande-Bretagne adopte les *corn laws*, ouvrant son marché aux importations de céréales, elle rompt avec cette logique pluriséculaire, acceptant de ne pas produire elle-même sa nourriture.

Pendant des siècles, ce contrôle des ressources et des espaces découle de l'extrême dépendance de l'homme à l'égard de la nature. Celle-ci est tour à tour généreuse et avare. Contre la famine, l'humanité ne dispose alors que de trois moyens : stocker ; piller ; produire plus et mieux. Les ressources étant perçues comme finies, la prospérité de l'un exige la misère de l'autre, le bonheur de l'un le malheur de l'autre.

À la suite des révolutions industrielles, l'homme peut croire qu'il s'est affranchi du règne de la rareté. Grâce à la technique, il accroît les rendements, met au point des substituts, invente des ersatz.

D'un côté, les vieux comportements demeurent : défendre sa terre, faire des réserves. De l'autre côté, la multiplication des interdépendances favorise deux évolutions majeures :

- Les ressources stratégiques tendent à devenir plus « immatérielles », la plus décisive d'entre elles étant l'intelligence. D'où, à l'issue de la Seconde Guerre mondiale, l'âpre compétition entre les États-Unis et l'Union soviétique autour des scientifiques allemands. D'où, à la suite de l'effondrement de l'Union soviétique, la concurrence entre pays occidentaux et certains États du tiers monde pour récupérer les savants et ingénieurs de l'ex-Union soviétique.

- Les interférences entre préoccupations politiques, axées sur le contrôle et le secret, et contraintes économiques, réclamant l'échange et la coopération, affectent la gestion des ressources stratégiques. Par exemple, la fabrication d'armements de plus en plus coûteux impose l'exportation, la recherche de partenaires industriels.

II. ARMES ET SANCTIONS ÉCONOMIQUES

A. Problématique : l'économique et le politique

Celui qui contrôle une ou des ressources dispose d'un pouvoir. Il peut limiter ou à l'extrême suspendre l'offre de cette ou de ces ressources, le ou les demandeurs devant soit se soumettre à ses conditions, soit élaborer des solutions alternatives.

Face à cette question, deux perspectives doivent être distinguées :

• *La perspective économique.* Pour une entreprise, les buts sont : vendre au prix le plus rémunérateur possible, maximiser ses profits, conserver et élargir son marché. De même, des États qui ont la chance (ou le malheur) d'avoir, dans leur sous-sol, des réserves d'une ressource donnée s'efforcent d'en obtenir des recettes maximales.

• *La perspective politique.* Elle est en général exprimée par l'État. Les mots clés sont : sécurité, indépendance, puissance. La préoccupation extérieure première d'un État est de s'assurer un environnement stable, soit par la domination, soit par un réseau d'alliances, soit par la coopération.

L'économique et le politique sont distincts. Le premier porte sur la distribution, le commerce des ressources. Le second concerne le pouvoir : de quelle manière faire vivre ensemble des hommes, des États ? Cependant, l'économique et le politique ne constituent pas deux sphères séparées ; leurs zones de recouvrement, d'interférence sont multiples et mouvantes.

1. Les extrêmes

Dans le jeu international, les rapports entre l'économique et le politique s'inscrivent entre deux situations extrêmes :

a) À un extrême, l'État totalitaire

Dans cet État, l'économique n'est qu'une modalité du politique. Comme tout État, l'État totalitaire subit des contraintes économiques, mais, rejetant toute dépendance de l'extérieur, il s'enferme dans un système autarcique, s'efforçant d'intégrer des États tiers dans un ensemble hiérarchisé (Europe allemande de Hitler, communauté socialiste autour de l'Union soviétique).

b) À l'autre extrême, l'État absorbé par l'économique

« Ce qui est bon pour General Motors est bon pour les États-Unis. » Cette phrase résume la vision d'un État dont la seule finalité est d'être au service des entreprises. Au début du XXe siècle, la « diplomatie du dollar » en Amérique latine illustre la subordination de l'État américain aux intérêts de grandes entreprises (United Fruit en Amérique centrale).

L'intensification de la concurrence technico-économique, le sentiment des États que leur rang dans l'échelle de la puissance internationale résultent en définitive de leurs performances industrielles et financières font que toutes les missions de l'État (législation, éducation, solidarité) tendent à être remodelées en fonction d'une seule priorité : la compétitivité. Cette amplification de la concurrence contribue à exaspérer, au sein des États, les tensions entre zones compétitives et zones à la traîne, les premières (par exemple, Catalogne en Espagne, Lombardie en Italie...) pouvant être tentées de revendiquer leur indépendance pour ne plus avoir à assumer le fardeau des secondes, moins dynamiques. Parmi les raisons conduisant à l'éclatement de la Tchécoslovaquie le 1er janvier 1993, figure bien le désir de certains Tchèques de ne plus avoir la charge de la Slovaquie arriérée. Le gourou nippo-américain Kenichi Ohmae prophétise l'avènement de régions-États, l'exemple type étant fourni par Singapour. Mais les paramètres économiques sont loin d'être les déterminants uniques de l'évolution des États. De plus, que serait un monde formé d'îlots ultra-compétitifs au milieu d'un océan de stagnation ou de misère ?

2. L'arme économique

Qu'est-ce que l'*arme économique* ? C'est l'utilisation de moyens économiques à des fins politiques.

Trois exemples éclairent cette notion d'arme économique, ses ambiguïtés.

– Au cours des années 1973-1974, l'Organisation des pays exportateurs de pétrole quintuple le prix du pétrole.

Dans son contenu même, la décision n'a rien de politique. L'OPEP se trouve alors dans des circonstances particulières. Depuis août 1971, la chute du dollar ampute les revenus des États exportateurs de pétrole, les ventes de ce dernier étant payées en monnaie américaine. De plus, en 1973, l'OPEP bénéficie d'un atout exceptionnel ; ses membres réalisent l'essentiel des transactions internationales sur le pétrole. En quintuplant le prix de ce produit, l'OPEP agit comme un oligopole maître d'un marché et maximise ses recettes.

La dimension politique de la décision réside dans son contexte : elle représente une étape essentielle dans l'affirmation par *des* États du Sud de leur souveraineté sur leurs ressources naturelles, la manipulation des prix faisant suite aux accords de Téhéran (1971) sur le partage des bénéfices entre les États exportateurs et les sociétés occidentales (les Sept Sœurs) contrôlant jusqu'alors le marché. Par ailleurs, les États-Unis de l'administration Nixon-Kissinger, soucieux de rétablir leur autorité sur le camp occidental, saisissent ce choc du quintuplement pour amener les pays européens à se regrouper sous leur direction (en février 1974, conférence de Washington se concluant par la mise sur pied d'une Agence internationale de l'énergie, à laquelle la France refuse initialement de participer).

Au cours de cet automne 1973, l'Organisation des pays arabes exportateurs de pétrole (OPAEP), créée en 1968, et rassemblant l'Arabie Saoudite, le Koweït, la Libye, l'Iraq, l'Algérie, Abou Dhabi, Qatar, la Syrie et Bahreïn, a recours à l'arme économique : elle suspend ou réduit ses livraisons de pétrole à destination de certains pays occidentaux (mesures de caractère économique) afin que ces derniers obtiennent d'Israël l'évacuation des territoires occupés en 1967 (objectif politique). L'arme est à demi efficace : Israël n'abandonne pas la Cisjordanie et Gaza ; néanmoins, c'est bien à ce moment-là que s'enclenche le processus de paix israélo-palestino-arabe (diplomatie de la « navette » de Henry Kissinger, novembre 1973-septembre 1975).

– À partir de 1986, les États-Unis et la plupart des États occidentaux multiplient les *sanctions économiques à l'encontre de l'Afrique du Sud*, déjà frappée par un embargo sur les armes (1977) et le pétrole (1979). Le lien entre économique et politique est clair : il s'agit, en isolant économiquement l'Afrique du Sud, de la contraindre à démanteler l'apartheid.

Ces décisions politiques se trouvent substantiellement renforcées par le mouvement de désinvestissement de nombre de multinationales installées dans ce pays. Leurs motifs ne sont pas ceux des États. Dans l'affaire sud-africaine, les multinationales sont guidées par deux préoccupations : échapper, aux États-Unis, au boycott de consommateurs ne voulant pas acheter à des entreprises « complices » de l'apartheid ; se retirer d'un pays dont l'avenir devient très incertain. Qu'il y ait des effets politiques ne signifie pas qu'il y ait intention politique.

Cette différence des motifs rappelle que, à l'exception de l'État de type soviétique, entreprises et États suivent, les unes et les autres, des logiques propres, qui peuvent coïncider ou s'opposer. Cette contradiction entre le politique et l'économique éclate dans les politiques de sanctions.

– À la suite de la chute du monde soviétique, la grande préoccupation idéologico-politique de l'Occident est le ralliement de l'ensemble des États aux mêmes valeurs et disciplines : démocratie pluraliste, économie de marché, rigueur financière, transparence...

Pour atteindre cet objectif, se développe *la conditionnalité*. Selon ce principe, un État ne peut avoir accès aux circuits financiers internationaux (notamment au Fonds monétaire international) qu'à *la condition* de montrer qu'il respecte les valeurs et disciplines établies. Cette pratique de la conditionnalité se généralise tout au long des années 1990. Son efficacité est des plus variables, ne conduisant parfois qu'à exclure des populations très pauvres, les dirigeants disposant de toutes sortes de moyens pour contourner le dispositif.

B. Les sanctions

La notion de sanction économique – se substituant à celle de représailles – est bien l'enfant de la diplomatie wilsonienne, à la fin de la Première Guerre mondiale. Dès lors que, comme le conçoit le président américain, se constitue un ordre international liant les États (Société des Nations – SDN –), le monde n'est plus une jungle, mais une société, dans laquelle ces États, de même que les individus au sein de toute société, se trouvent soumis à un même système de règles ; des sanctions ou des punitions doivent et peuvent être prises pour ramener dans le droit chemin les États contrevenant aux règles établies. L'efficacité de ces sanctions dépend de conditions à la fois techniques et finalement politiques.

1. Le dispositif des sanctions

Ce dispositif doit combiner trois éléments :

a) La pertinence

Les sanctions doivent viser des fonctions essentielles de l'économie : embargo sur des matières premières vitales (pétrole d'abord et surtout, mais aussi céréales) ; suspension de livraison de pièces détachées ; gel des avoirs financiers... Toutefois, nombre d'embargos sont tournés. Par exemple, le marché du pétrole offre toutes sortes de possibilités de contournement, si l'État frappé peut payer le prix demandé.

b) Le caractère massif

Les sanctions ne peuvent être isolées, distillées au compte-gouttes ; elles doivent constituer un ensemble frappant de plusieurs côtés l'État visé. Ce caractère massif contribue à souligner la fermeté politique des preneurs de sanctions.

c) Le temps

Le temps agit toujours de manière ambivalente à l'égard de n'importe quelle politique.

D'une part, *les sanctions ont besoin de la durée.* Le plus souvent, l'État frappé anticipe l'adoption des sanctions ; il prend des précautions (stocks de nourriture et de matières premières ; rapatriement ou mise à l'abri des avoirs financiers).

Ainsi, en novembre 1965, la *Rhodésie du Sud* (Zimbabwe depuis 1980), colonie britannique, dirigée par une minorité blanche, proclame unilatéralement son indépendance, afin de ne pas devoir appliquer la règle de la majorité qui donnerait le pouvoir aux Noirs. Immédiatement, des sanctions isolent l'économie de ce pays, qui exporte plus de la moitié de sa production intérieure brute. La Rhodésie du Sud est donc très vulnérable aux mesures qui la visent. Pourtant, l'économie sud-rhodésienne se développe remarquablement de 1965 à 1974, portée par l'expansion mondiale de cette période. La Rhodésie du Sud, stimulée par les sanctions, opère des substitutions de cultures, d'acheteurs. Finalement, cet effort use la Rhodésie du Sud, confrontée par ailleurs, à la guérilla (érosion des réserves de change, inquiétude des milieux d'affaires, recul de l'investissement). À partir de 1974, l'économie sud-rhodésienne, touchée par la crise mondiale, s'effondre ; le pouvoir blanc s'engage sur le chemin de la négociation.

D'autre part, *ce temps, si nécessaire aux sanctions, érode leur efficacité.* Celui qui est frappé s'adapte. Des circuits clandestins se mettent en place. Les entreprises, privées de marchés par les sanctions, cherchent des formules pour s'en échapper. Ainsi, de 1990 à 2003, l'Iraq de Saddam Hussein manipulant le dispositif onusien d'aide à la population iraquienne « Pétrole contre Nourriture », les circuits parallèles associant près de 2400 entreprises.

2. Les conditions politiques

L'efficacité de sanctions est indissociable de données politiques. De ce point de vue, une distinction s'impose entre :

- *les sanctions comme moyen essentiel* ; dans ce cas, les sanctions constituent le principal instrument de pression : par exemple, à l'encontre de l'Italie fasciste à la suite de l'agression contre l'Éthiopie (1935) ; à l'encontre de l'Union soviétique à la suite de l'intervention de l'Armée rouge en Afghanistan (1979)…

- *et les sanctions comme éléments d'un affrontement belliqueux ;* c'est la notion de blocus, acte de guerre visant à isoler l'économie ennemie. Ainsi, lors de la Première et de la Seconde Guerre mondiale, les mesures de blocus contre l'Allemagne sont l'une des composantes de l'action guerrière. Le blocus bénéficie d'un environnement idéal, la guerre entraînant une mobilisation totale. Mais, au même moment, l'économie, la société frappées par le blocus se mobilisent (rationnement, utilisation d'ersatz…). Ce qu'enseignent les expériences des deux guerres mondiales, c'est la formidable capacité de résistance de tout pays assiégé. De plus, le blocus ne se suffit jamais à lui-même ; la guerre se gagne (ou se perd) sur les champs de bataille.

L'ORGANISATION DES PAYS EXPORTATEURS

L'Organisation des pays exportateurs de pétrole (OPEP) est créée à Bagdad le 14 septembre 1960. Elle regroupe le Venezuela, l'Iran, l'Iraq, l'Arabie Saoudite et le Koweït. Ces cinq pays sont rejoints par le Qatar (1961), la Libye et l'Indonésie (1962), Abou Dhabi (1967), l'Algérie (1969), le Nigeria (1971), le Gabon (de 1975 à 1996). En 2007, l'Angola entre dans l'OPEP. L'Équateur et le Soudan frappent à la porte.
L'OPEP représente-t-elle un pouvoir pétrolier ?

1. Dans les années 1970, l'OPEP aide les grands exportateurs de pétrole du tiers monde à s'émanciper des compagnies et des États occidentaux.

À partir du milieu des années 1960, l'OPEP disloque le pouvoir des Sept Sœurs (Exxon, Shell, Texaco, BP, Socal, Mobil, Gulf) qui tiennent le marché pétrolier. L'OPEP obtient notamment le réaménagement du partage des bénéfices (accords de Téhéran, 1971).
Le premier choc pétrolier (1973-1974) – quintuplement du prix du brut en quatorze mois – reste le seul moment où l'OPEP, grâce à une configuration exceptionnelle de circonstances, dicte sa loi à un Occident affolé. À cette époque, les deux premiers exportateurs de l'OPEP (Arabie Saoudite, Iran) sont de très proches alliés des États-Unis, et ces derniers, souhaitant diminuer leur dépendance à l'égard du pétrole importé, sont en mesure, grâce au quintuplement du prix, de remettre en production nombre de leurs puits, redevenus rentables.
Le deuxième choc pétrolier (1979-1980) résulte d'événements politiques : révolution khomeyniste en Iran ; guerre Iraq-Iran.

2. À partir du début des années 1980, l'OPEP, cartel d'exportateurs de pétrole, devient l'une des structures de cristallisation des contradictions du tiers monde.

Le marché du pétrole tend à échapper à l'OPEP, qui, de cartel tout-puissant, n'est plus que l'offreur le plus important. C'est la multiplication des NOPEP (États exportateurs de pétrole non membres de l'OPEP) : Égypte, Malaisie, Angola, Brunei…
Au sein même de l'OPEP, les divisions éclatent. L'Organisation comprend trois types de pays : des pays fortement peuplés et ayant des réserves relativement faibles (une vingtaine

DE PÉTROLE (OPEP) ET L' ARME PÉTROLIÈRE

d'années) : Indonésie, Algérie, Nigeria, Gabon ; des pays très peu peuplés, disposant d'immenses réserves : Arabie Saoudite, Koweït, Émirats arabes unis ; enfin, des pays à forte population et substantielles réserves : Venezuela, Iraq et Iran (en ce qui concerne la Libye, faibles population et réserves).

Le pétrole n'est finalement qu'un produit brut pour obtenir des recettes. Le pétrole, qui semble garantir le développement grâce au flux d'argent qu'il assure en principe, se transforme en piège (Algérie). L'Iraq et l'Iran, en guerre de 1980 à 1988, se ruinent. Dans la première moitié des années 1980, l'Arabie Saoudite, bénéficiant de ses immenses réserves, et réalisant entre un quart et un tiers de la production quotidienne de l'OPEP, pèse sur les prix et tente de s'imposer comme la puissance directrice. Des pays de l'OPEP (Arabie Saoudite, Koweït) sont conscients de la précarité de l'atout pétrolier et s'implantent vers l'aval : raffinage, pétrochimie, participations dans des entreprises occidentales. *Au cours de l'été 1990, la crise du Golfe* (invasion du Koweït par l'Iraq de Saddam Hussein) provoque un troisième (faux) choc pétrolier, après ceux de 1973 et 1979. En fait, le choc se révèle bref.

3. L'OPEP garde un avantage unique : la concentration de l'essentiel des réserves de pétrole dans le golfe Persique (péninsule Arabique, Iran, Iraq) – un peu plus de la moitié des réserves connues.

Dans les années 2000, les ressources de beaucoup de NOPEP épuisées, les États du Golfe retrouveront-ils leur pouvoir des années 1970 ? La dépendance des économies industrialisées à l'égard du pétrole demeure très grande pour longtemps encore, mais cette dépendance recule lentement et inexorablement (économies d'énergie, recherche d'énergies alternatives). Par ailleurs, la demande d'énergie des pays en développement explose. Les rivalités sur le marché du pétrole ne sont pas près de se terminer. Durant la décennie 1990, la Russie, dont l'essentiel des recettes en devises sont fournies par les hydrocarbures, émerge comme un acteur pétrolier de poids, l'Occident étant obsédé par sa dépendance à l'égard du Moyen-Orient et cherchant à s'en émanciper. Dans ces conditions, la Russie dispose d'un levier politique.

Au-delà de cette distinction préliminaire, les sanctions sont le fait d'acteurs aux intérêts contradictoires, mouvants. Quant à celui qui est frappé, il se révèle plus ou moins vulnérable.

a) La cohésion et la patience des preneurs de sanctions

• En 1980, à la suite de l'intervention de l'Armée rouge en Afghanistan, les États-Unis du président Carter stoppent une partie des livraisons de céréales qu'ils doivent faire à l'Union soviétique. Il s'agit bien de gesticulation. Il y a d'abord le décalage entre la sanction prise, plutôt limitée, et son but politique (contraindre Moscou à retirer ses soldats d'Afghanistan). Ensuite, l'URSS trouve sans mal d'autres fournisseurs (Argentine…). Enfin, l'arrêt de ces livraisons pénalise les agriculteurs américains ; d'où la promesse faite par le candidat Ronald Reagan, dans sa campagne présidentielle de 1980, de mettre fin à cet embargo partiel. Reagan, élu, remplit son engagement.

• En décembre 1981, l'état de guerre est proclamé en Pologne par le général Jaruzelski ; l'expérience de *Solidarnosc* est temporairement arrêtée. L'Occident ne sait que faire, mais il faut tout de même punir l'État polonais et l'Union soviétique. Les États-Unis du président Reagan veulent la mise en sommeil des contrats passés entre l'Union soviétique et certains pays ouest-européens pour la construction d'un gazoduc sibérien destiné à approvisionner ces pays. Pour les États-Unis, la sanction est indolore. Les États ouest-européens, marqués par les deux chocs pétroliers de 1973 et 1979, renâclent devant l'exigence américaine ; le gazoduc sibérien doit contribuer à diversifier l'origine de leurs hydrocarbures et donc atténuer leur dépendance vis-à-vis du Moyen-Orient. États-Unis et Europe occidentale se chamaillent. Finalement, les sanctions à l'encontre de la Pologne et de l'Union soviétique sont symboliques.

Ces exemples rappellent que toute sanction a un coût économique, en général proportionnel à son efficacité : plus la mesure est contraignante pour celui qui est frappé, plus elle est douloureuse (perte de marchés, d'emplois…) pour celui ou ceux qui la prennent. Lorsque ont lieu des discussions pour l'adoption de sanctions, chacun tente de déplacer le fardeau vers l'autre.

b) La vulnérabilité de l'État frappé par les sanctions

– Des États-continents apparaissent *a priori* plus aptes à se protéger que des États sans espace, sans ressources naturelles.

– Le *régime politique* représente un facteur décisif.

• *Un État optant pour l'autarcie* (Union soviétique de Lénine à Brejnev, Allemagne hitlérienne...) se considère comme assiégé par un monde hostile. Si des sanctions sont dirigées contre cet État, elles ne représentent, pour lui, qu'un durcissement, justifiant le renforcement de la discipline dans la population.

• Au cours de l'été 1990, *l'Iraq de Saddam Hussein*, à la suite de son invasion du Koweït, se trouve placé dans un isolement quasi total par l'ONU. Puis, en janvier-février 1991, se déroule une guerre brève entre l'Iraq et la coalition dirigée par les États-Unis. L'Iraq est écrasé, les sanctions sont maintenues, les exportations de pétrole autorisées par l'ONU sont soumises à un prélèvement afin d'indemniser les dommages et préjudices résultant de l'occupation du Koweït (résolution 687 du 3 avril 1991). Enfin, l'Iraq est secoué par des révoltes (chiites, kurdes).

Pourtant, le régime de Saddam Hussein tient. Plusieurs raisons peuvent être avancées : efficacité du quadrillage policier ; anéantissement de l'opposition ; sentiment, chez le peuple iraquien, de ne disposer d'aucune alternative, face à un système international qui le traite en pestiféré ; attitude équivoque des États-Unis, voulant abattre le dictateur iraquien mais craignant de créer un vide de puissance déchaînant les appétits de la Turquie et de l'Iran.

Douze ans après la guerre du Koweït, Saddam Hussein est toujours au pouvoir, la population iraquienne s'étiolant sous la sévérité des sanctions. D'où, à l'ONU, un débat byzantin sur des « sanctions intelligentes » *(smart sanctions)*, qui frapperaient les dirigeants iraquiens en épargnant le peuple. Le grand gardien des sanctions contre l'Iraq, les États-Unis, ne croit plus à leur efficacité. À la suite des attentats du 11 septembre 2001, les États-Unis, se lançant dans une croisade contre « l'axe du mal » (Iraq, Iran, Corée du Nord), envahissent l'Iraq et détruisent le régime de Saddam Hussein (mars-avril 2003)

• À partir des années 1970, *l'Afrique du Sud*, sentant l'hostilité du monde extérieur se durcir contre l'apartheid, se prépare. Tout comme les chariots des Boers formant un cercle contre les attaques des Zoulous *(laager)*, l'Afrique du Sud se fait forteresse : développement d'une industrie nationale d'armements, promotion de l'énergie nucléaire, renforcement des liens avec d'autres « exclus » (par exemple, Israël). Toutefois, cette politique méthodique, anticipant un isolement quasi total, n'efface pas les réalités fondamentales : l'Afrique du Sud est un pays semi-industriel, vivant d'échanges (ventes d'or, de diamants, de métaux rares), étroitement lié, notamment par la présence de multinationales, à des pays occidentaux (États-Unis, Grande-Bretagne, Pays-Bas…) ; de plus, l'augmentation rapide de la population noire (face à des Blancs à la natalité stagnante) exige un fort taux de croissance, sans lequel le pays est condamné à régresser. Ces données massives font que la politique d'autosuffisance ne peut que retarder l'échéance inévitable, celle d'un abandon de l'apartheid, d'une mise en concordance de l'Afrique du Sud avec le vent décolonisateur de l'histoire.

III. DE LA LUTTE POUR LES RESSOURCES À LEUR GESTION COMMUNE ?

A. Problématique : heurt de la logique étatique et d'une perception bouleversée des ressources

1. Les peuples, les États, bref le politique en général, restent dominés par une logique territoriale

Le territoire est le fondement de la sécurité. De plus, la souveraineté, promue par l'Europe depuis la fin du Moyen Âge, implique la soumission de tout territoire à une seule autorité. D'où la division du monde en États souverains, séparés les uns des autres par des frontières-lignes.

Ce lien entre territoire, sécurité, légitimité, puissance reste fondamental aujourd'hui. Ainsi la *Convention de Montego Bay* (10 décembre 1982) constitue d'abord une consécration des appropriations étatiques : mer territoriale ; zone économique exclusive ; plateau continental... La Zone (fonds marins et sous-sols situés au-delà des juridictions nationales), domaine du patrimoine commun de l'humanité, est un reste.

2. *Cependant, la perception des ressources se modifie profondément, perturbant l'appropriation étatique exclusive*

– D'abord, l'humanité prend conscience de la *finitude de la terre*. Notre planète apparaît comme une prison précieuse, fragile. Cette conscience d'appartenir à « un monde fini » (Paul Valéry) peut aviver les luttes entre les hommes, se disputant des richesses dont ils perçoivent la rareté. Mais, à l'inverse, les hommes découvrent qu'ils doivent organiser, gérer la terre comme un tout. Ainsi surgit une interrogation : le XXIe siècle sera-t-il celui des guerres féroces pour des ressources de plus en plus restreintes ou de la mise sur pied d'un ordre authentiquement mondial, faisant de l'humanité une seule et même société ?

– La ressource est traditionnellement définie comme un élément donné (espaces, sols, minéraux...). Or, du point de vue de l'homme, ce qui fait une ressource, ce sont les possibilités d'exploitation qu'elle recèle.

D'où la position charnière de l'outil, de la *technique*. Par la technique, l'homme transforme des éléments bruts en des produits, des instruments lui permettant de vivre. La technique n'est pas une ressource donnée, mais quelque chose en perpétuelle évolution.

Les ressources offertes par la nature constituent une donnée. La population humaine pèse très lourd. Seule la technique, c'est-à-dire l'imagination de l'homme, peut tenter de maîtriser cette contradiction entre des richesses en principe finies et des hommes plus nombreux.

B. La dimension de l'environnement

1. L'idée d'environnement, vecteur d'une conscience planétaire

– L'idée d'environnement naît des bouleversements survenus depuis la fin du XVIIIe siècle : révolution industrielle ; accroissement vertigineux de la population humaine ; rétrécissement de la terre, unifiée par des échanges, des communications de plus en plus denses ; inégalités de développement. La technique, l'industrie, l'urbanisation éloignent l'homme de la nature, tendent à le libérer de fatalités millénaires (inondations, famines...). Or en même temps l'homme découvre que sa dépendance à l'égard de la nature ne disparaît pas, mais se déplace. La nostalgie du paradis terrestre est toujours là.

– *Au tournant des années 1960-1970, s'ébauche une première prise de conscience, de caractère utopique.* La société de consommation est dénoncée par ses propres enfants, pour qui l'abondance semble être si bien acquise qu'elle peut être contestée. En 1972, le Club de Rome annonce que, si la croissance économique se poursuit au même rythme que lors des Trente Glorieuses (1945-1975), les ressources naturelles seront bientôt épuisées. Dans cette même année 1972, les premiers éléments institutionnels en matière d'environnement se matérialisent : Programme des Nations unies pour l'environnement, à la suite de la Conférence de Stockholm ; principe pollueur-payeur, élaboré par l'Organisation de coopération et de développement économique.

– La crise des années 1970 repousse à l'arrière de la scène internationale l'idée d'environnement ; les priorités sont la compétition technico-économique, l'emploi. La lutte pour l'environnement tend à se réduire au combat antinucléaire. *Dans la seconde moitié des années 1980, le thème de l'environnement revient au premier plan de l'actualité.* Des catastrophes industrielles (Bhopal en Inde, Tchernobyl en Union soviétique...) touchent les opinions publiques, qui sentent que les dégâts faits à la nature menacent l'humanité tout entière. Les investigations scientifiques améliorent la connaissance de la terre, de ses mécanismes ; des débats longtemps réservés aux scientifiques sont attirés dans le champ médiatico-politique (destruction de la couche d'ozone ; renforcement de l'effet de serre, risquant de perturber les climats).

Les préoccupations écologiques entrent dans la vie quotidienne, avec, en particulier, les multiples problèmes résultant de l'accumulation, de la diversité des déchets. Les entreprises, perçues comme sources de pollutions et d'accidents, se font écologiques (systématisation des politiques de recyclage ; lancement de produits « verts »). Les mouvements écologistes pénètrent les institutions politiques (en Europe, la plupart des partis « verts » sont créés dans les années 1980).

À l'échelle des sociétés et de la planète, il s'agit de *concilier environnement et développement*. C'est la notion de « développement durable » ou « soutenable » : chaque génération doit transmettre à celles qui lui succèdent un patrimoine naturel intact. Ce principe du développement durable a quelque difficulté à se matérialiser. Depuis la nuit des temps, l'homme ne se fait, ne se développe que par l'exploitation, donc la destruction, de la nature. De plus, le développement doit intégrer le facteur technique, qui fait que telle ressource peut être essentielle à l'homme à une époque donnée (par exemple, charbon, puis pétrole, avec la révolution industrielle). D'où une question d'ordre philosophique : pour l'homme, le but est-il la protection de la nature en tant que telle ou une gestion raisonnable de la nature ? L'homme peut-il avoir une autre priorité que la survie de son espèce ?

2. Les débats autour de l'environnement

Les réflexions politiques, économiques, sociales sur l'environnement sont encore très ouvertes.

Certes, les conventions internationales se multiplient. Les unes se veulent universelles (par exemple, protection des espèces, destruction de l'ozone stratosphérique, climat, déchets dangereux). Les autres concernent un ensemble régional, un bassin fluvial.

– *Les grandes nations industrielles (Europe occidentale, Amérique du Nord, Japon)* demeurent les principaux pollueurs, du fait même de leur niveau de développement.

Toutefois, ces pays prennent conscience de la nécessité d'un développement propre. La préoccupation écologique et l'impératif de compétition, au lieu de s'opposer, peuvent se rejoindre : élimination des gaspillages, modes de gestion plus rigoureux, produits nouveaux…

Le Nord n'a rien d'un bloc. Les États-Unis, en dépit des proclamations écologistes de leurs présidents, redoutent l'alourdissement des coûts industriels, craignent que les transferts de technologies, réclamés par le Sud, renforcent les capacités concurrentielles des Nouveaux Pays Industriels. Le Japon se convertit à l'écologie par nécessité (petitesse de l'archipel, traces très lourdes laissées par l'industrialisation depuis la fin de la Seconde Guerre mondiale) ; en outre, son enrichissement lui permet de préserver ses forêts grâce aux importations de bois tropicaux d'Asie du Sud-Est. L'Europe occidentale n'est pas exempte de contradictions, chaque pays tenant à ce que ses efforts en matière d'environnement ne pénalisent pas sa compétitivité (par exemple, dans les années 1980, débats autour du pot catalytique, exigé par l'Allemagne, la France s'inquiétant de ce que le prix de cet équipement ne soit excessif pour des voitures de petite cylindrée).

La dimension écologique est toujours imbriquée dans le jeu des intérêts économiques, politiques.

– *Les pays du Sud* connaissent tous de graves problèmes d'environnement, mais soit ils sont trop démunis pour y faire face, soit ils ont pour urgence le développement.

• *Les pays les plus pauvres* (Afrique au sud du Sahara, Himalaya, Amérique andine) surconsomment bois et sols, mais les besoins immédiats sont trop écrasants pour rendre possibles des mesures de précaution.

• *Les pays en pleine industrialisation* (Chine, Inde, Brésil) sont, eux aussi, assaillis, presque asphyxiés par les destructions de l'environnement : pollutions atmosphériques, déchets multiples, eaux usées, encombrements routiers et urbains… En particulier, dans ces pays, le taux d'intensité énergétique (consommation d'énergie par unité de produit intérieur brut) s'élève fortement – pour décliner dans les pays anciennement industrialisés. Pour ces pays, la priorité est le développement.

• *Les pays bénéficiant d'atouts naturels* (ceinture tropicale : Amazonie, Afrique centrale, Asie du Sud-Est) les surexploitent afin de se procurer des ressources financières. Par ailleurs, dans ces pays, la pression démographique dévore peu à peu les forêts, les hommes cherchant du bois pour se chauffer, de la terre pour leurs cultures et leurs troupeaux.

Comme le Nord, le Sud n'a rien d'un bloc. Plusieurs clivages se dessinent : entre pays ayant des ressources naturelles à vendre et ceux privés de tout (et devenant des poubelles écologiques : Haïti, Sierra Leone…) ; entre pays engagés sur la voie du développement et exclus…

– Aussi, *comme tout conflit Nord-Sud, ceux liés à l'environnement* opposent en fait les pays occidentaux (Amérique du Nord, Japon, Europe occidentale) et ceux des pays du Sud qui disposent, vis-à-vis de l'Occident, de moyens de pression.

Face à l'Occident plus ou moins prêt à mobiliser des ressources pour reconstituer l'environnement, les grands pays du Sud (Chine, Inde, Brésil…) invoquent l'impératif du développement, sous le poids d'une démographie que seuls l'enrichissement et l'éducation peuvent stabiliser. Ce Sud exige des compensations financières, des transferts de technologies.

Deux exemples illustrent cette problématique Nord-Sud :

• *La destruction de la couche d'ozone*. En 1985, sous l'égide du Programme des Nations unies pour l'environnement (PNUE), est adoptée la Convention de Vienne. Ce texte concerne la recherche et l'observation : il s'agit de parvenir à un diagnostic aussi incontestable que possible sur l'évolution de la couche d'ozone, en particulier sur l'impact exact des chlorofluorocarbones (CFC), considérés comme les grands destructeurs de l'ozone stratosphérique, qui filtre les rayons ultraviolets, les plus nocifs émis par le Soleil.

À partir de 1987, se noue une négociation très large pour l'arrêt de la production des CFC. Ici apparaît l'opposition Nord-Sud.

Pour les pays industrialisés (États-Unis, Japon, Europe occidentale), qui produisent la quasi-totalité des CFC, la préservation de la couche d'ozone devient une priorité. Et, dans une large mesure, il y a convergence entre la préoccupation écologique et l'intérêt économique. Les CFC satisfont des besoins industriels précis (gaz d'aérosols, fluides réfrigérants, solvants...) ; ils sont fabriqués par quelques très grandes entreprises chimiques. Cette technique des CFC est amortie, et le développement de substituts offre à ces entreprises de nouveaux marchés, très porteurs à une époque où le consommateur se veut écologiste.

Quant aux grands pays du Sud (en particulier Chine et Inde), ils se trouvent en pleine industrialisation et recherchent donc des techniques aussi peu coûteuses que possible, tels les CFC.

Pourtant, en dépit de ces divergences d'intérêts entre Occident et Sud, une authentique réglementation internationale, interdisant les CFC, voit le jour. Cette réglementation se développe sur le fondement du *Protocole de Montréal* (18 septembre 1987), régulièrement amendée (en 1990, à Londres ; en 1992, à Copenhague ; en 1997, à Montréal ; en 1999, à Pékin) afin de prendre en compte toutes les substances chimiques détruisant la couche d'ozone. 180 États sont parties au Protocole. Les CFC sont aujourd'hui définitivement supprimés.

Toutefois des quantités considérables de CFC ont été accumulées dans la haute atmosphère. Il faudra environ soixante-dix ans pour que ces stocks soient éliminés.

• *La protection de la diversité du patrimoine génétique.*

L'une des inquiétudes majeures en matière d'environnement résulte de l'uniformisation des espèces animales et végétales. Cet appauvrissement s'inscrit dans la logique des sociétés industrielles, privilégiant le rendement au détriment de la conservation de la diversité. De plus, les grands lieux de préservation des variétés, les forêts tropicales, font l'objet de destructions massives.

Des efforts sont déjà faits pour sauver cette diversité : banques de gènes, conservatoires ; et aussi convention sur les espèces en voie de disparition.

Parmi les points discutés au sommet de la Terre (Rio de Janeiro, juin 1992), figure une convention universelle sur la diversité biologique (en 2006, 176 États signataires). À nouveau, l'opposition Nord-Sud se cristallise autour des enjeux économiques et financiers. Les États-Unis ont signé ce texte, mais le Sénat renâcle à le ratifier, pour deux raisons : ces multiples variétés, qui se trouvent au Sud, peuvent être exploitées, susciter de nouveaux produits (médicaments, vaccins...), concurrençant les industries pharmaceutiques des nations riches ; la convention prévoit des programmes assortis de financements, et les États-Unis y sont hostiles.

Ces controverses Nord-Sud à propos de l'environnement s'organisent autour de deux conflits, qui se manifestent dès la période de la décolonisation :

- Conflit entre les pays déjà établis, dans lesquels l'exigence écologique peut se combiner avec les données économiques, et les pays du Sud, ou plutôt les plus forts d'entre eux, invoquant le droit au développement, l'égalité entre les peuples : au nom de quel argument les premiers pollueurs de la planète interdiraient-ils à la très grande masse de l'humanité de se libérer de sa misère ?
- Conflit entre les pays riches, donnant la priorité à leur compétitivité, et les pays du Sud, demandant des compensations : transferts de technologies « propres » ; aides financières...

3. Marché ou/et réglementation ?

L'irruption de la dimension écologique dans le contrôle des ressources donne une nouvelle actualité à un débat permanent : sur cette terre rapetissée, quadrillée par des réseaux de communication, la gestion des ressources doit-elle, peut-elle être assurée par le marché, devenu général et universel, ou requiert-elle des réglementations, et donc l'avènement, ou la consolidation, d'un pouvoir politique planétaire ?

Surtout, depuis 1945, ou plutôt les années 1960, deux visions de l'ordre international, concernant les ressources, tendent à s'affronter.

• Pour *la vision libérale*, dont les porte-parole traditionnels sont le Royaume-Uni et les États-Unis, l'établissement d'un espace économique universel, sans barrières, assurerait la meilleure gestion des ressources, chacun faisant ce pour quoi il est le plus apte, la multiplication des moyens de transport contractant les distances, brisant les enclavements.

• *L'autre vision*, qu'ont exprimée plus ou moins le tiers monde et l'Union européenne, peut être qualifiée d'*organisatrice*, de *volontariste*. La gestion des ressources doit reposer sur des accords politiques (par exemple, accords sur les matières premières, fonds commun…). À la fin des années 1990, le débat entre les deux visions se cristallise autour du changement climatique (conférences de Kyoto en décembre 1997 puis de Buenos Aires en novembre 1998). Que faire pour empêcher le renforcement de l'effet de serre par les molécules artificielles ? Pour les États-Unis, très hostiles à tout dirigisme, la solution réside dans les *droits à polluer* (*trading permits*). Chaque État recevrait, compte tenu de son niveau de développement, un certain montant de ces droits. Ces droits pourraient être échangés sur un marché mondial. Pour cette démarche, il revient à chaque État de calculer ce qu'il doit faire : soit utiliser pleinement ses droits et même en acheter ; soit les vendre et, grâce aux recettes de ces ventes, se procurer des ressources financières afin d'avoir un développement plus propre. La diminution des pollutions atmosphériques s'opérerait « spontanément », chaque État étant peu à peu conduit à avoir une gestion plus rationnelle de sa consommation d'énergie. En juillet 2001, les États-Unis du président Bush Jr rejettent le Protocole de Kyoto visant à limiter les émissions de gaz à effet de serre. La logique américaine est claire : le Protocole est un mauvais texte, dirigiste mais n'imposant aucune discipline aux pays du Sud ; dans ces conditions, la seule solution raisonnable est de laisser chacun faire ce qu'il juge bon de faire.

Le 16 février 2005, le Protocole de Kyoto, ratifié par 141 États (dont la Russie se ralliant au dispositif en novembre 2004), entre en vigueur pour la période 2005-2012. L'effet majeur est l'instauration *d'un marché européen des droits à polluer*. Cette innovation remarquable a du mal à fonctionner, les droits octroyés se révélant en nombre très excessif par rapport aux besoins des gros pollueurs. Les prix des émissions de carbone apparaissent très instables. Les difficultés paraissent venir moins du système lui-même que de l'extrême complexité d'échanges entre vingt-cinq États. Une maîtrise ou une réduction des pollutions passe très probablement par des marchés de droits à polluer, laissant les pollueurs procéder à des arbitrages calculés entre achat de droits à polluer et investissements dans des équipements de diminution des pollutions.

*
* *

Le contrôle des ressources met face à face deux logiques : une logique pluriséculaire d'appropriation nationale ; une logique encore bien incertaine de mise en commun de ces ressources. Selon la formule de Saint-Simon, l'État-nation exercerait le *gouvernement des hommes*, de leurs ambitions, de leurs disputes ; aujourd'hui viendrait le temps de l'humanité, soudée par la précarité de la terre, et s'engageant dans l'*administration des choses*.

L'unification scientifique, technique, économique suscite une dynamique contradictoire d'un côté, d'organisation planétaire, de l'autre, de fragmentation politique et culturelle. L'oscillation multiséculaire des hommes entre le rêve d'unité et les conflits quotidiens prendrait-elle fin aujourd'hui, parce que ces hommes prendraient conscience d'appartenir à un monde fini et vulnérable ? Pour l'homme s'annonce déjà un autre défi : quel sens donner à l'aventure humaine, alors que Dieu n'est plus qu'une abstraction ou une affaire entre soi et soi, et que l'idée de progrès, centrale en Occident de la Renaissance aux guerres mondiales, s'est brisée sur les tragédies du XXe siècle ?

6

Les droits de l'homme

Individu, État-nation, minorités

Dates clés

28 juin 1919 :	Traité de Versailles (partie XIII instituant l'Organisation internationale du travail).
8 août 1945 :	Accord de Londres créant le tribunal militaire international de Nuremberg.
9 décembre 1948 :	Convention sur la prévention et répression du crime de génocide.
10 décembre 1948 :	Déclaration universelle des droits de l'homme (résolution 217-A [III] de l'Assemblée générale des Nations unies).
4 novembre 1950 :	Convention européenne des droits de l'homme.
2 décembre 1958 :	Résolution sur le droit des peuples à disposer d'eux-mêmes (1314 [XIII] de l'Assemblée générale des Nations unies).
28 mai 1961 :	Création d'Amnesty International.
21 décembre 1965 :	Résolution 2131 (XX) de l'Assemblée générale des Nations unies sur l'inadmissibilité de l'intervention dans les affaires intérieures des États.

19 décembre 1966 :	Pactes sur les droits civils et politiques et sur les droits économiques et sociaux.
3 mai 1974 :	Ratification de la Convention européenne des droits de l'homme par la France.
1er août 1975 :	Acte final d'Helsinki (troisième corbeille : droits de l'homme).
18 juillet 1978 :	Entrée en vigueur de la Convention interaméricaine des droits de l'homme.
25 octobre 1980 :	Résolution de la conférence générale de l'UNESCO sur le nouvel ordre mondial de l'information.
27 juin 1981 :	Charte africaine des droits de l'homme et des peuples, au sein de l'Organisation de l'unité africaine.
2 octobre 1981 :	Déclaration française d'acceptation de la saisine individuelle de la Commission de la Convention européenne des droits de l'homme.
2 novembre 1987 :	Mise en place de la Commission africaine des droits de l'homme et des peuples.
8 décembre 1988 :	Résolution 43/131 de l'Assemblée générale des Nations unies, relative à l'assistance humanitaire en cas de catastrophes naturelles et autres situations analogues.
17 janvier 1989 :	Déclaration de Vienne (Conférence sur la sécurité et la coopération en Europe). Parmi les éléments essentiels, libertés religieuses, droits des minorités nationales (protection des identités ethnique, culturelle, linguistique et religieuse).
20 novembre 1989 :	Convention relative aux droits de l'enfant, ouverte à la signature et à la ratification des États.
15 décembre 1989 :	Convention Lomé IV entre la Communauté européenne et 63 pays d'Afrique, des Caraïbes et du Pacifique. Prise en compte des droits de l'homme dans les programmes de développement.

21 novembre 1990 : Charte de Paris consacrant le nouvel ordre européen de l'après-guerre froide. Parmi les principes, droits de l'homme, démocratie, État de droit.

5 avril 1991 : Résolution 688 du Conseil de sécurité des Nations unies, relative à la répression des populations civiles iraquiennes.

22 février 1993 : Résolution 808 du Conseil de sécurité, instituant un tribunal pour juger les auteurs de crimes contre le droit humanitaire en ex-Yougoslavie.

14-25 juin 1993 : Conférence mondiale de Vienne sur les droits de l'homme.

8 novembre 1994 : Résolution 955 du Conseil de sécurité, instituant un tribunal pour juger les auteurs de crimes contre le droit humanitaire au Rwanda.

21 mars 1995 : Pacte de stabilité en Europe, adopté par les États de l'OSCE : inviolabilité des frontières établies, protection des droits des minorités.

28 février 1996 : Entrée de la Russie au Conseil de l'Europe.

27-30 septembre 1997 : Conférence d'Oslo sur le Travail des enfants.

18 juillet 1998 : Adoption, à Rome, par 120 États (contre : États-Unis, Chine, Israël), d'un projet de Cour pénale internationale (CPI).

16 octobre 1998 : Arrestation à Londres du général Pinochet, dictateur du Chili de 1973 à 1990, à la demande d'un juge espagnol.

7 décembre 2000 : Adoption par l'Union européenne d'une Charte des droits fondamentaux, juridiquement non contraignante.

25-30 janvier 2001 : Premier Forum social mondial, à Porto Alegre (Brésil).

28 juin 2001 :	Remise de Slobodan Milosevic, ancien président yougoslave, au Tribunal pénal international pour l'ex-Yougoslavie.
31 août- 7 septembre 2001 :	Conférence des Nations unies à Durban contre le racisme, la discrimination raciale, la xénophobie et l'intolérance. La Conférence est close dans un complet chaos (divisions violentes à propos d'Israël et des demandes de réparations pour les descendants d'esclaves).
1er juillet 2002 :	Mise en place de la CPI à La Haye.
2002-2003 :	Accords bilatéraux entre les États-Unis et de nombreux États, afin de garantir que les ressortissants américains résidant dans ces États ne soient pas extradés vers la Cour pénale internationale.
1er août 2003 :	Abrogation par le Parlement belge de la loi de 1993, adoptée à l'unanimité, et autorisant les tribunaux belges à être saisis de toute violation grave du droit humanitaire (compétence dite universelle).
29 avril 2004 :	Début du scandale de la prison d'Abou Ghraib en Iraq. Images de prisonniers iraquiens torturés par des soldats américains.
1er juillet 2004 :	Ouverture du procès de Saddam Hussein devant le Tribunal spécial iraquien, siégeant à Bagdad.
29 octobre 2004 :	Signature à Rome d'un projet de Traité constitutionnel entre les États membres de l'Union européenne. La Charte européenne des droits fondamentaux, partie II du projet de Traité.
5 juin 2005 :	Ouverture par la Cour pénale internationale d'une enquête sur les crimes commis au Darfour (Soudan).
Novembre 2005 :	Début du scandale des « prisons secrètes » de la CIA, lieux clandestins de détention pour prisonniers d'Al-Qaida.
14 mars 2006 :	Mort de Slobodan Milosevic. Ce décès illustre l'extrême difficulté d'une justice

	pénale internationale. Le procès Milosevic avait commencé le 12 février 2002.
30 juin 2006 :	Arrêt de la Cour suprême des États-Unis, condamnant l'Administration Bush pour non-respect des droits fondamentaux des prisonniers de la base de Guantanamo. Celle-ci cesse d'être une zone hors-droit.
5 novembre-30 décembre 2006 :	Condamnation à mort de Saddam Hussein. Exécution par pendaison.
10 décembre 2006 :	Mort d'Augusto Pinochet, dont le procès n'aura jamais lieu.

*
* *

En 1789-1790, la Révolution française instaure, dans le même mouvement, les droits de l'homme et la nation. Selon la philosophie des Lumières, l'homme reçoit de la nature des droits (idée de droit naturel). La nation est un pacte entre des individus libres et égaux ; ce contrat conclu, la loi – mot le plus souvent cité dans la Déclaration des droits de l'homme et du citoyen – ne crée pas les droits de l'homme, elle les organise et les garantit.

D'emblée, les droits de l'homme sont un enjeu international. Pour la France révolutionnaire, l'Europe, le monde ne seront en paix que si tous les peuples sont libres, c'est-à-dire convertis aux droits de l'homme (notion de républiques sœurs, créées dans le sillage des guerres révolutionnaires). Quant aux monarchies européennes, elles prennent tout de suite conscience de l'acide destructeur que constituent les thèmes révolutionnaires pour la légitimité de droit divin.

La dynamique des droits de l'homme appelle une république universelle, un contrat mondial entre tous les hommes. Tel est l'horizon utopique. Cependant, les droits de l'homme ne cessent de soulever la même interrogation. D'un côté, ils sont définis comme antérieurs à la société, à l'État. De l'autre, ces droits, pour s'exercer, doivent être définis, protégés par une structure collective (en général, l'État-nation).

D'où des tensions constantes entre l'individu, revendiquant le droit au bonheur, et le tout, la société, l'État, qui s'appuie sur une cohésion communautaire. Mais l'individu se satisfait-il de son seul épanouissement ? N'éprouve-t-il pas le besoin d'appartenir à un ensemble (religion, nation) ? Quels équilibres entre l'épanouissement de l'individu et les finalités communes ?

Les droits de l'homme ne peuvent être enfermés dans une liste, établie à la fin du XVIIIe siècle. Au contraire, il s'agit d'un domaine contradictoire, évolutif, pris dans les grands affrontements du monde. D'où une succession de conflits autour des droits de l'homme, entraînant des réinterprétations, des métamorphoses (**I**).

À travers ces conflits, des dispositifs, universels, régionaux, en matière de droits de l'homme, se mettent en place, essentiellement depuis les lendemains de la Seconde Guerre mondiale (**II**). Enfin, en ce début du XXIe siècle, le développement des droits de l'homme retrouve deux questions permanentes : l'humanité est-elle une ou irrémédiablement diverse ? L'État-nation souverain demeure-t-il l'espace normal de mise en œuvre des droits de l'homme ou doit-il être dépassé, complété ou réaménagé (**III**) ?

*

* *

I. LES DROITS DE L'HOMME : CONFLITS ET TRANSFORMATIONS

A. De la Révolution française à la Première Guerre mondiale : le conflit entre légitimité monarchique et légitimité populaire

La période 1789-1918 peut être racontée comme celle d'une lutte à mort entre la légitimité monarchique et la légitimité populaire.

À la veille de la Révolution française, la légitimité monarchique va de soi en Europe. Les princes sont les représentants de Dieu sur terre. Ils doivent guider leurs peuples sur le bon chemin. Ils n'ont de comptes à rendre qu'à Dieu. À la suite du formidable choc de la Révolution française et des guerres qui l'accompagnent, la Restauration de 1815 n'abolit qu'en apparence la cassure des années 1789-1815. Désormais, la légitimité monarchique doit se défendre, se justifier et même passer des compromis avec l'ennemi : la légitimité populaire. À l'issue de la Première Guerre mondiale, les empires encore régis par le droit divin sont tous balayés : Russie des tsars, Allemagne des Hohenzollern, Autriche-Hongrie des Habsbourg, Empire ottoman.

Les idées révolutionnaires, vaincues en 1815, progressent tout au long du XIXe siècle, se déchaînant en 1830, 1848 et encore en 1870.

Or, entre les droits de l'homme et le principe monarchique, s'impose une notion capitale : *celle de nation.*

Pour la Révolution française, la nation, fruit d'un accord de volontés (fête de la Fédération, 14 juillet 1790), prolonge et accomplit les droits de l'homme. La nation est une étape vers la fraternité universelle. Mais l'idée de nation insuffle également à certaines monarchies une légitimité moderne. Avec l'unité de l'Allemagne, Bismarck s'approprie l'idée de nation et apporte à la monarchie prussienne un fondement populaire.

En 1918, la victoire de la France, de la Grande-Bretagne et des États-Unis signifie le triomphe de la démocratie libérale, pluraliste, des droits de l'individu. Cependant, une question demeure à l'arrière-plan : la nation-contrat comble-t-elle le besoin d'enracinement collectif de l'individu ?

B. De la fin de la Première Guerre mondiale à la chute du communisme : les conflits entre l'individualisme libéral et les holismes d'origine occidentale

L'anthropologue Louis Dumont, qui a vécu de nombreuses années en Inde, a centré ses travaux sur l'opposition entre sociétés traditionnelles, illustrées par l'Inde, et sociétés modernes. Les premières sont holistes : l'individu *(homo hierarchicus)* est l'élément d'un tout, au sein duquel il occupe une position fixe, héritée de ses parents, et qu'il léguera à ses enfants ; la société s'inscrit dans un cosmos, où se répondent ordre terrestre et ordre divin. Dans les sociétés modernes, occidentales, l'individu *(homo æqualis)* échappe au tout, il existe et s'accomplit par lui-même.

Selon la vision marxiste-léniniste, qui s'incarne dans l'Union soviétique, les droits de l'individu n'ont de contenu que par rapport aux réalités économiques et sociales : il n'y a pas de liberté pour un homme qui souffre de la faim, de la misère, de la maladie. De plus, dans cette Union soviétique qui se veut le chantier du socialisme, l'individu participe à une grande aventure collective (construire le communisme), qui fixe ses droits et ses devoirs. Dans ce schéma, les droits de l'homme, dans le sens « bourgeois » de la Révolution française, sont soit, dans le système capitaliste, une mystification – qu'est-ce que la liberté de s'exprimer pour le chômeur ? –, soit, en régime socialiste, une composante d'un tout, l'édification d'un homme nouveau.

Dans l'entre-deux-guerres, le fascisme puis le nazisme rejettent la vision des Lumières : l'homme n'existe que dans un tout, l'État fasciste, le peuple allemand.

En 1989-1991, les démocraties populaires s'effondrent, l'Union soviétique est liquidée. L'individualisme libéral a gagné le « conflit du siècle » contre le socialisme marxiste.

Pourquoi ?

Les holismes d'origine occidentale (Union soviétique, Allemagne hitlérienne) sont inspirés par une ambition prométhéenne : bâtir un homme se fondant dans le projet commun. Alors que, dans les sociétés traditionnelles, les vices, les égoïsmes individuels sont absorbés, neutralisés par une hiérarchie sociale intériorisée depuis des siècles par chacun, les holismes occidentaux partent de l'individu, exaltent son sens du sacrifice et le tiennent par la terreur. Que la tension collective se relâche (comme dans l'Union soviétique poststalinienne), et le système social se momifie et se corrompt, le héros stakhanoviste n'est plus qu'un privilégié de la nomenklatura !

Par ailleurs, la promotion des droits de l'individu répond, semble-t-il, à l'avènement des sociétés postindustrielles. Tandis que les sociétés industrielles, « verticales », axées sur la production de masse, réclament discipline, hiérarchie, intégration de l'individu dans des appareils quasi militaires, les sociétés postindustrielles, « horizontales », reposent sur l'initiative, la créativité, la décentralisation, qui, pour s'épanouir, ont besoin d'individus se sentant libres.

C. De la décolonisation à l'effondrement des socialismes, les droits de l'homme entre l'Occident et le tiers monde

1. Les droits de l'homme, occidentaux ou universels ?

– Les droits de l'homme, dont l'idée fédératrice est le droit au bonheur de l'individu, sont une invention occidentale, produite par des évolutions s'étalant sur plusieurs siècles, et finalement par les philosophies des XVIIe et XVIIIe siècles.

Selon cette vision, l'homme est un être de raison, capable d'équilibrer ses aspirations égoïstes et l'existence avec autrui. En outre, cette approche occidentale considère que l'homme est le même partout, les différences de race, de culture étant secondaires. L'une des significations de la colonisation de la terre par l'Europe est de faire prendre conscience les peuples d'Asie, d'Afrique et d'Amérique de leur humanité.

– Pour l'Orient, immense et divers, allant de la Méditerranée au Pacifique, l'homme, la civilisation et la nature dans lesquelles il vit forment un tout. Cet homme est persan, hindou, chinois ; son humanité réside dans cette identité... Mais qu'est le non-Persan, le non-Hindou, le non-Chinois ? C'est un autre, un étranger, un non-humain.

– Cette opposition Occident/Orient ne va pas sans simplifications. Ainsi l'islam, foi née dans la péninsule Arabique, est porté par une ambition universaliste. Ici, ce qui fait l'homme, c'est la religion (comme dans l'Europe chrétienne) : être pleinement humain, c'est être musulman. L'islam regarde le non-musulman comme un infidèle et comme une créature de Dieu, qui, à ce titre, doit être protégée.

2. Les droits de l'homme et la décolonisation

La domination de la terre par l'Europe, du XVIe au XXe siècle, contraint les non-Européens à penser dans les termes de l'Europe. Pour survivre ou s'émanciper, les peuples d'Asie, d'Afrique, d'Amérique doivent s'approprier les concepts de l'Europe : tout comme les fusils contre les lances et les arcs, ces concepts ont gagné.

Le colonisé retourne contre l'Européen ce qu'il a appris de ce dernier : la liberté, l'indépendance, le *droit des peuples à disposer d'eux-mêmes*.

Pour ces peuples non européens, la colonisation est un tremblement de terre, une fracture irréductible. Les croyances, les traditions, les équilibres se brisent sous le choc de la modernité. Pourtant, la colonisation n'est aussi qu'un moment – un, deux, trois siècles –, une parenthèse. Les structures disloquées par la colonisation laissent des traces. Les empires séculaires se sont écroulés, mais ils ne sont pas remplacés par des régimes à l'occidentale. L'Inde reste fidèle au parlementarisme britannique ; mais, derrière les institutions, les dynasties familiales, les castes demeurent. La Chine maoïste offre de troublantes ressemblances avec la Chine impériale : règne d'un souverain inaccessible dans la Cité interdite ; convulsions périodiques (Grand Bond en avant, Révolution culturelle) déclenchées par la toute-puissance de l'empereur rouge.

Le monde colonisé est donc contraint, pour s'émanciper, de penser en termes européens : État-nation, souveraineté, frontière. Les États accédant à l'indépendance s'établissent sur ces fondements. Pour les vieilles nations d'Asie, c'est une recréation, une métamorphose. En Amérique latine, en Afrique, les États sont des produits de la colonisation.

3. Les droits de l'homme dans les rapports Nord-Sud (des années 1960 aux années 1980)

Le tiers-mondisme, qui s'affirme dans le sillage de la décolonisation, est pénétré de marxisme : les droits de l'individu, isolés des réalités économiques et sociales, sont une illusion bourgeoise ; les véritables enjeux sont le développement dans l'indépendance, l'instauration d'une justice mondiale.

L'exemple le plus frappant de l'opposition Nord-Sud à propos des droits de l'homme, des années 1960 aux années 1980, concerne l'*information*. Dans la seconde moitié des années 1970, au sein de l'UNESCO, se développe un débat violent sur le « nouvel ordre mondial de l'information ». Pour le tiers monde, la liberté de l'information dissimule son contrôle par l'Occident, à travers, notamment, les grandes agences d'information. Il faut bâtir un nouvel ordre, qui prenne en considération les préoccupations du Sud et offre une information plus équitable (conférences générales de l'UNESCO de Nairobi, en 1976, et de Paris, en 1978). Le 25 octobre 1980, à Belgrade, la conférence générale adopte le rapport MacBride. Ce texte met l'accent sur l'équité :

> 1. L'élimination des déséquilibres et des inégalités qui caractérisent la situation actuelle.
> 2. L'élimination des effets négatifs de certains monopoles publics ou privés et des concentrations excessives.
> […]
> 10. Le respect du droit de tous les peuples à participer aux échanges internationaux d'information sur la base de l'équité, de la justice et de leurs intérêts mutuels…

Ce débat sur l'information contribue à l'éclatement d'une crise grave au sein de l'UNESCO. En décembre 1984, les États-Unis se retirent de l'organisation. En décembre 1985, c'est le tour de la Grande-Bretagne. Ces deux pays ne supportent pas le « terrorisme tiers-mondiste » de l'UNESCO. La tempête calmée, le Royaume-Uni réintègre l'UNESCO en 1997, les États-Unis en 2002.

D. Vers un triomphe planétaire des droits de l'homme ?

1. Les facteurs portant les droits de l'homme

À l'aube du XXIe siècle, quatre facteurs convergent en faveur d'une consécration mondiale des droits de l'homme :

– *Le rejet tant des expériences totalitaires (bloc soviétique) que des dictatures*, la démocratie pluraliste apparaissant comme le régime le mieux adapté aux sociétés contemporaines, par la valorisation de l'initiative individuelle et le respect des différences.

– *La constitution de mécanismes d'information et de surveillance.* Il y a d'abord l'explosion des moyens d'information (télévision, notamment). Certes, ces moyens restent occidentaux et donnent souvent une interprétation unilatérale des événements (polémique autour de la seconde guerre du Golfe, en 1991, lors de laquelle la chaîne américaine *CNN* dispose d'un quasi-monopole d'information) ; de plus, ils peuvent être manipulés. Il n'en reste pas moins que les capacités de secret, de censure se trouvent fragilisées. Depuis les attentats du 11 septembre 2001, toutes les tentatives faites par l'Administration Bush pour se soustraire aux contraintes du droit se trouvent défaites tant par les investigations de toutes sortes (en 2004, scandale de la prison d'Abou Ghraib ; en 2005, scandale des prisons secrètes de la CIA) que par l'obstination des avocats : la base de Guantanamo, hébergeant des prisonniers en principe membres d'Al-Qaida, est établie comme une zone hors du droit ; à la suite de longues procédures, Guantanamo est peu à peu soumis au droit (en clair, aux Conventions de Genève de 1949 et de 1977) par les tribunaux américains et surtout par la Cour suprême des États-Unis.

– *Les dispositifs juridico-politiques.* Ici, l'Europe émerge comme un laboratoire en matière de droits de l'homme. Des années 1950 aux années 1970, la protection européenne des droits de l'homme est une affaire occidentale, relativement confidentielle (Convention européenne de sauvegarde des droits de l'homme et des libertés fondamentales, 4 novembre 1950). À partir des années 1970, au sein de la Conférence sur la sécurité et la coopération en Europe, les droits de l'homme (troisième corbeille) deviennent un enjeu majeur dans le bras de fer Est-Ouest.

– *La renaissance du droit d'assistance ou d'ingérence.* La question de l'intervention humanitaire n'est pas nouvelle. Au XVIe siècle, la découverte de l'Amérique, les souffrances que font subir aux Indiens les conquistadores conduisent des théologiens (François de Vitoria, dominicain, 1480-1546 ; Francisco Suarez, jésuite, 1548-1616) à s'interroger sur les responsabilités de la chrétienté à l'égard de ces créatures de Dieu, dont l'appartenance à l'espèce humaine donne lieu à débats.

> Le genre humain, quoique partagé en peuples et en royaumes divers, n'en a pas moins une unité non seulement spécifique,

> mais aussi pour ainsi dire politique et morale. Cette unité est indiquée par le précepte naturel de l'amour mutuel et de la miséricorde, précepte qui s'étend à tous, même aux étrangers, de quelque condition qu'ils soient ! C'est pourquoi tout État souverain, république ou royaume quoique complet en soi et fermement assis est néanmoins en même temps d'une certaine manière membre de cet univers, en tant qu'il regarde le genre humain. Jamais aucun État ne peut se suffire au point de n'avoir besoin d'aucun appui, d'association et de rapports mutuels, tantôt pour son bien-être et pour une fin d'utilité, tantôt à cause d'une nécessité et d'un besoin moral, comme il ressort de l'expérience même (Francisco Suarez).

Ce texte du XVIe siècle pose parfaitement la problématique du droit d'intervention humanitaire. D'une part, le système international, bâti par l'Organisation des Nations unies, repose sur la souveraineté des États-nations, la non-ingérence dans les affaires intérieures. D'autre part, les droits de l'homme impliquent que chaque individu a des droits propres. Souveraineté et droits de l'homme peuvent se trouver en contradiction dans certaines situations (dictatures, régimes totalitaires), finalement assez courantes. Dans ces cas-là, les autres États, la communauté internationale n'ont-ils pas un devoir, un droit d'entraide vis-à-vis des peuples privés de leur liberté ?

2. Une ou plusieurs visions de l'homme ?

Les droits de l'homme sont l'expression d'une certaine conception de l'homme, rationnel, maître de lui-même, la société n'étant que l'espace d'épanouissement de l'individu. Cette vision reste-t-elle occidentale ou est-elle vraiment universelle ? Le XXIe siècle se caractérisera-t-il par l'épanouissement de l'universalisme ou, au contraire, par un « choc de civilisations » ? (Samuel P. Huntington)

Des réponses à ces interrogations dépend en définitive l'avenir des droits de l'homme.

II. LES DISPOSITIFS DE PROTECTION DES DROITS DE L'HOMME

– Au lendemain de la Première Guerre mondiale, l'*Organisation internationale du travail* (OIT), partie XIII du traité de Versailles (28 juin 1919), apparaît comme la première structure internationale reconnaissant à l'individu des droits transcendant les États. Chaque État membre de l'Organisation dispose de quatre délégués, deux d'origine gouvernementale, les deux autres représentant l'un les employeurs et l'autre les travailleurs, chaque délégué ayant un droit de vote individuel. De plus, l'OIT confère aux associations syndicales de travailleurs et d'employeurs le droit d'exiger le respect des conventions élaborées dans le cadre de l'OIT.

– *La Seconde Guerre mondiale représente un seuil historique en matière de droits de l'homme.* Durant ce conflit, les atrocités atteignent un niveau inégalé auparavant. La science et la technique fournissent aux hommes des instruments de torture et de destruction d'une extrême efficacité. En outre, la science est utilisée pour justifier l'élimination de certains hommes, de certaines races.

D'où, à l'issue de la guerre, la mise sur pied de tribunaux internationaux (Nuremberg, Tokyo, notamment) pour punir les crimes contre la paix, les crimes de guerre et les crimes contre l'humanité.

– Depuis 1945, les droits de l'homme sont de plus en plus intégrés dans le droit positif international. Ils font partie du *jus cogens*, « norme acceptée et reconnue par la communauté internationale des États dans son ensemble » (article 53, *in fine*, de la Convention de Vienne sur le droit des traités, 23 mai 1969). Douze grandes conventions de portée universelle sont en place.

– Les viols des droits de l'individu sont toujours nombreux et fréquents. Alors, n'y a-t-il rien de changé sous le soleil ? La novation vient de ce que les États sont malgré tout moins opaques.

L'impératif de justification se fait plus contraignant pour tout État soucieux de s'insérer dans les circuits internationaux :

- La Conférence sur la sécurité et la coopération en Europe instaure, à la suite de la déclaration d'Helsinki (1975), des échanges périodiques d'information en matière de droits de l'homme. Face à cette procédure, *l'Union soviétique* de Brejnev, jusqu'au début des années 1980, reste fidèle à sa ligne classique : à toute critique qui lui est adressée sur ces questions, Moscou répond que l'Occident, avec ses prisons, son chômage, n'a pas de leçons à donner. Dans la seconde moitié des années 1980, l'Union soviétique de Gorbatchev change radicalement d'attitude et accepte d'informer la CSCE ; tel est le prix à payer pour l'entrée de l'URSS dans les réseaux internationaux.

• De même, *l'Afrique du Sud*, au début des années 1990, s'engage dans le démantèlement de l'apartheid afin d'obtenir la levée des sanctions.

– *La protection des droits de l'homme ne se développe pas de manière uniforme*. Il existe de profondes différences de continent à continent. Deux données apparaissent déterminantes : les traditions culturelles, les modalités d'accès à la modernité ; l'existence (ou l'absence) de régimes démocratiques.

– Enfin, il reste à évaluer l'efficacité des dispositifs de protection des droits de l'homme. Tous ces dispositifs sont mis sur pied par des conventions, c'est-à-dire des textes signés et ratifiés par des États. Deux critères mesurent l'efficacité :

• *La présence de mécanismes de surveillance ou de contrôle :* quelles garanties d'indépendance ? Quels pouvoirs d'investigation et de sanction ? S'agit-il d'organes politico-administratifs ou de juridictions ?

• *Les droits de recours :* selon quelles conditions, quelles modalités ces droits sont-ils mis en branle ? Le recours est-il réservé aux États ou est-il plus large, ouvert aux individus ?

A. Les dispositifs universels

1. La Déclaration universelle des droits de l'homme

La Déclaration universelle des droits de l'homme, résolution 217 A III du 10 décembre 1948 de l'Assemblée générale de l'ONU, demeure le texte de référence.

Cette déclaration a un caractère œcuménique. Elle recense à la fois les droits de 1789 (libertés « formelles » d'aller et de venir, de s'exprimer...), les droits « réels » (santé, emploi...) et enfin les droits culturels. Axée sur l'individu et l'État, et ainsi fidèle à l'humanisme des Lumières, elle condamne toutes les discriminations (race, couleur de peau, religion...). Le texte est muet sur les droits dits collectifs (droits des minorités). Il est vrai que le débat sur ces droits ne s'ouvre que dans les années 1990.

La Déclaration est votée à l'unanimité, moins quelques abstentions significatives : Union soviétique, Arabie Saoudite, Afrique du Sud.

2. Les pactes

Le 16 décembre 1966, l'Assemblée générale des Nations unies adopte deux pactes, l'un sur les droits économiques, sociaux et culturels, l'autre sur les droits civils et politiques. En 2004, l'ONU rassemblant 191 États, le pacte économique est ratifié par 148 d'entre eux (les États-Unis, fidèles à eux-mêmes, n'ont pas ratifié ce pacte), et le pacte civil par 151 (celui-là ratifié par les États-Unis en 1992, quinze ans après leur signature en 1977).

Chacun de ces pactes est doté d'un comité, qualifié d'« organe des Nations unies créé dans le cadre d'un traité », ou parfois d'autorité internationale indépendante. Les experts composant ces comités sont nommés par les États. Ces instances reçoivent des rapports périodiques des États parties prenantes aux conventions, mais ne disposent d'aucun pouvoir d'injonction et, en cas de litige, ne peuvent que transmettre le dossier à l'Assemblée générale des Nations unies.

B. Les dispositifs régionaux

Du point de vue de l'approche régionale des droits de l'homme, deux types d'espaces peuvent être distingués :

1. Les espaces conservant des références non occidentales

a) L'Asie

L'Asie a reçu le choc de l'Occident, mais son impact a été très différent d'un État à l'autre. À l'issue de la Seconde

Guerre mondiale, le Japon, occupé par les États-Unis, est doté d'une démocratie à l'occidentale (le parlementarisme remontant à l'ère Meiji) ; l'Inde, accédant à l'indépendance, garde un régime proche de celui de la Grande-Bretagne ; la Chine bascule dans le marxisme-léninisme…

Dans cette partie du monde, les droits de l'homme restent une importation d'origine occidentale. L'individu est d'abord l'élément d'une famille, d'une entreprise, d'un peuple.

Ces données expliquent au moins partiellement l'absence de tout dispositif régional de protection des droits de l'homme en Asie. L'occidentalisation de ce continent, l'enrichissement du Japon, l'ouverture de la Chine entraîneront-ils à terme une mutation dans les rapports individu-communauté ? Si cette hypothèse se concrétise, l'Asie éprouvera peut-être le besoin de se doter, à son tour, de mécanismes internationaux relatifs aux droits de l'homme. En 2001, la Chine ratifie le pacte économique ; elle a signé le pacte civil en 1998.

b) Le monde musulman

L'islam, comme toute religion, a sa conception de l'homme. Il s'organise autour de l'*Umma*, communauté des croyants.

Les droits et les devoirs de l'individu n'ont de sens, de contenu qu'au sein de la foi islamique. En particulier, alors que la philosophie des Lumières reconnaît à l'individu la liberté de croyance, il ne saurait en être ainsi dans l'univers islamique : comment celui qui se trouve dans la vraie foi pourrait-il envisager de s'en écarter ?

Le monde musulman adopte plusieurs « Déclarations islamiques universelles » sur les droits de l'homme, la plus officielle étant votée, au Caire, le 5 août 1990, par l'Organisation de la Conférence islamique (OCI). Or l'article 10 de cette Déclaration pose que « l'Islam est la religion naturelle de l'homme ». Alors que reste-t-il du libre choix de la croyance religieuse ?

2. *Les espaces dans l'orbite occidentale : Europe, Amérique, Afrique*

a) L'Europe

L'Europe occidentale, s'élargissant, depuis les bouleversements de 1989, à l'Europe ex-soviétique, demeure le principal terrain d'expérience en matière de protection internationale des droits de l'homme.

Le 5 mai 1949, le Conseil de l'Europe se présente comme l'enceinte d'une Europe démocratique. Le Conseil de l'Europe doit alors être le point d'appui de l'intégration européenne, mais celle-ci se réalisera dans un cadre plus restreint, celui des Communautés européennes, sans le Royaume-Uni des années cinquante à 1973.

Le Conseil de l'Europe est à l'origine de la *Convention européenne de sauvegarde des droits de l'homme et des libertés fondamentales* (4 novembre 1950).

Ce texte est novateur de deux manières :

• Les États européens qui le signent et le ratifient se soumettent à leur surveillance mutuelle en matière de droits de l'homme, chacun pouvant déclencher une procédure contre tout autre État partie prenante et *vice versa*.

• Une procédure de recours individuel (article 25 de la Convention) est mise sur pied. Lorsqu'un des États parties prenantes à la Convention se soumet à cette clause, chacun de ses ressortissants, se sentant lésé dans ses droits, peut déclencher une procédure européenne de recours individuel, une fois épuisées les voies de recours internes. Depuis le 3 novembre 1998, le système est considérablement simplifié. Il existe désormais une Cour européenne unique et permanente.

Ce dispositif européen ne signifie en rien la disparition des systèmes nationaux, mais leur incorporation dans un cadre commun. Ce dernier ne fonctionne que parce que les États qui l'ont accepté le regardent comme un élément prolongeant leurs procédures, consolidant leur légitimité. Protection nationale et protection internationale des droits de l'homme ne peuvent s'opposer ; la seconde n'existe qu'en renforcement de la première.

Par ailleurs, des interactions se nouent entre le dispositif européen et les dispositifs nationaux, les jurisprudences se nourrissant les unes des autres des notions communes (« accessibilité » et « prévisibilité de la loi », pesée des intérêts en présence – *balance of interest* –, proportionnalité, etc.) s'établissant en fin de compte.

À l'aube des années 1990, le Conseil de l'Europe devient l'une des structures clés de l'insertion des anciens États communistes dans les circuits internationaux. Pour ces États, entrer au Conseil de l'Europe, c'est recevoir un brevet de bonne démocratie. Tous ces États se bousculent donc pour rejoindre le Conseil. Alors s'opèrent d'étranges marchandages, dans lesquels droits de l'homme et considérations politiques ne cessent de s'entremêler. Ainsi, le 28 février 1996, en pleine tragédie tchétchène, la Russie est-elle admise au Conseil de l'Europe… Selon le secrétaire général de cette organisation, la Russie aurait droit à « une avance de confiance ». Cette tolérance à l'égard de la Russie mais aussi de la Croatie – accueillie en novembre 1996 – affecte gravement la crédibilité du Conseil de l'Europe : gardien des droits fondamentaux, il apparaît de plus en plus comme une enceinte politique, prête à beaucoup de compromis pour exister face à sa grande rivale, l'Union européenne.

Or l'Union européenne, elle aussi, veut exister dans le domaine des droits de l'homme. Le 7 décembre 2000, le Conseil européen réuni à Nice adopte une Charte des droits fondamentaux, simple déclaration juridiquement non contraignante… jusqu'à son incorporation dans dans le projet de Traité constitutionnel, signé à Rome le 29 octobre 2004, mais dont la ratification se révèle très laborieuse (en 2005, non de la France puis des Pays-Bas au projet).

Des rivalités, des conflits entre la Cour européenne des droits de l'homme et la Cour de justice de la Communauté européenne, les deux instances juridictionnelles suprêmes des deux ordres juridiques, ne sont pas à exclure.

b) L'Amérique

Le 22 novembre 1969, une *Convention interaméricaine des droits de l'homme* est ouverte à la signature des États américains ; elle entre en vigueur le 18 juillet 1978 (dépôt du onzième instrument de ratification).

La Convention interaméricaine évoque la Convention européenne. En particulier, elle prévoit une formule de recours individuel (l'accès des personnes privées étant de droit et ne nécessitant pas une déclaration spéciale d'acceptation des États parties) et institue une Cour interaméricaine des droits de l'homme.

Sur les trente-cinq États membres de l'OEA, vingt-sept États latino-américains sont parties à la Convention, vingt-quatre acceptant la compétence de la Cour.

Mais la plus grande démocratie du continent, les États-Unis, a signé la Convention le 1er juin 1977 mais ne l'a jamais ratifiée. La première puissance de la planète ne saurait se soumettre à une loi qui n'émane pas de sa seule souveraineté !

c) L'Afrique

Le 27 juin 1981, l'Organisation de l'unité africaine (OUA) adopte la *Charte africaine des droits de l'homme et des peuples*. Elle entre en vigueur le 21 octobre 1986. Quarante-neuf des cinquante-deux États africains ont ratifié ce document. Le 2 novembre 1987, est mise en place la *Commission africaine des droits de l'homme et des peuples*.

La Commission est composée de onze membres élus au scrutin secret par la Conférence de l'OUA. Ces commissaires bénéficient de garanties d'indépendance. La Commission examine les informations qui lui sont transmises en matière de droits de l'homme, et s'efforce de promouvoir leur respect.

Le 9 juin 1998, après beaucoup d'hésitations, une Cour africaine des droits de l'homme et des peuples est instituée. Les fondements mêmes d'une protection régionale existent-ils ? Depuis la décolonisation à partir des années 1960, l'Afrique connaît la dictature et la corruption. Durant les années 1990, les processus de démocratisation fleurissent. En juillet 2002, l'OUA est remplacée par l'Union africaine, marquant la volonté de rompre avec le passé. De réels efforts sont accomplis notamment pour la tenue d'élections transparentes et libres (ainsi dans l'immense République démocratique du Congo – ex-Zaïre –). En même temps, en ces années 2000, la tragédie du Darfour (Soudan) rappelle que la solidarité humanitaire, la construction d'une Afrique, plus respectueuse du droit, buteront longtemps tant contre la souveraineté des États (méfiance extrême du Soudan à l'encontre de toute ingérence extérieure) que contre les préoccupations de stabilité étatique (craintes de la communauté internationale que le Soudan n'éclate, devenant un État failli, terre idéale d'accueil pour le terrorisme).

III. L'AVENIR DE LA PROBLÉMATIQUE DES DROITS DE L'HOMME

A. L'universalisation des droits de l'homme ?

Avec la chute du bloc communiste et la mondialisation, la vision des Lumières, centrée sur l'individu, triomphe.

Face à cette conception, existe-t-il une ou des visions d'une cohérence, d'une ampleur équivalentes ? Les modèles d'inspiration socialiste se sont effondrés. Du côté du tiers monde, seul l'islam offre une représentation universaliste de l'homme et du monde. Cet islam ne tire-t-il pas sa force d'être l'ultime bastion de résistance à la modernité occidentale ? À plus ou moins long terme, les réactions fondamentalistes, si elles ne recèlent aucune potentialité créatrice, ne risquent-elles pas de se momifier et d'être à leur tour balayées ?

Il reste une grande inconnue : est-il définitivement exclu que, face à la modernité occidentale et libérale, ne surgisse aucune pensée, aucune doctrine, qui, tout en s'appropriant cette modernité, la réinvente, lui confère un autre sens ?

Depuis la fin du XVIIIe siècle, la modernité scientifique et technique appartient à l'Occident. Celui-ci perd ce monopole ; certains pays asiatiques se placent désormais dans la compétition. L'Asie accouchera-t-elle d'une nouvelle synthèse entre science, homme et société ? Ou au contraire la modernité ne porte-t-elle qu'une seule philosophie, centrée sur le bonheur individuel ?

Tel est l'un des débats majeurs du XXIe siècle : l'individualisme peut-il être adapté à une planète, qui à la fois doit être gérée de plus en plus comme un tout mais sur laquelle la multiplication des interdépendances, la dislocation des cloisonnements risquent d'exaspérer les luttes pour les ressources ?

B. Quel État-nation ? Quelle souveraineté ?

Depuis la fin du XVIIIe siècle, le développement des droits de l'homme est dominé par deux idées complémentaires :

- Les droits de l'homme sont les droits de l'individu. Les textes dans ce domaine définissent les droits et éventuellement les devoirs de cet individu par rapport au tout, la société, l'État. Les droits relatifs à la constitution de groupes (associations, syndicats…) les fondent sur le consentement de l'individu.

- L'État souverain, lieu du contrat social, est le cadre dans lequel sont organisés les droits de l'homme.

Deux notions mettent en cause ce schéma : celle de minorité ; celle de droit d'assistance ou d'ingérence.

1. Les droits des minorités entre l'individu et l'État-nation

a) De la Révolution française aux bouleversements de 1989

L'existence de minorités – c'est-à-dire de communautés perçues et se percevant comme en marge de la société dans laquelle elles vivent – est un fait ancien. Dans les sociétés traditionnelles, de telles minorités sont tolérées et peuvent à tout moment être expulsées. Tel est le destin des juifs jusque dans l'Europe moderne. Toutefois, certaines minorités bénéficient d'une protection extérieure (chrétiens de l'Empire ottoman, protégés par la France et la Russie).

Pour la Révolution française, il n'y a que la nation et les individus qui la composent. Aucun groupe ne saurait s'interposer entre les deux. Cette conception est illustrée par les modalités de l'émancipation des juifs : tout en tant qu'individus, rien en tant que communauté. Les juifs deviennent des citoyens comme n'importe quel Français, ne se distinguant en rien dans la vie publique.

Le problème des minorités apparaît dans le champ international au lendemain de la Première Guerre mondiale. Lors des négociations des traités de paix, deux principes se heurtent :

1. Le droit des peuples à disposer d'eux-mêmes, le droit de toute nationalité à s'affirmer ;

2. La nécessité de constituer des États viables.

Les traités de paix de 1919-1920 contiennent tous des dispositions relatives aux minorités. Ces clauses sont garanties par la Société des Nations. Les litiges concernant les minorités sont « internationaux », peuvent donner lieu à des pétitions et être soumis à des tribunaux arbitraux mixtes.

Le système se révèle être un échec dans les années 1930. Les États composites d'Europe centrale et des Balkans se sentent fragiles ; une nationalité tend à exercer un pouvoir hégémonique (Serbes en Yougoslavie, Tchèques en Tchécoslovaquie). Les minorités peuvent devenir le point d'appui d'une ambition extérieure (utilisation par Hitler des minorités allemandes en Tchécoslovaquie et en Pologne).

À l'issue de la Seconde Guerre mondiale, s'impose un consensus pour considérer que chaque État est maître chez lui. La décolonisation renforce ce consensus : les États nouvellement indépendants se montrent très sourcilleux vis-à-vis de toute atteinte à leur souveraineté ; de plus, en Asie et surtout en Afrique, ces États souffrent de conflits endémiques entre ethnies, qui pourraient les détruire.

Les textes de l'ONU restent axés sur l'individu et ses droits. *Seul le pacte relatif aux droits civils et politiques (16 décembre 1966) consacre son article 27 aux minorités :*

> Dans les États où il existe des minorités ethniques, religieuses ou linguistiques, les personnes appartenant à ces minorités ne peuvent être privées du droit d'avoir, en commun avec les autres membres de leur groupe, leur propre vie culturelle, de professer et de pratiquer leur propre religion, ou d'employer leur propre langue.

b) L'explosion du droit à la différence

– Pourquoi, en ce début du XXIe siècle, cette omniprésence du problème des minorités, ou plutôt des nationalités ? Plusieurs facteurs se combinent :

• *La dialectique de l'uniformisation et de la différenciation.* La disparition des cloisonnements, la multiplication des contacts à la fois érodent les différences, uniformisent les hommes et en même temps excitent leur désir d'être différent, d'avoir une identité propre. La différenciation apparaît comme le contraire de l'uniformisation ; elle en est la conséquence.

• *La valorisation de la différence.* C'est la notion de droit à la différence, d'abord brandie, dans les années soixante-dix, par certaines minorités – sexuelles, raciales... – en Occident. Or ce droit à la différence, poussé jusqu'à l'extrême, fait de chaque groupe humain et même de chaque individu une entité enfermée dans son originalité ; l'échange, la communication sont-ils encore possibles ?

• *La transformation du contrat national.* Dans l'État-nation du XIXe siècle et de la plus grande partie du XXe siècle, l'individu est d'abord et surtout un national ; la nation lui confère identité et droits (l'apatride étant et restant quelqu'un qui est toléré). Mourir pour la patrie est un devoir et un honneur. Aujourd'hui, l'État-nation, désacralisé, est essentiellement le support de fonctions (police, monnaie, défense...). Les capacités d'intégration de cet État-nation peuvent être affaiblies. L'individu trouve dans une communauté restreinte un héritage, des racines, une chaleur, face auxquels l'État apparaît comme une machine sans âme (prolifération des revendications multiculturelles).

Les revendications minoritaires, identitaires ne sont pas des réalités en soi. Elles résultent des conditions du monde actuel, de la tension entre les dynamiques d'intégration et la recherche par les individus, les groupes, de points d'ancrage. De plus, chacun de ces points d'ancrage (famille, commune, religion, nation, race...) est utilisé par l'individu pour poursuivre sa quête personnelle du bonheur.

Ces mouvements de fond sont révélés par le tumulte des événements. Ainsi, l'effondrement des régimes communistes est accompagné par une explosion de revendications nationales. De la fin des années 1940 à celle des années 1980, l'histoire est gelée dans les États communistes. Avec la débâcle de

1989-1991, les ferments plus ou moins endormis retrouvent leur virulence. En outre, ces pays, isolés du monde, reçoivent le choc violent de l'ouverture ; le nationalisme cristallise toutes les frustrations et offre un refuge. Enfin, l'imbrication des ethnies, des nationalités dans cette Europe centrale et orientale transforme le voisin en ennemi (par exemple, Serbes contre Croates) : les villages où, pendant des siècles, ont coexisté des communautés se déchirent.

– Face à ces problèmes de minorités, s'offrent toujours trois options :

• *L'assimilation,* la fusion des éléments minoritaires dans l'ensemble auquel ils appartiennent. Cette politique, qu'illustre notamment la France jacobine, suppose deux conditions : l'acceptation de cette assimilation par les minorités, qui ainsi disparaissent ou au moins acceptent que leur différence ne sorte pas de la sphère privée ; une capacité incontestée d'intégration de l'État central, qui doit apparaître non comme l'instrument d'une des communautés (la nationalité majoritaire, en général), mais comme le représentant de l'ensemble.

• *La séparation, la sécession.* Cette solution implique que chaque nationalité ait son État souverain. Cette idée *a priori* simple soulève en principe et en fait une avalanche de difficultés : qu'est-ce qu'une nationalité ? La constitution en États de minorités ne risque-t-elle pas de faire surgir d'autres minorités, masquées par l'histoire, et prenant conscience d'elles-mêmes ? De plus, l'édification de ces États mononationaux exige, notamment en Europe centrale et dans les Balkans, à la fois de dissocier des populations imbriquées les unes dans les autres depuis des siècles et de modifier les frontières. Enfin, ces processus de séparation laissent en tout état de cause de terribles frustrations, nombre de régions étant revendiquées comme leurs par plusieurs peuples. Ainsi, en 1947, la partition de l'Empire des Indes entre Inde et Pakistan, plaie toujours ouverte (en particulier, question du Cachemire)

• *La mise sur pied de régimes de protection des minorités, d'abord nationaux, et éventuellement garantis par un mécanisme international.* Cette voie peut être considérée comme la plus raisonnable, les populations n'étant traumatisées par aucun transfert, les frontières restant inchangées. Toutefois, tout régime de protection des minorités signifie une forme de pacte national, fondé sur la reconnaissance des diversités culturelles.

Un système européen de protection des minorités s'ébauche : en juillet 1992, lors du sommet d'Helsinki de la CSCE, création d'un haut commissaire chargé des minorités (celui-ci ayant notamment facilité le règlement de la situation des Russes dans les États baltes) ; en décembre 1992, mise en place de la Cour européenne de conciliation et d'arbitrage, mécanisme non permanent pouvant être saisi au cas par cas.

2. Le droit d'assistance ou d'ingérence humanitaire

À l'aube du XXIe siècle, deux principes s'opposent de plus en plus :

• *La souveraineté des États-nations,* fondement du système international, perçu par les États du tiers monde comme leur première protection contre la domination du Nord.

• *La reconnaissance par la communauté internationale (en général soit par l'Assemblée générale, soit par le Conseil de sécurité des Nations unies) de situations justifiant une intervention internationale.*

Pour le moment, trois catégories de situation entrent ou pourraient entrer dans ce champ.

– *Les catastrophes naturelles.* C'est la *résolution 43/131 du 8 décembre 1988 de l'Assemblée générale des Nations unies.* Ce texte est provoqué par le tremblement de terre qui frappe l'Arménie soviétique à la fin de 1988.

La résolution, fidèle à la rhétorique onusienne, réaffirme la souveraineté des États, leur rôle premier dans l'organisation des secours aux populations, mais également souligne l'importance de l'assistance humanitaire, ainsi que le devoir des États concernés de faciliter son travail. Il y a bien là quelque chose de nouveau : face à la nature, les hommes sont solidaires, et cette solidarité ne doit pas être entravée.

– *Les répressions de populations.* C'est la *résolution 688 du 5 avril 1991* du Conseil de sécurité.

En 1991, à la suite de la défaite de Saddam Hussein face à la coalition dirigée par les États-Unis pour libérer le Koweït, des troubles éclatent en Iraq, chiites et Kurdes se révoltant contre le gouvernement de Bagdad. Le dictateur iraquien engage une répression féroce. Les opinions publiques occidentales se montrent très touchées par la détresse des Kurdes fuyant leurs villages.

D'où la résolution du Conseil de sécurité. Ce texte exige que « l'Iraq, pour contribuer à éliminer la menace à la paix et à la sécurité internationale dans la région, mette fin sans délai à la répression » ; en outre, le Conseil « insiste pour que l'Iraq permette un accès immédiat des organisations humanitaires internationales ». Le Conseil se veut donc fidèle au dogme de la souveraineté étatique : il s'adresse à l'Iraq et lui demande d'entreprendre certaines actions.

Certains États occidentaux décident d'aller plus loin. C'est l'opération *« Provide Comfort »*, créant, en avril 1991, sous la garde de troupes américaines, britanniques et françaises, une « zone de protection », dans le Nord de l'Iraq, pour les Kurdes. Il s'agit d'une intervention en parallèle à la résolution 688, qui ne stipule rien d'aussi ambitieux, mais se contente de préconiser les démarches habituelles (notamment par le Secrétaire général auprès des autorités de Bagdad).

Ce que suggère cet exemple, c'est que, dans certaines circonstances (ici, volonté de mettre l'Iraq de Saddam Hussein au pas), des États peuvent intervenir pour des raisons humanitaires. Cela n'est pas nouveau (par exemple, au XIXe siècle, interventions pour la protection des chrétiens dans l'Empire ottoman) et rappelle que, chez les États, l'humanitaire et le politique demeurent intimement mêlés. La dimension nouvelle réside sans doute dans les capacités de pression que peuvent avoir les opinions publiques, du fait de l'omniprésence des médias, de l'obligation où se trouve tout gouvernement démocratique de se justifier en permanence.

– *Les désastres écologiques.* La prise de conscience des enjeux de l'environnement se traduit par l'idée que certaines ressources particulièrement précieuses (par exemple, forêts tropicales), si elles sont localisées dans un État donné, concernent néanmoins la totalité de l'humanité. *D'où le thème de l'assistance ou de l'ingérence écologique,* dans le cas où des ressources seraient gravement menacées.

La notion d'assistance ou d'ingérence soulève toujours les trois mêmes questions :

• *Quelles situations peuvent donner lieu à assistance ou ingérence ?* C'est-à-dire à quelle autorité revient-il de déterminer s'il doit y avoir assistance ou ingérence ? À une enceinte internationale (ONU, CSCE) ? Aux États eux-mêmes ? Selon la Charte des Nations Unies, toute menace, toute atteinte au maintien de la paix appelle l'intervention du Conseil de sécurité (chapitre VII). Maintien de la paix et droit d'ingérence tendent donc à se confondre, violences internes et violences internationales s'entremêlant de plus en plus. Depuis les années 1990, la plupart des opérations dites de maintien de la paix (Cambodge, ex-Yougoslavie, Somalie…) peuvent être analysées comme autant d'expressions du droit d'ingérence.

• *Quelles limites entre l'humanitaire et le politique?* D'un côté, les États apparaissent encore seuls en mesure de mener à bien des opérations de grande envergure. De l'autre, toute action d'un État n'est-elle pas nécessairement politique, parce qu'à aucun moment l'État ne peut totalement faire abstraction de ses intérêts ? L'ONU peut-elle être l'instance de l'humanitaire ? Mais toute décision de l'ONU est le fruit d'un accord politique.

• *L'assistance ou l'ingérence peut-elle s'appliquer de manière égale à tous les États?* Le droit ou le devoir d'assistance n'échappe pas aux réalités politiques internationales. Tout au long de l'histoire, jamais un État puissant n'a toléré d'ingérence de l'extérieur; s'il l'avait fait, il n'aurait plus été parmi les grands de la planète. En 1999, les tragédies du Kosovo et du Timor-Oriental donnent un formidable coup d'accélérateur au droit d'ingérence : Dans les faits, la quasi-totalité des ingérences des années 1990 et 2000, les plus importantes se déroulant en Afghanistan et en Iraq, représentent, dans la meilleure des hypothèses, des succès très limités. L'intervenant, même animé des meilleures intentions (nourrir et soigner les populations, bâtir des institutions stables et démocratiques), est très vite ressenti comme un occupant dont il faut profiter. En outre, l'objectif politique des ingérences (construction d'États, *State-Building*) se heurte à une maladresse de fond : dans ces opérations, l'État apparaît comme un mécano, apporté de l'extérieur, et greffé sur une société « exotique » (Afghanistan, Iraq...). De telles greffes ne sauraient qu'être le plus souvent rejetées.

3. Les juridictions pénales internationales

C'est à l'issue de la Première Guerre mondiale qu'est formulé le principe selon lequel des responsables politiques peuvent être jugés pour des crimes commis à l'occasion de conflits. Le traité de Versailles stipule l'inculpation de Guillaume II. Mais le processus avorte, apparaissant trop comme une vengeance des vainqueurs contre les vaincus.

En 1945, la victoire écrasante de la Grande Alliance, les crimes atroces commis tant par l'Allemagne hitlérienne que par le Japon impérial conduisent à l'instauration de tribunaux internationaux, chargés d'examiner trois types de crimes (crimes contre la paix, crimes de guerre, crimes contre l'humanité). Ce sont les procès de Nuremberg et de Tokyo. Ces structures *ad hoc* sèment un principe fondamental : *tout gouvernant doit être jugé pour les crimes qu'il commet dans ses fonctions, au nom de ses fonctions*. Cependant Nuremberg et Tokyo sont des instances des vainqueurs jugeant exclusivement les crimes des vaincus.

Puis, tout au long de la guerre froide, cette problématique se trouve refoulée par l'environnement international. La fin de l'antagonisme Est-Ouest suggère l'émergence d'une communauté universelle, qui ne saurait tolérer certains crimes. Les violations graves du droit humanitaire sont identifiées comme des menaces contre la paix. D'où la création, sur le fondement du chapitre VII de la Charte des Nations unies, de deux tribunaux, l'un pour les crimes commis en ex-Yougoslavie (résolution 808 du 22 février 1993), l'autre pour le Rwanda (résolution 955 du 8 novembre 1994). D'autres suivent selon des modalités très diverses.

Ces tribunaux se heurtent à d'immenses obstacles. Ils ont besoin de la collaboration des États pour capturer les criminels présumés ; or les États ne sont guère prêts à assumer cette mission : les États directement impliqués redoutent que le procès d'individus les ayant servis conduise à leur propre mise en cause ; quant aux grandes puissances, elles se méfient naturellement de toute structure échappant à leur contrôle et susceptible de les mettre en cause. Les États-Unis, excluant que la Cour pénale internationale (CPI), née en 2002, puisse juger leurs ressortissants, concluent des accords avec près d'une centaine d'États, par lesquels ces derniers s'engagent à n'extrader aucun citoyen américain, se trouvant sur leur sol, vers la CPI.

Ces tribunaux peuvent révéler de graves vices internes. Ainsi le Tribunal pour le Rwanda ne cesse-t-il de fonctionner chaotiquement... Il condamne tout de même à la prison à vie le plus haut responsable du génocide. De même le Tribunal pénal pour l'ex-Yougoslavie réussit-il à faire livrer par les autorités yougoslaves l'ancien président Slobodan Milosevic. Son procès s'ouvre à La Haye en février 2002. Il traîne plus de quatre ans, s'embourbant dans les procédures. En mars 2006, la mort par maladie de Milosevic met fin au procès.

Le 17 juillet 1998, à Rome, un projet encore plus ambitieux, évoqué dès les années 1920, paraît prendre forme : la création d'une Cour pénale internationale (CPI). Il ne s'agira plus d'un tribunal limité à un cas précis (ex-Yougoslavie, Rwanda...), mais d'une juridiction compétente pour tout crime international. Le texte est adopté par 120 États. En même temps, que d'obstacles ! La CPI est rejetée par de très grands États, États-Unis, Russie, Chine, Inde, Indonésie... Les États-Unis estiment que les compétences de la CPI sont trop floues, et surtout refusent l'idée que des officiels américains – et, en dernier ressort, le président lui-même – puissent être justiciables d'une instance échappant à tout contrôle démocratique. La France, qui est partie au dispositif, exprime une préoccupation analogue : elle obtient que, pendant les sept années qui suivront la mise en place de la CPI, elle puisse soustraire les crimes de guerre commis par ses nationaux à la compétence de la CPI – afin d'éviter que des militaires français, engagés sous mandat des Nations unies dans des opérations difficiles, soient traduits devant ce tribunal.

La Cour voit le jour le 1er juillet 2002, le traité l'instituant étant ratifié par au moins 60 États. Seuls les États ayant ratifié le traité seront liés. En 2007, 102 États sont parties au statut de la CPI (l'ONU a 192 États membres). La Cour se met très lentement en marche. En 2005, elle est saisie de la tragédie du Darfour, le Conseil de sécurité ne sachant trop que faire devant cette tragédie.

Par ailleurs, se développe, chez des juridictions nationales, une demande dite de compétence universelle : toute personnalité, séjournant dans un État étranger, et soupçonnée de crime grave, pourrait être attraite devant les Tribunaux de ce pays. La Belgique est le grand terrain d'expérience de cette évolution. Mais cette expérience s'enlise très vite. Les tribunaux belges sont submergés d'innombrables requêtes. En 2003, le Parlement belge abroge la loi dite de compétence universelle, votée à l'unanimité dix ans plus tôt.

*

* *

Les droits de l'homme constituent bien l'un des signes d'une mutation des relations internationales.

Certes, les rapports entre États évoquent encore ceux d'une jungle. Les États demeurent des entités souveraines.

Pourtant s'ébauche une forme de société internationale par une triple dynamique :

- la multiplication des problèmes transnationaux, qui doivent être assumés en commun : échanges de toutes sortes ; défense et sécurité ; environnement ;

• la décomposition des lignes de séparation entre l'intérieur et l'extérieur. Ainsi, les problèmes Nord-Sud sont à la fois internationaux (relations entre États riches et États plus ou moins pauvres) et internes (présence d'immigrés, phénomènes d'exclusion).

• le développement des organisations non gouvernementales (ONG). Elles marquent l'émergence d'une vie démocratique internationale. Les ONG sont des structures d'intérêt public, ne dépendant ni des États ni des organisations interétatiques. Elles n'ont pas de statut défini en droit international. Elles sont nombreuses et diverses. Près de 3000 disposent d'un statut consultatif auprès de l'ONU. La force des ONG vient de ce qu'elles incarnent l'esprit d'une époque : contestation des structures bureaucratiques centralisées ; mobilisation intermittente et multiforme des individus ; utilisation des techniques les plus avancées (campagnes publicitaires, happenings, Internet...). Comme l'annoncent les manifestations de Seattle à l'occasion des négociations de l'Organisation mondiale du commerce (décembre 1999), voici venir le temps des rassemblements planétaires ! En même temps les ONG ne sont en rien des entités pures. Ce sont des lieux de pouvoir, susceptibles de manipulations.

L'époque des entités souveraines (qu'il s'agisse des individus ou des États) agonise. Or la souveraineté étatique a été une longue, une patiente construction pour discipliner, réguler les conflits entre peuples. La fin de l'État absolu n'annonce pas la paix, mais plutôt le déplacement, la métamorphose des violences et des affrontements. Ainsi, la survie de l'humanité passe par la réinvention du politique, la redéfinition de ses concepts clés, et d'abord de celui d'État.

Éléments de bibliographie

I. HISTOIRE DES RELATIONS INTERNATIONALES

Fontaine, André, *Histoire de la guerre froide*, 2 vol., Paris, Éd. du Seuil, coll. « Points Histoire », 1983.

–, *Un seul lit pour deux rêves*, Paris, Fayard, 1981 ; rééd., Paris, Éd. du Seuil, coll. « Points Histoire », 1984.

–, *L'Un sans l'autre*, Paris, Fayard, 1991.

–, *Après eux, le déluge, De Kaboul à Sarajevo, 1979-1995*, Paris, Fayard, 1995.

–, *La Tache rouge, le roman de la Guerre froide*, Paris, La Martinière, 2004, repris sous la titre *La Guerre froide 1917-1991*, Paris, Éd. du Seuil, « Points Histoire », 2006.

Milza, Pierre, *Les Relations internationales depuis 1945* (deux tomes), Paris, Hachette, coll. « Cursus-histoire », 1996 et 1997.

Moreau Defarges, Philippe, *L'Ordre mondial*, Paris, Armand Colin, coll. « U », 3e éd., 2003.

Soutou, Georges-Henri, *La Guerre de cinquante ans*, Fayard, Paris, 2001.

Nouvelle Histoire des relations internationales (6 volumes), coll. « Points Histoire », Paris, Seuil, 2003-2004.

II. OUVRAGES D'ENSEMBLE

1. Livres

Annuaire français des relations internationales, La Documentation française/Bruylant, publication annuelle depuis 1999.

Aron, Raymond, *Paix et Guerre entre les nations*, Paris, Calmann-Lévy, 1962 ; 8e éd., 1984.

Badie, Bertrand, *Un monde sans souveraineté*, Paris, Fayard, 1999.

–, *L'Impuissance de la puissance*, Paris, Fayard, 2004.

Battistella, Dario, *Théories des relations internationales*, Paris, Presses de Sciences Po, 2003.

Bolbitt, Philip, *The Shield of Achilles*, Londres, Penguin, 2002.

Devin, Guillaume, *Sociologie des relations internationales*, Paris, La Découverte, coll. « Repères », 2000.

Guilhaudis, Jean-François, *Relations internationales contemporaines*, Paris, Litec, 2002.

Hassner, Pierre, *La Violence et la Paix* (2 tomes), Paris, Éd. du Seuil, 2000 et 2003.

Kissinger, Henry, *Diplomatie*, trad. fr., Paris, Fayard, 1996.

Montbrial, Thierry de, *L'Action et le Système du monde*, Paris, Presses Universitaires de France, 2002.

Moreau Defarges, Philippe, *La Politique internationale*, Paris, Hachette, 1990.

–, *Introduction à la géopolitique*, Paris, Éd. du Seuil, coll. « Points Essais », 2e éd., 2005.

–, *Les Grands Concepts de la politique internationale*, Paris, Hachette, coll. « Les fondamentaux », 1995.

–, *Dictionnaire de géopolitique*, Paris, Armand Colin, 2002.

RAMSES, rapport annuel mondial sur le système économique et les stratégies, Dunod/IFRI, Paris.

Roche, Jean-Jacques, *Relations internationales*, Paris, L.G.D.J., 3e éd., 2005.

Smouts, Marie-Claude, Batistella, Dario, Vennesson, Pascal, *Dictionnaire des relations internationales*, Paris, Dalloz, 2003.

Sur, Serge, *Relations internationales*, Paris, Montchrestien, 4e éd., 2006.

2. Revues

a) En français

Critique internationale, trimestriel.
Hérodote, trimestriel.
Le Monde diplomatique, mensuel.
Politique étrangère (Institut français des relations internationales), trimestriel. Notamment numéros 3/99 (automne 1999), « Vingt ans de relations internationales, 1979-1999 », et également 3-4 / 2000 (automne-hiver 2000), « Cent ans de relations internationales, 1900-2000 ».
Politique internationale, trimestriel.
Questions internationales, La Documentation française.

b) En anglais

Foreign Affairs, trimestriel.
Foreign Policy, trimestriel.
International Affairs, trimestriel.
International Security, trimestriel.
Survival, trimestriel.

III. L'EUROPE

Béhar, Pierre, *Du Ier au IVe Reich*, Paris, Desjonquères, 1990.
–, *L'Autriche-Hongrie, idée d'avenir*, Paris, Desjonquères, 1991.
–, *Une géopolitique pour l'Europe*, Paris, Desjonquères, 1992.
–, *Vestiges d'empires*, Paris, Desjonquères, 1999.
Decaux, Emmanuel, *La Conférence sur la sécurité et la coopération en Europe (CSCE)*, Paris, PUF, coll. « Que sais-je ? », n° 2661, 1992.
Fejtö, François, *Histoire des démocraties populaires*, 3 vol., Paris, Éd. du Seuil, t. I et II, coll. « Points Politique », 1972, t. III, 1992.

Garton Ash, Timothy, *Au nom de l'Europe,* trad. fr., Paris, Gallimard, 1995.
Ghebali, Victor-Yves, *La Diplomatie de la détente, d'Helsinki à Vienne*, Bruxelles, Bruylant, 1989.
Judt, Tony, *Postwar, A History of Europe Since 1945*, Londres, Penguin, 2005.
Laloy, Jean, *Entre guerres et paix*, Paris, Plon, 1966.
Malcolm, Noël, *Bosnia, a Short History*, Londres, Papermac, 1994.
–, *Kosovo, a Short History*, Londres, Papermac, 1998.
Sellier, André, et Sellier, Jean, *Atlas des peuples d'Europe centrale*, Paris, La Découverte, 2005.
–, *Atlas des peuples d'Europe occidentale*, Paris, La Découverte, 2000.
Yergin, Daniel, *La Paix saccagée*, trad. fr., Paris, Balland, France Adel, 1980.

IV. LA CONSTRUCTION EUROPÉENNE

Delors, Jacques, *Mémoires*, Paris, Plon, 2004.
Gerbet, Pierre, *La Construction de l'Europe*, Paris, Imprimerie nationale, 3e éd., 1999.
Hitchcock, William I., *The Struggle for Europe : The Turbulent History of a Divided Continent 1945-2002*, New York, Doubleday, 2002.
Monnet, Jean, *Mémoires*, Paris, Fayard, 1976.
Moreau Defarges, Philippe, *Les Institutions européennes*, Paris, Armand Colin, coll. « Compact », 7e éd., 2005.
–, *Où va l'Europe ?,* Paris, Eyrolles, 2006.
Olivi, Bino, *L'Europe difficile. Histoire politique de la Communauté européenne*, Paris, Gallimard, coll. « Folio histoire », 1998.

V. LE MOYEN-ORIENT

Corm, George, *Le Proche-Orient éclaté, 1956-2006*, Paris, Gallimard, coll. « Folio histoire », 2006.
Digard, Jean-Pierre, Hourcade, Bernard, Richard, Yann, *L'Iran au XXe siècle*, Paris, Fayard, 1996.

Greilsammer, Ilan, *La Nouvelle Histoire d'Israël. Essai sur une identité nationale*, Paris, Gallimard, 1998.

Hourani, Albert, *Histoire des Arabes*, trad. fr., Paris, Éd. du Seuil, coll. « Points Histoire », 1991.

Kepel, Gilles, *Jihad. Expansion et déclin de l'islamisme*, Paris, Gallimard, 2000.

Fitna : guerre au cœur de l'islam, Paris, Gallimard, 2004.

Laurens, Henry, *Paix et guerre au Moyen-Orient. L'Orient arabe et le monde de 1945 à nos jours*, Paris, Armand Colin, 1999.

–, *L'Orient arabe à l'heure américaine, de la guerre du Golfe à la guerre d'Iraq*, Paris, Armand Colin, 2004.

Lewis, Bernard, *Le Moyen Orient* (1995), trad. fr., Paris, Albin Michel, 1997.

Luizard, Pierre-Jean, *La Question iraquienne*, Paris, Fayard, 2002.

Roy, Olivier, *L'islam mondialisé*, Paris, Éd. du Seuil, coll. « Points Essais », 2004.

Sellier, André et Sellier, Jean, *Atlas des peuples d'Orient*, Paris, La Découverte, 2002.

VI. L'ASIE-PACIFIQUE

Cagnat, René, et Jan, Michel, *Le Milieu des Empires*, Paris, Robert Laffont, 1981, rééd. augm., 1990.

Domenach, Jean-Luc, et Richer, Philippe, *La Chine* (2 tomes), Paris, Éd. du Seuil, coll. « Points Histoire », 1995.

Jaffrelot, Christophe (dir.), *L'Inde contemporaine*, Paris, Fayard, 2006.

–, (dir.) *Le Pakistan*, Paris, Fayard, 2000.

Joyaux, François, *La Nouvelle Question d'Extrême-Orient*, t. I, *1945-1959*, Paris, Payot, 1985 ; t. II, *1959-1978*, Paris, Payot, 1988.

Reischauer, Edwin O., *Histoire du Japon et des Japonais*, trad. fr., 2 vol., Paris, Éd. du Seuil, coll. « Points Histoire », 1973.

Roux, Jean-Paul, *L'Asie centrale*, Paris, Fayard, 1998.

Sellier, Jean, *Atlas des peuples d'Asie*, Paris, La Découverte, 2004.

Zins, Max-Jean, *Pakistan, la quête de l'identité*, Paris, La Documentation française, 2002.
Hérodote, « Japon et géopolitique », n° 78-79, octobre-décembre 1995.

VII. L'AFRIQUE

Bayart, Jean-François, *L'État en Afrique, la politique du ventre*, Paris, Fayard, 1989.
Sellier, Jean, *Atlas des peuples de l'Afrique*, Paris, La Découverte, 2005.
Smith, Stephen, *Négrologie*, Paris, Calmann-Lévy, 2003.
Hérodote, n° 41, « Le jeu des frontières », 2e trimestre 1986.

VIII. L'AMÉRIQUE LATINE

Manigat, Leslie, *L'Amérique latine au XXe siècle*, 2 vol., Paris, Éd. du Seuil, coll. « Points Histoire », 1991.
Rouquié, Alain, *Amérique latine. Introduction à l'Extrême-Occident*, Paris, Éd. du Seuil, 1987.
Sellier, Jean, Brun, Bertrand, Le Fur, Anne, *Atlas des peuples d'Amérique*, Paris, La Découverte, 2006.
Thual, François, *Géopolitique de l'Amérique latine*, Paris, Economica, 1996.

IX. L'ÉTAT-NATION

Anderson Benedict, *L'Imaginaire national*, trad. fr., Paris, La Découverte, 1996.
Dieckhoff, Alain, *La Nation dans tous ses états*, Paris, Flammarion, 2000
Foucher, Michel, *L'Invention des frontières*, Paris, Fayard, 1988.
Gellner, Ernst, *Nations et Nationalisme*, trad. fr., Paris, Payot, 1989.

Schnapper, Dominique, *La Communauté des citoyens. Sur l'idée moderne de nation*, Paris, Gallimard, 1994.
–, *La Relation à l'autre. Au cœur de la pensée sociologique*, Paris, Gallimard, 1998.
Smith, Anthony D., *The Ethnic Origins of Nations*, Oxford (Grande-Bretagne), Blackwell, 1986.
Thual, François, *Les Conflits identitaires,* Paris, Ellipses, 1995.

X. SÉCURITÉ, ARMEMENTS, DÉSARMEMENT

Beaufre, André, *Introduction à la stratégie*, Paris, Armand Colin, 1963 ; rééd., Paris, Economica, 1985.
Canto-Sperber, Monique, *Le Bien, la Guerre et la Terreur. Pour une morale internationale*. Paris, Plon, 2005.
Goldschmidt, Bertrand, *Le Complexe atomique*, Paris, Fayard, 1980.
Hanson, Victor Davis, *Carnage et Culture. Les grandes batailles qui ont fait l'Occident*, trad. fr., Paris, Flammarion, 2003.
Holbrooke, Richard, *To End a War*, New York, Modern Library, 1998.
Montbrial, Thierry de (sous la direction de), *Dictionnaire de stratégie*, Paris, Presses Universitaires de France, 2000.
Walzer, Michael, *De la guerre et du terrorisme*, Paris, Bayard, 2004.
–, *Guerres justes et injustes*, Paris, « Folio », Gallimard, 2006.

XI. LES ORGANISATIONS INTERNATIONALES

Corten, Olivier, Delcourt, Barbara, Herman, Patrick, Klein, Pierre, Remacle, Eric, Robert, Eric, Salmon, Jean, *À la recherche du nouvel ordre mondial,* Bruxelles, Éditions Complexe, coll. « Interventions », 1993.
Gerbet, Pierre, *Le Rêve d'un ordre mondial, de la SDN à l'ONU*, Paris, Imprimerie nationale, coll. « Notre siècle », 1996.
Moreau Defarges, Philippe, *La Communauté internationale,* Paris, PUF, coll. « Que sais-je ? », n° 3549, 2000.

–, *La Gouvernance*, Paris, PUF, coll. « Que sais-je ? », n° 3676, 2ᵉ éd., 2006.
Smouts, Marie-Claude, *Les Organisations internationales*, Paris, Armand Colin, coll. « Cursus », 1995.
« L'ONU », *Pouvoirs*, n° 109, Paris, Éd. du Seuil, 2004.

XII. L'ORGANISATION DES ÉCHANGES

Adda, Jacques, *La Mondialisation de l'économie*, 2006.
Cohen, Daniel, *Richesse du monde, pauvreté des nations*, Paris, Flammarion, 1997.
–, *La Mondialisation et ses ennemis*, Paris, Grasset, 2004.
Cohen, Elie, *L'Ordre économique mondial. Essai sur les autorités de régulation*, Paris, Fayard, 2001.
–, *Le Nouvel Âge du capitalisme*, Paris, Fayard, 2005.
Cohen, Samy, *La Résistance des États*, Paris, Éd. du Seuil, 2003.
Friedman, Thomas L., *The Lexus and the Olive Tree*, New York, Farran Straus Giroux, 1999.
Gilpin, Robert, *Global Political Economy*, Princeton, Princeton University Press, 2001.
Giraud, Pierre-Noël, *L'Inégalité du monde. Économie du monde contemporain*, Paris, Gallimard, coll. « Folio actuel », 1996.
Moreau Defarges, Philippe, *La Mondialisation*, Paris, PUF, coll. « Que sais-je ? », n° 1687, 6ᵉ éd., 2005.
Ohmae, Kenichi, *De l'État-nation aux États régions*, trad. fr., Paris, Dunod, 1996.
Senarclens, Pierre de, *La Mondialisation, théories, enjeux et débats*, Paris, Armand Colin, 4ᵉ éd. 2005.
Wolf, Martin, *Why Globalization works*, New Haven et Londres, Yale University Press, 2004.
La Mondialisation entre illusion et utopie, Archives de philosophie du droit, Paris, Dalloz, 2003.

XIII. DROITS DE L'HOMME

Badie, Bertrand, *La Diplomatie des droits de l'homme*, Paris, Fayard, 2002.

Bettati, Mario, *Le Droit d'ingérence, mutation de l'ordre international*, Paris, Odile Jacob, 1996.

–, *Droit humanitaire*, Paris, Éd. du Seuil, « Points Essais », 2000.

Delmas-Marty, Mireille, *Trois Défis pour un droit mondial*, Paris, Le Seuil, 1998.

–, *Vers un droit commun de l'humanité*, Paris, Textuel, 1996.

–, *Les Forces imaginantes du droit*, (2 tomes), Paris, Éd. du Seuil, 2006.

Dupuy, René-Jean, *L'Humanité dans l'imaginaire des nations*, Paris, Julliard, 1991.

Hoffmann, Stanley, *Une morale pour les monstres froids. Pour une éthique des relations internationales*, Paris, Éd. du Seuil, 1982.

Moreau Defarges, Philippe, *Droits d'ingérence*, Paris, Presses de Science Po, 2006.

–, *Repentance et Réconciliation*, Paris, Presses de Sciences Po, coll. « La bibliothèque du citoyen », 1999.

Atlas cartographique

MER
DE
NORVÈGE
ISLANDE
Reykjavik
NORVÈGE
Oslo
MER
DU NORD
Copenhague
DANEMARK
ROYAUME-
UNI
Dublin
IRLANDE
Londres
PAYS-
BAS
Amsterdam
La Haye
Berlin
ALLEMAGN
Bruxelles
BELG.
LUX.
Paris
OCÉAN
ATLANTIQUE
SUISSE
Berne
FRANCE
ITALIE
Madrid
PORTUGAL
ESPAGNE
Lisbonne
MER
MÉDITERRANÉE
ALGÉRIE
0
500 km

SUÈDE
FINLANDE
Helsinki
tockholm
Tallin
MER BALTIQUE
ESTONIE
Riga
LETTONIE
LITUANIE
RUSSIE
Vilnius
Minsk
BIÉLORUSSIE
RUSSIE
Moscou
Varsovie
POLOGNE
Kiev
UKRAINE
Prague
ÉP. TCHÈQUE
SLOVAQUIE
Vienne
Bratislava
TRICHE
Budapest
HONGRIE
MOLDAVIE
Chisinau
ROUMANIE
Ljubljana
Zagreb
CROATIE
Belgrade
Bucarest
BOSNIE-HERZ.
Sarajevo
SERBIE
MONTÉNÉGRO
BULGARIE
Sofia
Skopje
MACÉD.
MER NOIRE
GÉORGIE
Tbilissi
AZERB.
ARMÉNIE
Erevan
Rome
Tirana
ALB.
GRÈCE
Athènes
Ankara
TURQUIE
IRAN
SYRIE
IRAK

1 Washington	8 Montana	15 Nebraska	22 Louisiane	29 Kentucky	36 Virginie Occ.	43 Connecticut
2 Oregon	9 Wyoming	16 Dakota du Sud	23 Mississippi	30 Alabama	37 Ohio	44 Rhode Island
3 Nevada	10 Colorado	17 Dakota du Nord	24 Tennessee	31 Floride	38 Pennsylvanie	45 Massachusetts
4 Californie	11 Nouv. Mexique	18 Minnesota	25 Illinois	32 Georgie	39 Maryland	46 New Hampshire
5 Arizona	12 Texas	19 Iowa	26 Wisconsin	33 Caroline du Sud	40 Delaware	47 Vermont
6 Utah	13 Oklahoma	20 Missouri	27 Michigan	34 Caroline du Nord	41 New Jersey	48 Maine
7 Idaho	14 Kansas	21 Arkansas	28 Indiana	35 Virginie	42 New York	49 Alaska

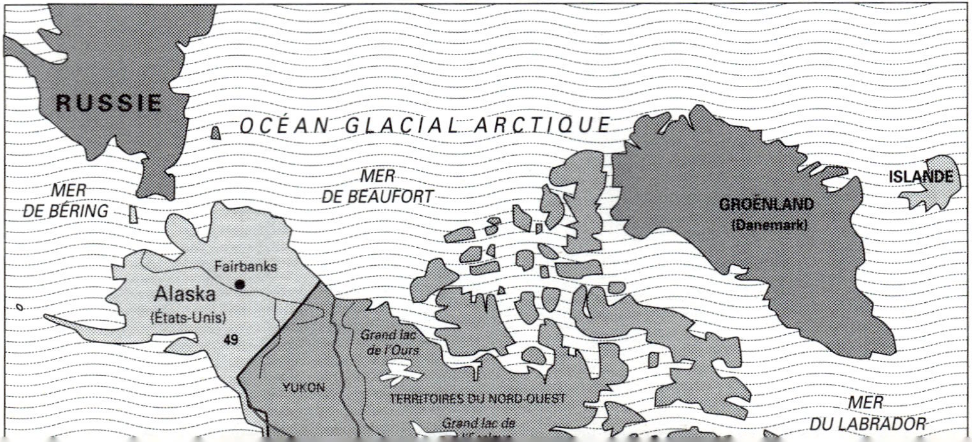

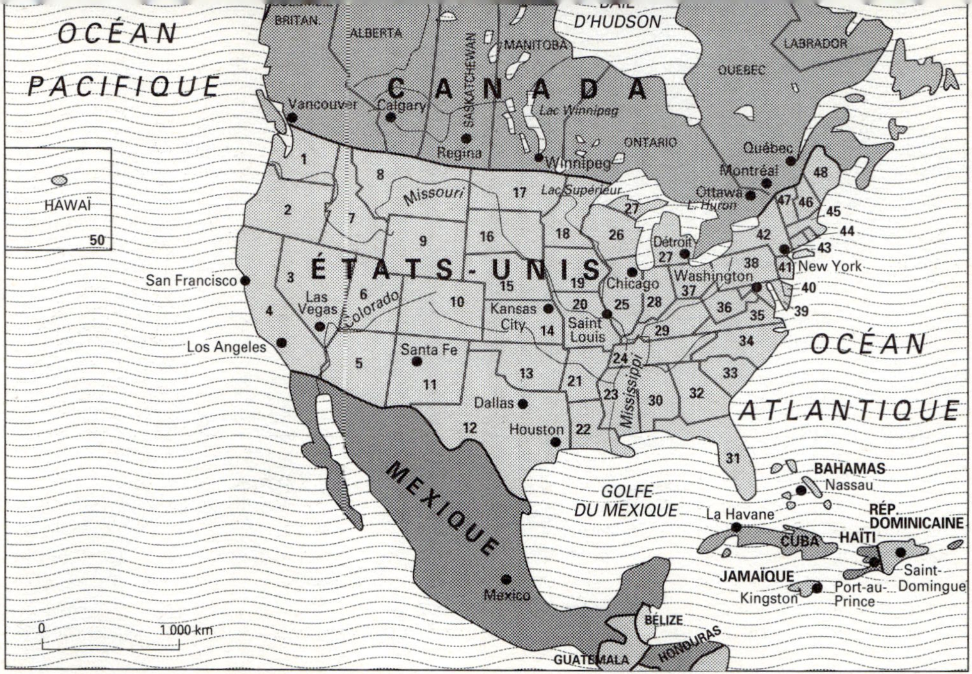
OCÉAN PACIFIQUE
BRITAN.
ALBERTA
SASKATCHEWAN
MANITOBA
D'HUDSON
LABRADOR
QUEBEC
CANADA
Vancouver
Calgary
Regina
Lac Winnipeg
Winnipeg
ONTARIO
Québec
Montréal
Ottawa
L. Huron
Lac Supérieur
Missouri
HAWAÏ
50
ÉTATS-UNIS
San Francisco
Las Vegas
Colorado
Los Angeles
Santa Fe
Kansas City
Saint Louis
Chicago
Détroit
Washington
New York
Mississippi
Dallas
Houston
OCÉAN ATLANTIQUE
GOLFE DU MEXIQUE
MEXIQUE
Mexico
BAHAMAS
Nassau
La Havane
CUBA
RÉP. DOMINICAINE
HAÏTI
Saint-Domingue
JAMAÏQUE
Kingston
Port-au-Prince
BÉLIZE
HONDURAS
GUATEMALA
0
1 000 km
1 2 3 4 5 6 7 8 9 10 11 12 13 14 15 16 17 18 19 20 21 22 23 24 25 26 27 28 29 30 31 32 33 34 35 36 37 38 39 40 41 42 43 44 45 46 47 48

GOLFE DU MEXIQUE
MEXIQUE
Mexico
La Havane
ILES BAHAMAS
Nassau
CUBA
RÉP. DOMINICAINE
HAÏTI
PORTO RICO
JAMAÏQUE
Port-au-Prince
Saint-Domingue
BÉLIZE
HONDURAS
Guatemala
GUATEMALA
Tegucigalpa
San Salvador
SALVADOR
NICARAGUA
Managua
COSTA RICA
San José
Panama
PANAMA
Guadeloupe
DOMINIQUE
Martinique
STE-LUCIE
ST-VINCENT
BARBADE
GRENADE
TRINITÉ-et-TOBAGO
OCÉAN
Caracas
Orénoque
VENEZUELA
Georgetown
Paramaribo
Cayenne
GUYANE FR.
GUYANA
SURINAM
COLOMBIE
Bogota
Quito
ÉQUATEUR
Iles Galapagos (Équ.)
Amazone
PÉROU
Lima
Xingu
BRÉSIL
Tocantins
São Francisco
Recife
Brasilia
OCÉAN
lac Titicaca
BOLIVIE
La Paz

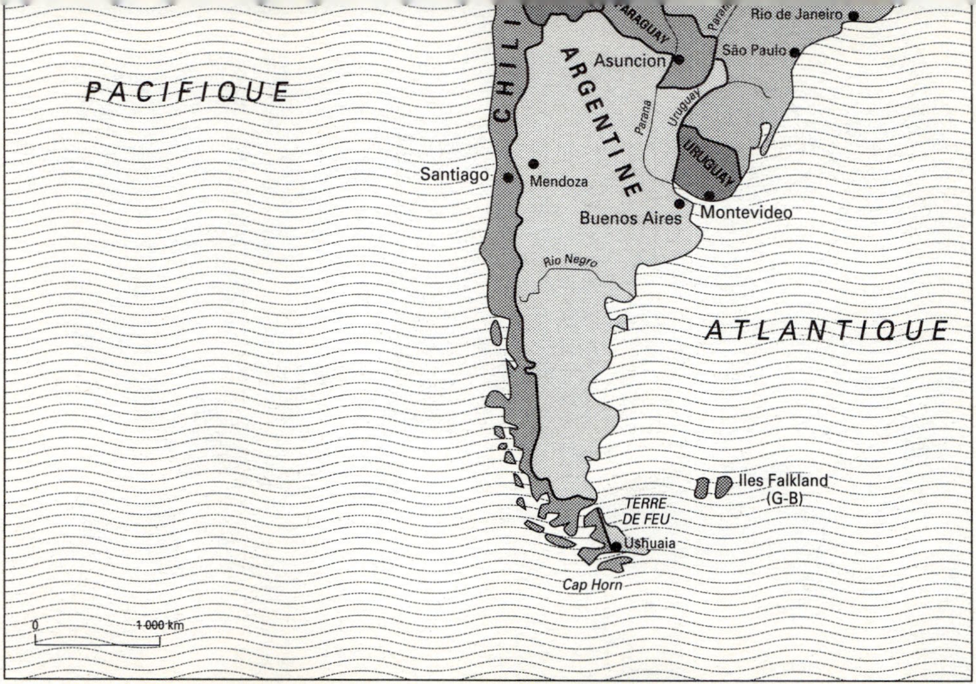
PACIFIQUE
ATLANTIQUE
CHILI
ARGENTINE
URUGUAY
Rio de Janeiro
São Paulo
Asuncion
Parana
Uruguay
Santiago
Mendoza
Buenos Aires
Montevideo
Rio Negro
Iles Falkland
(G-B)
TERRE
DE FEU
Ushuaia
Cap Horn
0
1 000 km

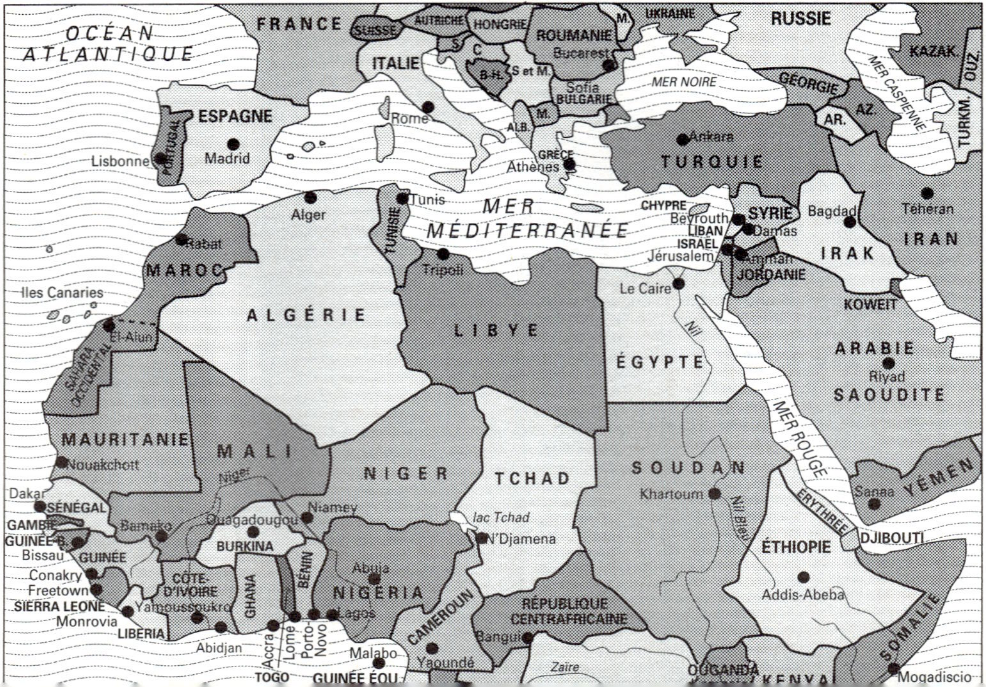
OCÉAN ATLANTIQUE
FRANCE
SUISSE
AUTRICHE
HONGRIE
ROUMANIE
Bucarest
M.
UKRAINE
RUSSIE
KAZAK.
OUZ.
ITALIE
Rome
S
C
B.-H.
S et M.
Sofia
BULGARIE
MER NOIRE
GÉORGIE
AZ.
AR.
MER CASPIENNE
TURKM.
ESPAGNE
PORTUGAL
Madrid
Lisbonne
M.
ALB.
GRÈCE
Athènes
Ankara
TURQUIE
Alger
Tunis
TUNISIE
MER MÉDITERRANÉE
CHYPRE
Beyrouth
LIBAN
SYRIE
Damas
ISRAËL
Jérusalem
Amman
JORDANIE
Bagdad
IRAK
Téhéran
IRAN
Rabat
MAROC
Tripoli
Iles Canaries
ALGÉRIE
LIBYE
Le Caire
Nil
ÉGYPTE
KOWEIT
ARABIE SAOUDITE
Riyad
El-Aiun
SAHARA OCCIDENTAL
MAURITANIE
Nouakchott
MALI
Niger
NIGER
TCHAD
SOUDAN
Khartoum
MER ROUGE
Sanaa
YÉMEN
Dakar
SÉNÉGAL
GAMBIE
GUINÉE-B.
Bissau
GUINÉE
Bamako
Ouagadougou
Niamey
BURKINA
lac Tchad
N'Djamena
Nil Bleu
ERYTHRÉE
DJIBOUTI
ÉTHIOPIE
Addis-Abeba
Conakry
Freetown
SIERRA LEONE
Monrovia
LIBERIA
CÔTE-D'IVOIRE
Yamoussoukro
Abidjan
GHANA
BÉNIN
Accra
Lomé
Porto-Novo
TOGO
Abuja
NIGERIA
Lagos
Malabo
GUINÉE ÉQU.
CAMEROUN
Yaoundé
RÉPUBLIQUE CENTRAFRICAINE
Bangui
Zaïre
OUGANDA
KENYA
SOMALIE
Mogadiscio

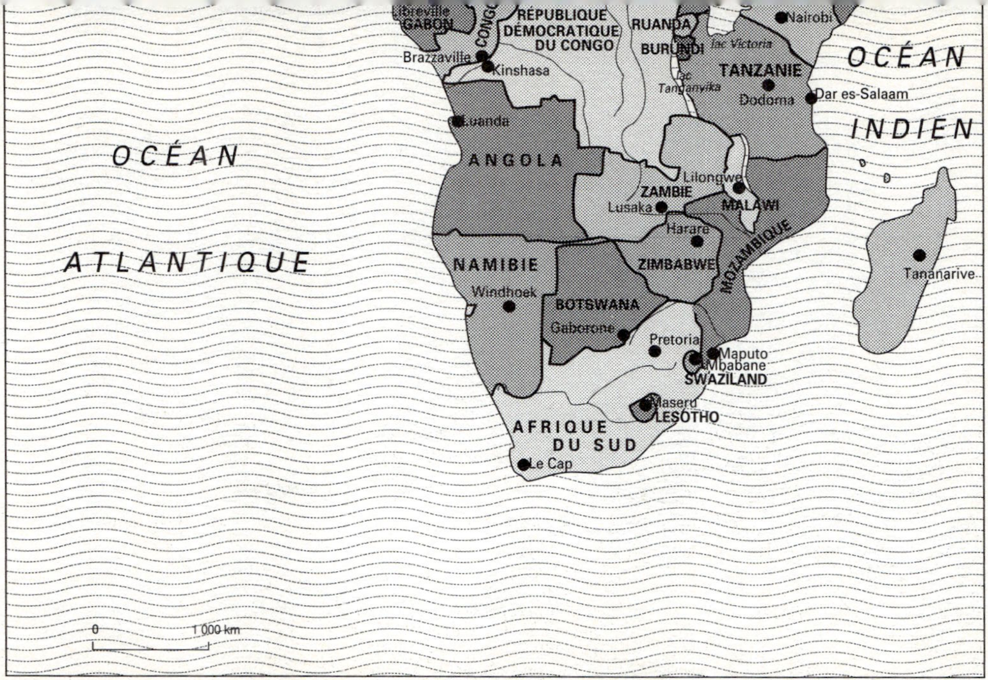
Libreville
GABON
CONGO
RÉPUBLIQUE DÉMOCRATIQUE DU CONGO
RUANDA
BURUNDI
Nairobi
lac Victoria
OCÉAN
Brazzaville
Kinshasa
lac Tanganyika
TANZANIE
Dodoma
Dar es-Salaam
Luanda
INDIEN
OCÉAN
ANGOLA
Lilongwe
ZAMBIE
Lusaka
MALAWI
Harare
MOZAMBIQUE
ATLANTIQUE
NAMIBIE
ZIMBABWE
Tananarive
Windhoek
BOTSWANA
Gaborone
Pretoria
Maputo
Mbabane
SWAZILAND
Maseru
LESOTHO
AFRIQUE DU SUD
Le Cap
0
1 000 km

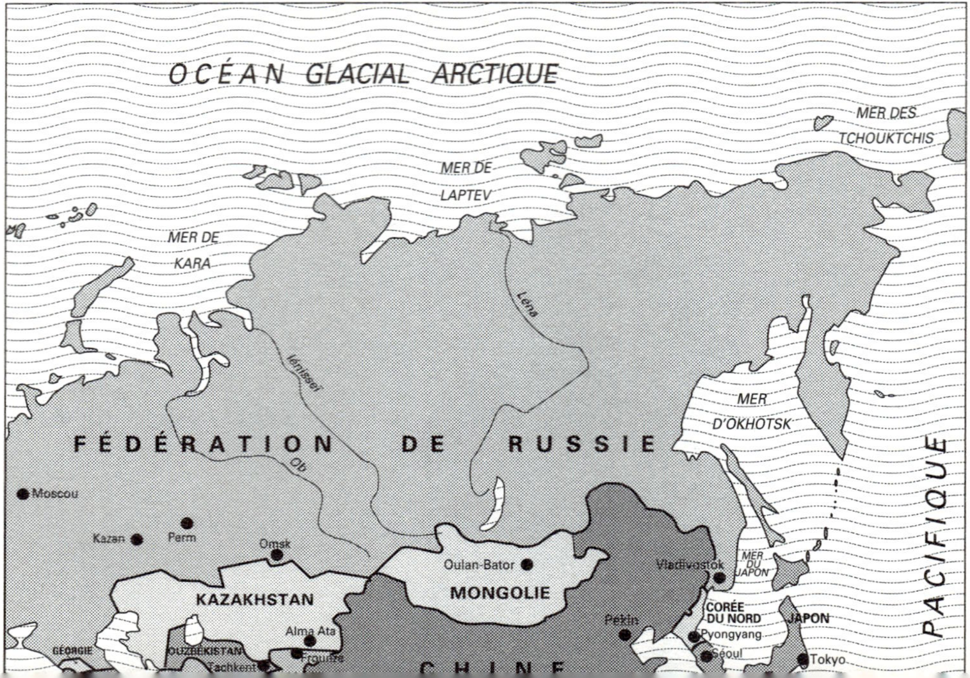
OCÉAN GLACIAL ARCTIQUE
MER DES TCHOUKTCHIS
MER DE LAPTEV
MER DE KARA
Léna
Iénisseï
Ob
MER D'OKHOTSK
FÉDÉRATION DE RUSSIE
PACIFIQUE
Moscou
Kazan
Perm
Omsk
Oulan-Bator
MONGOLIE
Vladivostok
MER DU JAPON
KAZAKHSTAN
CORÉE DU NORD
JAPON
Pékin
Pyongyang
Alma Ata
Frounze
Séoul
Tokyo
GÉORGIE
OUZBÉKISTAN
Tachkent
CHINE

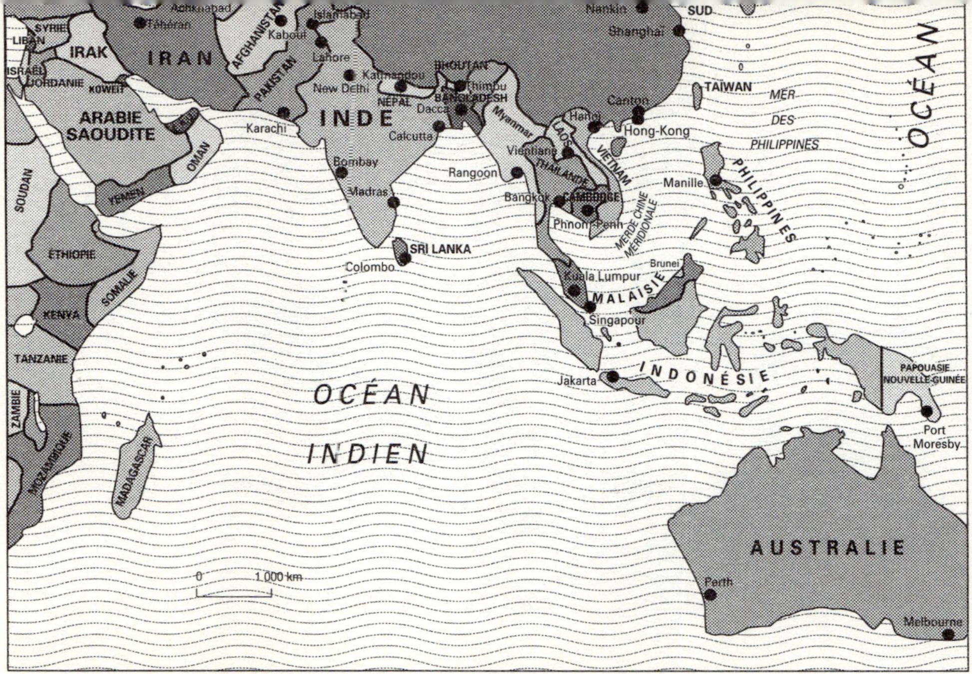

Achkhabad
Téhéran
IRAN
SYRIE
LIBAN
IRAK
ISRAËL
JORDANIE
KOWEIT
ARABIE SAOUDITE
OMAN
YÉMEN
SOUDAN
ÉTHIOPIE
SOMALIE
KENYA
TANZANIE
ZAMBIE
MOZAMBIQUE
MADAGASCAR
AFGHANISTAN
Kaboul
Islamabad
Lahore
PAKISTAN
Karachi
New Delhi
Katmandou
NÉPAL
INDE
Bombay
Madras
Calcutta
Dacca
BANGLADESH
BHOUTAN
Thimbu
SRI LANKA
Colombo
Myanmar
Rangoon
Vientiane
LAOS
THAÏLANDE
Bangkok
CAMBODGE
Phnom-Penh
VIETNAM
Hanoi
Canton
Hong-Kong
Nankin
Shanghai
SUD
TAÏWAN
MER DES PHILIPPINES
PHILIPPINES
Manille
MER DE CHINE MÉRIDIONALE
Brunei
Kuala Lumpur
MALAISIE
Singapour
INDONÉSIE
Jakarta
PAPOUASIE NOUVELLE-GUINÉE
Port Moresby
AUSTRALIE
Perth
Melbourne
OCÉAN INDIEN
OCÉAN
0
1 000 km

RUSSIE
MONGOLIE
CHINE
Pékin
Canton
CORÉE
JAPON
KAMTCHATKA
Iles du Commandeur
Iles Aléoutiennes
Sakhaline
Iles Kouriles
Hokkaido
Honshu
Kyushu
I. Kure
I. Midway
I. Iisianski
I. Bonin
I. Volcano
I. Minami-Tori
I. Johnston
Taïwan (Formose)
BIRMANIE
THAÏLANDE
LAOS
VIETNAM
CAMBODGE
Hai Nan
Luçon
PHILIPPINES
Ile Guam
ILES MARIANNES
I. Wake
Iles Marshall
OCÉAN
Mindanao
ILES CAROLINES
KIRIBATI
Iles Phoenix
MALAISIE
Sumatra
Bornéo
Célèbes
Archipel Bismarck
NAURU
TUVALU
Iles Tokelau
Irian Jaya
PAPOUASIE-NOUVELLE-GUINÉE
ILES SALOMON
Java
Timor oriental
INDONÉSIE
VANUATU
FIDJI
ILES SAMOA
Iles Loyautés
TONGA
AUSTRALIE
Brisbane
Perth
Sydney
Melbourne
Nouvelle Calédonie
Iles Kermadec
Ile Norfolk
Ile du Nord
NOUVELLE-ZÉLANDE
OCÉAN
INDIEN
Tasmanie
Iles Chatham
Ile du Sud
Ile Stewart
Iles Bounty
Iles Antipodes
Iles Auckland
Ile Campbell
0
2 000 km
Ile Macquarie

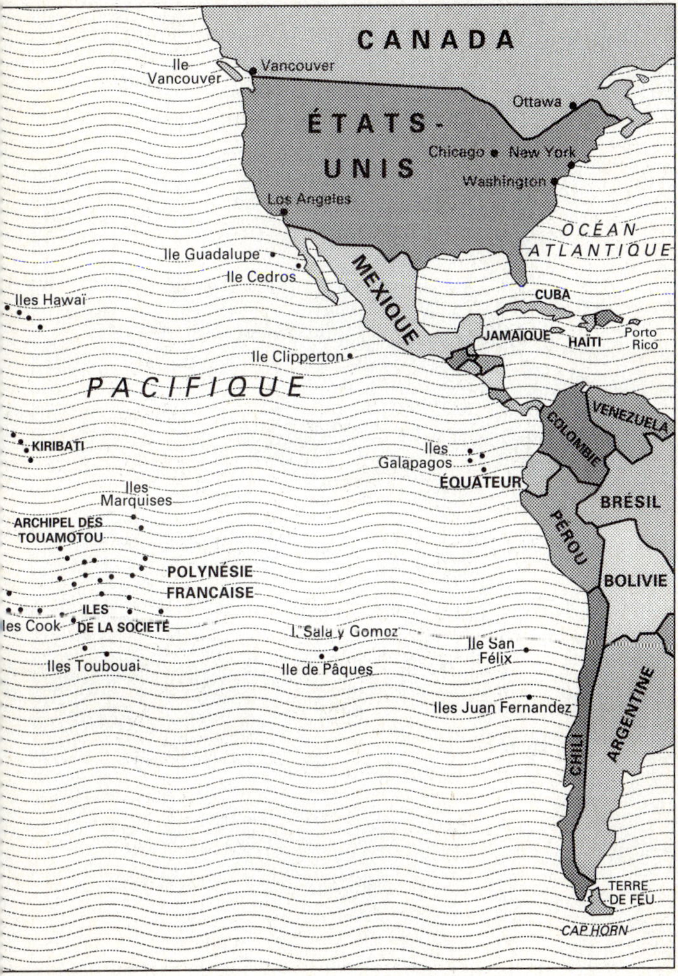
CANADA
Ile Vancouver
Vancouver
Ottawa
ÉTATS-UNIS
Chicago
New York
Washington
Los Angeles
OCÉAN ATLANTIQUE
Ile Guadalupe
Ile Cedros
MEXIQUE
CUBA
Iles Hawaï
JAMAIQUE
HAÏTI
Porto Rico
Ile Clipperton
PACIFIQUE
VENEZUELA
COLOMBIE
KIRIBATI
Iles Galapagos
ÉQUATEUR
Iles Marquises
BRÉSIL
ARCHIPEL DES TOUAMOTOU
PÉROU
POLYNÉSIE FRANÇAISE
BOLIVIE
ILES DE LA SOCIÉTÉ
Iles Cook
I. Sala y Gomoz
Ile San Félix
Ile de Pâques
Iles Touboua
ARGENTINE
Iles Juan Fernandez
CHILI
TERRE DE FEU
CAP HORN

Rome
ITALIE
ALB.
BULGARIE
Athènes
GRÈCE
Ankara
TURQUIE
CHYPRE
MER MÉDITERRANÉE
Beyrouth
LIBAN
ISRAËL
Jérusalem
CISJORDANIE
Amman
JORDANIE
GAZA
Damas
SYRIE
Mossoul
IRAK
Bagdad
Bassora
KOWEÏT
Koweït
MER CASPIENNE
Tabriz
Téhéran
Qom
IRAN
Ispahan
Chiraz
AFGHANISTAN
Tripoli
Benghazi
Tobrouk
Alexandrie
Suez
Le Caire
LIBYE
Sebha
ÉGYPTE
Assouan
ARABIE SAOUDITE
Riyad
Médine
Djedda
La Mecque
BAHREÏN
QATAR
Abu Dhabi
É. A. U.
Mascate
OMAN
MER ROUGE
Port-Soudan
NIGER
Faya-Largeau
TCHAD
N'Djamena
SOUDAN
Khartoum
Nyala
ÉTHIOPIE
Addis-Abeba
DJIBOUTI
Sanaa
YÉMEN
Aden
SOMALIE
OCÉAN INDIEN
0
5.00 km

Index

Les noms de personnes figurent en italique.

Table

RÉALISATION : PAO ÉDITIONS DU SEUIL
IMPRESSION : NORMANDIE ROTO S.A.S. À LONRAI
DÉPOT LÉGAL : MARS 2007. N° 93205 (070298)
IMPRIMÉ EN FRANCE

Collection Points

SÉRIE ESSAIS

DERNIERS TITRES PARUS

500. Juger, *par Hannah Arendt*
501. La Vie commune, *par Tzvetan Todorov*
502. La Peur du vide, *par Olivier Mongin*
503. La Mobilisation infinie, *par Peter Sloterdijk*
504. La Faiblesse de croire, *par Michel de Certeau*
505. Le Rêve, la Transe et la Folie, *par Roger Bastide*
506. Penser la Bible, *par Paul Ricoeur et André LaCocque*
507. Méditations pascaliennes, *par Pierre Bourdieu*
508. La Méthode
5. L' humanité de l' humanité, *par Edgar Morin*
509. Élégie érotique romaine, *par Paul Veyne*
510. Sur l'interaction, *par Paul Watzlawick*
511. Fiction et Diction, *par Gérard Genette*
512. La Fabrique de la langue, *par Lise Gauvin*
513. Il était une fois l'ethnographie, *par Germaine Tillion*
514. Éloge de l'individu, *par Tzvetan Todorov*
515. Violences politiques, *par Philippe Braud*
516. Le Culte du néant, *par Roger-Pol Droit*
517. Pour un catastrophisme éclairé, *par Jean-Pierre Dupuy*
518. Pour entrer dans le XXIe siècle, *par Edgar Morin*
519. Points de suspension, *par Peter Brook*
520. Les Écrivains voyageurs au XXe siècle, *par Gérard Cogez*
521. L'Islam mondialisé, *par Olivier Roy*
522. La Mort opportune, *par Jacques Pohier*
523. Une tragédie française, *par Tzvetan Todorov*
527. L'Oubli de l'Inde, *par Roger-Pol Droit*
528. La Maladie de l'Islam, *par Abdelwahab Meddeb*
529. Le Nu impossible, *par François Jullien*
530. Le Juste 1, *par Paul Ricœur*
531. Le Corps et sa danse, *par Daniel Sibony*
532. Schumann. La Tombée du jour, *par Michel Schneider*
532. Mange ta soupe et… tais-toi !, *par Michel Ghazal*
533. Jésus après Jésus, *par Gérard Mordillat et Jérôme Prieur*
534. Introduction à la pensée complexe, *par Edgar Morin*
535. Peter Brook. Vers un théâtre premier, *par Georges Banu*
536. L'Empire des signes, *par Roland Barthes*
539. En guise de contribution à la grammaire
et à l'étymologie du mot « être », *par Martin Heidegger*

540. Devoirs et délices, *par Tzvetan Todorov*
541. Lectures 3, *par Paul Ricœur*
542. La Damnation d'Edgar P. Jacobs
par Benoît Mouchart et François Rivière
543. Nom de dieu, *par Daniel Sibony*
544. Les Poètes de la modernité. De Baudelaire à Apollinaire, *par Jean-Pierre Bertrand et Pascal Durand*
545. Souffle-Esprit, *par François Cheng*
546. La Terreur et l'Empire, *par Pierre Hassner*
547. Amours plurielles. Doctrines médiévales du rapport amoureux de Bernard de Clairvaux à Bocace
par Ruedi Imbach et Inigo Atucha
548. Fous comme des sages
par Roger-Pol Droit et Jean-Philippe de Tonnac
549. Souffrance en France, *par Christophe Dejours*
550. Petit Traité des grandes vertus, *par André Comte-Sponville*
551. Du mal/Du négatif, *par François Jullien*
552. La Force de conviction, *par Jean-Claude Guillebaud*
553. La Pensée de Karl Marx, *par Jean-Yves Calvez*
554. Géopolitique d'Israël, *par Frédérique Encel, François Thual*
555. La Méthode 6, *par Edgar Morin*
556. Hypnose mode d'emploi, *par Gérard Miller*
557. L'Humanité perdue, *par Alain Finkielkraut*
558. Une saison chez Lacan, *par Pierre Rey*
559. Les Seigneurs du crime, *par Jean Ziegler*
560. Les Nouveaux Maîtres du monde, *par Jean Ziegler*
561. L'Univers, les Dieux, les Hommes, *par Jean-Pierre Vernant*
562. Métaphysique des sexes, *par Sylviane Agacinski*
563. L'Utérus artificiel, *par Henri Atlan*
564. Un enfant chez le psychanalyste, *par Patrick Avrane*
565. La Montée de l'insignifiance, Les Carrefours du labyrinthe IV
par Cornelius Castoriadis
566. L'Atlantide, *par Pierre Vidal-Naquet*
567. Une vie en plus, *par Joël de Rosnay, Jean-Louis Servan-Schreiber, François de Closets, Dominique Simonnet*
568. Le Goût de l'avenir, *par Jean-Claude Guillebaud*
569. La Misère du monde, *par Pierre Bourdieu*
570. Éthique à l'usage de mon fils, *par Fernando Savater*
571. Lorsque l'enfant paraît t. 1, *par Françoise Dolto*
572. Lorsque l'enfant paraît t. 2, *par Françoise Dolto*
573. Lorsque l'enfant paraît t. 3, *par Françoise Dolto*
574. Le Pays de la littérature, *Pierre Lepape*
575. Nous ne sommes pas seuls au monde, *Tobie Nathan*
576. Anthologie, *Paul Ricœur*
édition établie par Michael Foessel et Fabien Lamouche